权威·前沿·原创

皮书系列为
"十二五""十三五"国家重点图书出版规划项目

河北蓝皮书

BLUE BOOK OF HEBEI

河北人才发展报告
（2018~2019）

TALENT DEVELOPMENT REPORT OF HEBEI
(2018-2019)

主　　编／康振海
执行主编／李建国
副 主 编／王建强　王艳霞

社会科学文献出版社
SOCIAL SCIENCES ACADEMIC PRESS (CHINA)

图书在版编目(CIP)数据

河北人才发展报告.2018-2019/康振海主编.--北京：社会科学文献出版社，2019.3
（河北蓝皮书）
ISBN 978-7-5201-4243-4

Ⅰ.①河… Ⅱ.①康… Ⅲ.①人才-发展战略-研究报告-河北-2018-2019 Ⅳ.①C964.2

中国版本图书馆CIP数据核字（2019）第024022号

河北蓝皮书
河北人才发展报告（2018~2019）

主　　编/康振海
执行主编/李建国
副 主 编/王建强　王艳霞

出 版 人/谢寿光
责任编辑/丁　凡　李艳芳
文稿编辑/刘如东　李惠惠

出　　版/社会科学文献出版社·城市和绿色发展分社（010）59367143
　　　　　地址：北京市北三环中路甲29号院华龙大厦　邮编：100029
　　　　　网址：www.ssap.com.cn

发　　行/市场营销中心（010）59367081　59367083
印　　装/天津千鹤文化传播有限公司

规　　格/开　本：787mm×1092mm　1/16
　　　　　印　张：18　字　数：269千字
版　　次/2019年3月第1版　2019年3月第1次印刷
书　　号/ISBN 978-7-5201-4243-4
定　　价/128.00元

本书如有印装质量问题，请与读者服务中心（010-59367028）联系

▲ 版权所有 翻印必究

《河北人才发展报告（2018~2019）》编辑委员会

主　　任　康振海

副 主 任　杨思远　刘　月　彭建强

委　　员　（按姓氏笔画排序）
　　　　　　王文录　王亭亭　李建国　李鉴修　陈　璐
　　　　　　孟庆凯　袁宝东　穆兴增

主　　编　康振海

执行主编　李建国

副 主 编　王建强　王艳霞

主编简介

康振海 中共党员，1982年毕业于河北大学哲学系，获哲学学士学位；1987年9月至1990年7月在中央党校理论部中国现代哲学专业学习，获哲学硕士学位。

三十多年来，康振海同志长期工作在思想理论战线。1982年8月至1984年10月在南和县人事局工作；1984年10月至1987年9月、1990年7月至1990年11月在邢台地委宣传部工作；1990年11月至2016年3月在河北省委宣传部工作，历任干事、主任科员、副处长、调研员、处长、助理巡视员、副巡视员、副部长；2016年3月至2017年6月任河北省作家协会党组书记、副主席；2017年6月至今任河北省社会科学院党组书记、院长。

康振海同志理论学术成果丰硕，在《人民日报》、《光明日报》、《经济日报》、《河北日报》、《河北学刊》、《社会科学论坛》、河北人民出版社等重要报刊和出版社发表、出版论著多篇（部），以及主持并完成"《宣传干部行为规范》可行性研究和草案初拟研究"等多项国家级、省部级立项课题。主要代表作有著作：《中国共产党思想政治工作九十年》《春风化雨——人文关怀和心理疏导读本》《艾思奇传》《恽代英传》《雄安新区经济社会发展报告》等。论文：《以绩效管理推动企业思想政治工作科学化》《在服务群众中加强党的基层建设》《以"塞罕坝精神"再造绿水青山》《新时代：我国发展新的历史方位》《勇于推进实践基础上的理论创新》《试论邓小平的马克思主义观》《努力建设社会主义文化强国》《在新时代继续把改革开放推向前进》《在构建中国特色哲学社会科学中彰显新作为》《习近平新时代中国特色社会主义思想是马克思主义中国化的最新成果——写在马克思诞辰200周年之际》《改革开放——决定当代中国命运的关键一招》等。

李建国 河北省社会科学院人力资源研究所原所长、研究员，享受国务院特殊津贴专家，河北省有突出贡献中青年专家，主要从事人力人才资源开发研究。作为第一作者发表学术论文80多篇，其中《论加强人才需求预测预报》、《人才流动的新特点及其规律性探析》等10多篇文章在《光明日报》、《中国人力资源开发》等报刊发表；主持完成"建设经济强省的人才支撑力评估研究"、"河北省战略新兴产业人才需求预测"、"河北省经济发展方式转变的创新人才支撑问题研究"、"河北省实施人才强省战略的政策体系建设研究"、"河北省与其他省份人才引进政策与实践比较研究"、"河北省'十三五'发挥人力资源优势建设人才强省研究"、"河北省'十三五'扩大就业问题研究"等20多项重大重点课题，取得重要应用性成果30多项，其中10多项成果被省委省政府或省级党政机关采用；主编出版著作20多部，其中年度《河北人才发展报告》10多部；获省级以上奖励10多项，其中获河北省社会科学优秀成果奖一等奖一项、二等奖二项、三等奖二项，省精神文明建设"五个一"工程奖一项，省社科规划（省社科基金）优秀成果二等奖一项，省决策科学优秀成果一等奖一项；作为首席专家承担完成了《河北省中长期人才发展规划纲要》及河北省教育、医疗卫生、宣传文化、国有企业、民营经济等10个专项人才规划的编制任务。

摘 要

《河北人才发展报告（2018~2019）》是河北省社会科学院深入贯彻落实党的十九大精神、河北省委九届历次全会精神，紧紧围绕为全面建成经济强省、美丽河北提供人才支撑和保障，对深入实施人才强冀战略、促进人才高质量发展的热点和难点问题进行研究的年度报告，展现了一年多来河北人才发展的总体情况和进入新时代人才发展面临的挑战和主要任务。全书由总报告、产业篇、区域篇和政策篇四个部分组成，就河北人才发展过程中出现的社会各界高度关注的战略性新兴产业人才支撑、雄安新区人才机制构建、有效应对人才争夺战、人才政策创新等问题展开深入研究。全书注重研究的前瞻性、原创性、实用性和可操作性，力求提出的发展思路、对策建议能够为各级党委、政府决策提供参考，为社会各界提供有价值的信息资讯。

总报告以推动河北人才高质量发展为主线，总结2017年以来推动人才高质量发展的主要进展，对未来推动高质量发展的主要任务进行系统分析，按照高质量发展这一根本要求，从大力实施以质量为核心的人才强冀战略、大力推动各类高质量人才队伍建设、大力促进京津人才与智力引用的高质量发展及大力优化人才高质量发展的生态环境四个方面，提出未来时期推动河北人才高质量发展的思路、途径和具体对策措施。

产业篇围绕河北省产业高质量发展和创新发展两大目标，针对先进装备制造业、生物医药产业、电子信息产业、现代物流产业等战略性新兴产业的人才支撑状况，以及人才发展问题和河北省产业发展的高技能人才支撑问题进行重点研究，指出未来产业人才发展的思路和方向，对科技创新人才发展战略进行分析并提出相应的对策。

区域篇针对雄安新区建设过程中国家级人才管理改革试验区创建、人才

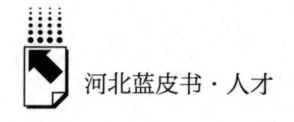

机制构建等重点问题展开系统性研究，指出未来雄安新区人才发展的思路与方向。同时对非首都功能疏解过程中雄安新区承接北京随迁人员、环京津养老产业发展的人才等问题进行分析并提出相应的对策。

政策篇重点对国内人才争夺战背景下河北省人才发展机制、河北与发达区域高层次人才引进政策比较等热点问题进行研究，相关理论和建议为河北有效应对全国"人才争夺战"和创造良好的人才发展环境提供了理论支撑。同时，本书对河北人才政策创新和科技人才创新发展保障机制问题给予了重点关注。

本书以新时代背景下新发展、新要求、新改革为基调，展现河北促进和推动人才向高质量发展的新举措和新进展，阐释当前河北人才发展面临的主要形势、任务及应对策略，对促进河北人才质量不断提升、人才发展实力不断壮大将产生积极作用。

关键词： 人才高质量发展　产业人才　雄安新区

Abstract

Talent Development Report of Hebei (2018 – 2019) is a yearly report completed by Hebei Academy of Social Sciences by carrying out the spirits of the CPC 19th National Congress and all of the sessions of the CPC Ninth Hebei Provincial Committee, closely centering around providing talents support and guarantees for building Hebei into "An Economically Strong Province, and a Beautiful Hebei" in all respects, and conducting studies of hot and difficult issues in deeply putting into practice the strategy of developing Hebei by relying on talents and promoting talents high-quality development, which exhibits the overall situation of the talents development of Hebei Province over the past year, challenges and major tasks of the talents development in the new era. This book falls into the four parts of General Reports, Reports of Industries, Reports of Regions and Reports of Policies, and conducts deep studies of such issues as talents support for strategic emerging industries, talents mechanism establishment of Xiongan New Area, effective response to the competition for talents and talents policy innovation that have emerged and received high attention in the course of the talents development of Hebei Province. This book lays stress on these studies being forward-looking, original, practicable, and workable, in order for its development ideas, and solution proposals to be able to serve as references for decision-making at all levels of CPC committees and governments, and valuable information for the public.

General Report, centering around advancing Hebei's talents high-quality development, summarizes main progresses in advancing talents high-quality development since 2017, makes a systematic analysis of major tasks of advancing high-quality development in future phases, and puts forward basic thoughts, approaches and measures of further advancing high-quality development. General Reports point out that with Hebei's development shifting to the new phase of high-quality development, the talents development has also shifted to the new phase of high-quality development, and implementation of the strategy of developing Hebei by relying on talents has shifted into the new phase of developing Hebei mainly by relying on quality of talents. Providing high-quality talents support and guarantees for advancing and realizing Hebei's high-quality development is the core and basic tasks of further implementing the strategy of developing Hebei deeply by relying on talents in future phases, and needs to fit in with high-quality development in all fields of economy and society, and accelerate talents high-quality development and talents team high-quality building in all fields. In accordance with the fundamental requirement of high-quality development, this book puts forward thoughts, approaches and specific measures of advancing Hebei's talents high-quality development in future phases from the four aspects of vigorously implementing the quality-centered strategy of developing Hebei by relying on talents, advancing high-quality talents team building, promoting high-quality development of talents and intelligence introduction from Beijing and Tianjin, and improving ecological environment of talents high-quality development.

Industry reports, centering around the two grand goals of Hebei's industry high-quality development and innovative development, focuses on studies of talents support situation and talents development of strategic emerging industries including the advanced equipment manufacturing industry, the biopharmaceutical industry, the electronic information industry, and the modern logistics industry, as well as highly skilled talents support for Hebei's industry development, points out thoughts and orientations of industry talents development in future, and conducts an analysis of innovative development guarantees of sci-tech talents, talents development strategies of sci-tech innovation, etc., and puts forward corresponding measures.

Regional reports make systematic studies of creation of state-level reform experiment zone of talents management, talents mechanism establishment, and other key issues in the construction of Xiongan New Area, and points out thoughts and orientations of the talents development of Xiongan New Area in future. In the meantime, it makes an analysis of Xiongan New Area accommodating personnel coming out of Beijing in non-capital functional dispersal, talents for the old-age industry development around Beijing and Tianjin, etc., and puts forward corresponding solution proposals.

Policy reports focus on studies of such hot issues as the talents development mechanism of Hebei Province in the background of the competition for talents across China, policy comparison of high-level talents introduction of Hebei Province and developed regions, and relevant theories and proposals provide theoretical support for Hebei's well responding to the competition for talents across China, and creating good environment of talents development. Moreover, this book gives special attention to Hebei's talents policy innovation.

This book, taking new development, new requirements and new reforms as the keynote in the background of the new era, exhibits new moves and new progresses of Hebei's promoting and advancing talents high-quality development over the past year, and expounds main situations and tasks presently facing Hebei's talents development and moves of response, which will play an active role in promoting improvement of talents quality, and strengthening Hebei's talents development.

Keywords: Talent High-quality Development; Industry Talent; Xiongan New Area

目 录

Ⅰ 总报告

B.1 推动河北人才高质量发展的进展、任务及对策
——2018年河北人才发展报告 …………………… 李建国 / 001

Ⅱ 产业篇

B.2 河北省先进装备制造业人才支撑体系状况分析与人才
发展对策研究 …………………………………………… 姜　兴 / 036

B.3 河北省生物医药产业人才支撑体系状况分析与人才
发展对策研究 …………………………………………… 姜　兴 / 054

B.4 河北省电子信息产业人才支撑状况分析与人才
发展对策研究 ………………………………………… 张亚宁 / 071

B.5 河北省现代物流产业人才支撑状况分析与人才
发展对策研究 ………………………………………… 鲍志伦 / 088

B.6 河北省产业发展的高技能人才支撑问题研究 ………… 王艳霞 / 101

B.7 推动河北省科技创新的人才战略研究 ………… 王建强　苏宝宝 / 120

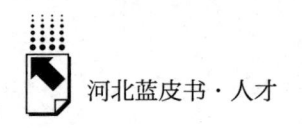

Ⅲ 区域篇

B.8 创建雄安国家级人才管理改革试验区的构想与路径研究
.... 周爱军 / 134

B.9 雄安新区人才机制构建研究............ 刘京晶 曹 鹏 邢明强 / 151

B.10 非首都功能疏解中雄安新区承接北京随迁人员问题研究
.... 周爱军 / 172

B.11 构建环京津健康养老产业圈的人才困境与对策研究
.... 王艳霞 / 187

Ⅳ 政策篇

B.12 河北省与发达区域高层次人才引进政策比较研究
.... 王建强 苏宝宝 / 205

B.13 新一轮国内人才争夺战背景下河北省人才发展机制创新研究
.... 姜 兴 / 224

B.14 河北省人才政策创新问题研究 .... 赵砚文 李 伦 / 239

B.15 河北省科技人才创新发展保障机制研究 ...... 赵砚文 李秀然 / 253

皮书数据库阅读使用指南

CONTENTS

I General Report

B.1 Advancements, Tasks and Measures of Advancing Hebei's Talents Development towards Being High-quality
  —Talents Development General-Reports of Hebei in 2018　　*Li Jianguo* / 001

II Industry Reports

B.2 A Study of Analysis of Talents Support System Situation and Talents Development Measures of the Advanced Equipment Manufacturing Industry of Hebei Province　　*Jiang Xing* / 036

B.3 A Study of Analysis of Talents Support System Situation and Talents Development Measures of the Biopharmaceutical Industry of Hebei Province　　*Jiang Xing* / 054

B.4 A Study of Analysis of Talents Support System Situation and Talents Development Measures of the Electronic Information Industry of Hebei Province　　*Zhang Yaning* / 071

B.5 A Study of Analysis of Talents Support System Situation and Talents Development Measures of the Modern Logistics Industry of Hebei Province　　*Bao Zhilun* / 088

CONTENTS

B.6 A Study of Highly Skilled Talents Support for the Industry Development of Hebei Province　　　*Wang Yanxia* / 101

B.7 A Study of Talents Strategies of Advancing Sci-tech Innovation of Hebei Province　　　*Wang Jianqiang, Su Baobao* / 120

Ⅲ Regional Reports

B.8 A Study of Conceptions and Paths of Creating Xiongan State-level Reform Experiment Zone of Talents Management　　　*Zhou Aijun* / 134

B.9 Study of Talents Mechanism Establishment in Xiongan New Area
　　　Liu Jingjing, Cao Peng and Xing Mingqiang / 151

B.10 A Study of Xiongan New Area Accommodating Personnel Coming Out of Beijing in Non-capital Functional Dispersal　　　*Zhou Aijun* / 172

B.11 A Study of Talents Predicament and Solutions of Establishing the around-Beijing/Tianjin Health Old-age Industry Circle of Hebei Province　　　*Wang Yanxia* / 187

Ⅳ Policy Reports

B.12 A Comparative Study of Policies of High-level Talents Introduction of Hebei Province and Developed Regions　　　*Wang Jianqiang, Su Baobao* / 205

B.13 A Study of the Talents Development Mechanism Innovation of Hebei Province in the Background of a New Round of the Competition for Talents across China　　　*Jiang Xing* / 224

B.14 A Study of Talents Policies Innovation of Hebei Province
　　　Zhao Yanwen, Li Lun / 239

B.15 A Study of Innovative Development Guarantee Mechanisms of Sci-tech Talents of Hebei Province　　　*Zhao Yanwen, Li Xiuran* / 253

总 报 告

General Report

B.1 推动河北人才高质量发展的进展、任务及对策

——2018年河北人才发展报告

李建国*

摘　要： 本报告以推动河北人才高质量发展为主线，对其2017年以来的进展及未来时期的任务和对策进行系统阐述。本报告基于随着河北发展转向高质量发展阶段，人才发展也转向高质量发展阶段的判断，通过对未来时期推动河北各领域各类人才高质量发展主要任务的系统分析，提出推动河北人才高质量发展的基本思路、途径和主要对策，包括大力实施以质量为核心的人才强冀新战略、大力推动各类高质量人才队伍建设、大力推进京津人才与智力的高质量引用

---

* 李建国，河北省社会科学院人力资源研究所研究员，主要研究方向为人力人才资源开发。

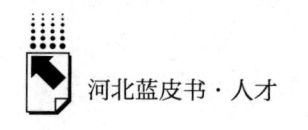

及大力优化提升人才高质量发展的"生态环境"等。

关键词： 河北省　人才　高质量发展

2017年以来，特别是党的十九大以来，河北围绕高质量发展，大力实施人才强冀战略，取得重要新进展。目前，河北发展已转向高质量发展新阶段，人才发展也转向高质量发展新阶段，并进入实施以质量为核心的人才强冀战略新阶段，即主要靠人才质量强冀的新阶段。未来时期，加快人才高质量发展，为河北高质量发展及建设经济强省、美丽河北提供高质量人才支撑和保障，是进一步深入实施人才强冀战略的重大紧迫任务。

一　推动人才高质量发展的主要进展

2017年以来，尤其是党的十九大以来，河北以推动人才的高质量发展为导向，深入实施人才强冀战略，主要取得以下新进展。

（一）以质量为核心的人才培养和人才队伍建设取得新进展

2017年以来，河北人才培养和人才队伍建设以质量为核心，转向高质量发展的新阶段，全面加强高质量人才培养和人才队伍建设，取得重要新进展。

在教育及其人才培养方面，贯彻落实党中央、国务院及河北省委、省政府一系列关于教育、人才培养和人才队伍建设高质量发展的部署和要求，以及全国和全省教育大会精神，按照习近平总书记关于教育改革发展系列讲话，尤其是在全国教育大会上的重要讲话精神，统筹推进各级各类教育发展，全面深化教育体制改革，全面推进教育的高质量发展，全面促进教学质量提升，全面加强人才的高质量培养。围绕培养德智体美劳全面发展的社会主义事业接班人，大力发展学前教育，加强中小学素质教育，大力发展以提高创新创业和就业能力为导向的高等教育和职业技术教育；深化产教融合，促进校企合作,深入推进高等学校创新创业教育;加快建设高水平本科教育,提升研究生教育质量水平,加快高等学校"双一流"建设;优化调整教育结构和布局,提升教育服务于经济社会发展战略能力;推动城乡教育协调发展,促进教育公平、均衡发展。在这些方面取得诸多新进展,教育向高质量发展转变的步伐明显加快。

在人才队伍建设方面,一是贯彻落实党中央、国务院及河北省委、省政府一系列关于教师队伍建设的文件部署,在全面深化新时代教师队伍建设改革,实施卓越教师培养计划2.0及教师教育振兴行动计划,积极推进各类高质量教师队伍建设,加强各类高质量师资教育和培训,立德树人,全面提升教师的素质能力等方面,取得重要新进展。二是贯彻落实党中央、国务院及河北省委、省政府关于医师教育培养及医师队伍建设一系列文件的部署和要求,在实施卓越医生教育培养计划2.0,进一步做好"5+3"一体化医学人才培养工作,推进医学教育改革,加强医教协同,改革完善全科医生培养与使用激励机制,实施《河北省中医药强省建设人才支撑计划(2018—2030年)》,加强县级以下基层医疗卫生人才队伍建设,加强乡村医疗卫生队伍建设,积极推进高质量医师队伍建设等方面,取得重要新进展。三是贯彻落实党中央、国务院和河北省委、省政府及有关部门关于职业技术教育发展、人才培养和技能人才队伍建设的部署,在实施河北省技能人才队伍建设实施方案,深入推进校企结合、产教结合,推行终身职业技能培训制度,全面推行企业新型学徒制,提高技术工人待遇,进一步加强高技能人才培养,推进高质量技能人才队伍建设等方面,取得重要新进展。四是贯彻落实国家和河北省有关部门一系列关于科技人才、科技创新人才队伍建设的部署,在培养引进高水平科技人才、科技创新人才及技术转移人才,推进科技人才队伍高质量发展与建设,以及实施卓越工程师教育培养计划2.0,加快高水平工程师培养等方面,取得重要新进展。五是贯彻落实国家和河北省有关部门关于各类专业技术人才队伍建设的相关文件部署,推进各类高质量专业技术人才队伍建设取得新进展,其中在实施卓越新闻传播人才教育培养计划2.0、卓越法治人才教育培养计划2.0等方面取得比较明显的成效。六是贯彻落实各级有关部门关于企业经营管理人才、企业家人才队伍建设的部署，在大力营造企业家健康成长环境，弘扬优秀企业家精神，壮大青年企业家队伍，加强国有、民营企业家队伍建设，推进经营管理人才和企业家队伍高质量发展与建设等方面，取得新进展。七是按照党中央、国务院及河北省委、省政府关于实施乡村振兴战略的部署和要求，以及新型职业农民培育发展规划的部署，在实施新型职业农民培育工程，培养现代新型职业农民，实施现代青年农场主培养计划，推动现代农业人才发展，推进高质量农业人才队伍建设方面，取得重要新进展。八是贯彻落实十九大报告及各级党委、政府关于青年人才队伍建设的部署和要求，在实施《河北省中长期青年发展规划（2018—2025年）》、实施青年拔尖人才培养计划、推进高质量青年人才队伍建设方面，取得重要新进展。九是贯彻落实党中央、国务院关于建设质量强国及河北省委、省政府关于开展质量提升行动、加快质量强省建设的部署，在加强质量人才的教育培养方面，取得重要新进展。十是按照国家和河北省有关部门关于高层次人才队伍建设的部署和要求，以及河北省中长期人才发展规划部署，以为高质量发展提供人才支撑为导向，以重大人才工程和计划为重点，在大力推进各类高层次、高水平、高端人才队伍建设方面，取得重要新进展，高层次人才队伍质量水平不断提升，高层次、高端人才引领作用增强。通过河北省科技英才"双百双千"工程、科技型中小企业创新英才计划、"外专百人计划"、奥运人才"火炬"计划、巨人计划、青年拔尖人才支持计划、"燕赵英才"引才计划、"百万燕赵工匠培养支持计划"、万名创新型企业家培养工程等人才工程和计划的实施，为实施创新驱动战略，推动产业转型升级，建设经济强省、美丽河北提供了人才支撑和智力保障。

（二）以质量为导向的人才与智力引用取得新成效

2017年以来，河北紧紧围绕高质量发展，以质量为导向，采取了一系列促进人才与智力引用的新举措，人才与智力引用取得诸多新进展、新成效，进入以质量为核心的新阶段。在政策方面，出台了《鼓励柔性引才暂行办法》《关于加强新形势下引进外国人才工作实施意见》等一系列关于人才与智力引用的政策性文件，发布了《河北省燕赵英才服务卡（A卡）管理办法》，石家庄、唐山、沧州、张家口、承德等地出台了具有吸引力的引才引智政策。石家庄还出台对引才具有较强促进作用的《石家庄市人才发展促进条例》，在全国尚属首例。以上政策有效地促进了全省人才与智力引用的高质量发展。

在高质量招才引才方面，围绕河北经济社会发展战略部署及高质量发展的人才需求开展了一系列重要活动。一是河北省委组织部和河北省人社厅组织实施"名校英才入冀"计划，吸引国家重点院校毕业生到冀工作，举办"河北省高层次人才引进洽谈会高校行"系列活动，组团走进清华大学、北京大学等国内重点大学招聘英才，并面向北京大学、清华大学等定向招录选调生。同时不少企事业单位还单独到知名高校揽才。二是围绕河北省委、省政府的相关决策部署，省级公益性人才服务机构举办了多场大型年度性、季节性、例常性、品牌化人才招聘会和交流会，以及多场专项、专场、非例常性人才招聘会和交流会等规模大、收效大的引才活动。其中包括年度性"中国河北高层次人才洽谈会"，河北省春季、秋季大型人才招聘会和交流会，河北省旅游人才专场招聘会，河北省沿海经济隆起带高级人才洽谈会等。三是为广泛网罗京津乃至全国的优秀人才，与京津合作开展多场招聘活动，面向海内外联合举办引进高层次人才系列活动，为确保取得实效，面向全球联合发布高层次和急需紧缺人才引进计划。三地还联合举办了京津冀人才招聘大会暨离校未就业高校毕业生人才洽谈会，分别在北京、天津、保定举办了三场京津冀区域人才交流洽谈会，以及联合举办了京津冀外籍人才招聘会等。

在大力推进高水平、高端、高质量人才智力引用方面，近年来，河北坚持"不求所有、但求所用"原则，创新柔性引才模式，拓宽引智渠道，大力开展高层次人才，特别是科技创新领军人才智力引进工作，提升智力引用的层次、质量和效果。一是以院士工作站和院士联谊会建设为抓手，引进高端人才智力。截至2018年底，院士工作站总数达273家，进站院士600多人次，院士联谊会会员总数近400名，涵盖了两院所有学部。两院院士在河北参与合作项目达1200多项，帮助河北企业建立中试基地、技术中心80多家，合作申报专利200多项，培养各类技术骨干1800多人。还通过举办院士大讲堂、京津冀院士专家河北行系列活动引用高端智力。另外，建立河北省首家外国院士工作站，发挥了引进国外高端人才智力的作用。二是通过京津冀海外高层次人才创业行、北京科技人才河北行、京津冀硕士博士河北行、国家"千人计划"专家进河北、京津院校进河北、技术转移百县行、成果转化服务入园区及京津冀青年科学家论坛等一系列活动，以及京冀联合共建科技创新平台，聘用"周末工程师"等途径，扩大京津高端人才智力引用范围。三是在引进国外高端人才智力方面，围绕经济转型升级和高质量发展，在引进高端外国专家团队和高端专家项目，实施"六大引智计划"，实施"外专百人计划"，国际交流合作，出国（境）培训，国（境）外和省内引智工作站建设，引才引智示范基地建设，引进国外智力成果示范推广基地建设，百家重点引智企业认定，国际人才交流项目实施，"燕赵友谊奖"评选表彰，加大国际人才交流合作力度等方面，多措并举引进高端外国人才智力，取得众多新进展、新成效。近年来，河北省通过"走出去、请进来"，在国外举办"高端国际人才项目交流大会"，举办外国院士校园行，以及与京津联合举办外国人才智力引进活动和海外人才京津冀创业行活动等，有效引用国外高端智力，还通过主办国际研讨会、学术讲座活动，以及技术交流、项目洽谈、咨询诊断、培训、现场指导、联合建立实验室等多种形式，引进美国、英国、德国、法国、日本等20多个国家的专家为河北高质量发展提供智力支持。

（三）驱动高质量发展的人才创新力和支撑力大幅提升

2017年以来，河北为人才创新创业提供了空前的强大动力，驱动高质量发展的人才创新力和支撑力大幅提升。一是贯彻落实党中央、国务院及河北省委、省政府关于实施创新驱动发展战略，推进大众创业、万众创新的一系列文件部署，按照高质量发展要求，努力打造"双创"升级版，系统优化创新创业环境，强化政策供给，细化关键政策落实措施，深化放管服改革，优化营商环境，大幅降低创新创业成本，在更大范围、更高层次、更深程度上推进大众创业、万众创新，促进人才创新创业潜能充分释放，使人才创新力大幅提升。二是贯彻落实党中央、国务院及河北省委、省政府关于全面深化人才体制改革的一系列文件部署，在破除阻碍人才创新创业的各种体制机制障碍，加快推进科技、教育、医疗卫生、基层、青年等人才评价机制和职称制度改革，诚信制度建设、分配制度、经费使用与支出、科研管理等改革，充分发挥评价和职称的导向作用，落实以增加知识价值为导向的分配政策，支持和鼓励事业单位专业技术人员创新创业，进一步落实企事业单位人事管理自主权，优化科研管理，提升科研绩效等方面取得突破性进展，促进了人才创新力的大幅提升。三是贯彻落实河北省委、省政府及科技部门一系列关于推动科技创新的决策部署，采取《河北省科技创新三年行动计划（2018—2020年）》、科技创新平台倍增计划、新一轮科技型中小企业成长计划、促进科技成果转移转化行动计划等一系列推动科技创新的重要举措，为广大创新创业者提供了施展才华抱负的众多平台，促进了人才创新力的大幅提升。以上政策部署的落地，极大地增强了人才创新积极性，促进了人才创新创业潜力充分释放，使人才创新创业活力迸发，创新创业工作蓬勃开展，科技创新引领作用明显增强，对经济社会发展的贡献度明显提升。

据河北省科技厅发布的《2017年河北省科学技术成果统计公报》，2017年，全省共登记科技成果2961项。其中，达到国际先进水平的成果164项，占总数的5.50%；国内领先水平成果1744项，国内先进水平成果336项，分别占总数的58.90%和11.35%。其中，有1638项成果涉及专利权，包括发明专利1094项、实用新型专利453项、外观设计专利23项、软件著作权68项。2017年专利申请量、授权量分别达6.1万件和3.5万件，同比分别增长11.8%和11%；万人发明专利拥有量达到2.6件，比上年增长30%以上。2017年，河北9名科技专家和271项成果获国家科学技术奖励，10项科技成果获得国家科学技术奖。其中，荣获国家自然科学奖二等奖1项，为首次获得；荣获国家技术发明奖二等奖1项，系首次连续获得。2017年技术交易额比上年增长超过60%。截至2018年，入驻众创空间创新团队和小微企业有13000多个，累计扶持超过25万人成功创业。2017年全省高新技术企业新增1079家，增幅是2016年的2.5倍，总数达到3174家；科技型中小企业新增1.34万家，总数达5.5万家；全省规模以上高新技术产业增加值达到2392.5亿元，增速为11.3%。《中国区域科技创新评价报告2018》显示，2017年，河北省综合科技创新水平居全国第22位，比上年上升2位，达到6年来最高水平。以上表明河北省科技创新活力进一步增强，科技创新作为驱动发展第一动力，科技人才作为驱动发展原动力，对经济转型升级、高质量发展的支撑引领作用明显增强。

（四）京津冀人才协同发展对河北高质量发展的人才与智力"鼎力"支撑作用增强

2017年以来，京津冀三地贯彻落实党中央、国务院关于高质量发展的部署和要求，在积极推进各地高质量发展的同时，努力推进三地高质量协同发展，其中包括人才的协同发展。河北以更积极主动的姿态，在深入推进与京津人才发展的高质量高水平协同，切实提升人才一体化发展的质量和效益，促进河北在更高的层面、水平上与京津的人才和智力合作，促进京津人才与智力的高质量引用，借力增强河北高质量发展的人才与智力支撑方面，取得诸多重要新进展和新成效。

一是以重大任务和重点工程为抓手，推进京津冀人才一体化发展规划的实施，不断取得重要新进展和新成效。近几年，启动和实施了"全球高端人才延揽计划"、"冬奥人才发展工程"、雄安新区人才集聚工程、沿海临港产业人才集聚工程、临空经济产业人才集聚工程、人才智力精准扶持计划，以及西北部生态涵养区人才管理改革试验区建设等重大任务和重点工程。

二是推动京津冀人社事业协同发展取得重要新进展和新成效。三地认真贯彻落实人力资源和社会保障部关于推进京津冀人力资源和社会保障事业协同发展的实施意见，积极促进三地人社事业合作的深入开展，不断拓展人社事业协同发展的广度和深度。京津冀人社事业协同发展第一次部省（市）联席会在就业、社保、人才、劳动关系、公共服务和雄安新区建设几个方面进行了谋划和部署,签署了《京津冀专业技术人员继续教育合作备忘录》等文件;第二次联席会就贯彻落实党中央、国务院关于支持河北雄安新区全面深化改革和扩大开放的指导意见,更好发挥人社部门职能作用,全力支持雄安新区深化改革和扩大开放,加快推进京津冀人才协同发展做了部署。近几年,三地社会保险关系转移实现顺畅进行,专业技术人才资质互认范围扩大,27项专业技术职称资格实现互认,人力资源服务业从业资格实现互认,技能人才联合培养逐步开展,研究制定和实施了京津冀区域人力资源服务标准,促进了三地人力资源服务质量和水平提升。

三是京冀通过互派干部、人才双向挂职,促进区域协同发展,取得良好成效。为促进京津冀协同发展,搭建两地干部人才交流平台,分别从发改委及交通、规划、商务、科技、工信、环保、教育、人社、农业、文化、卫计、旅游等部门选派厅、处级干部异地挂职,近三年已连续每年互派100名干部、人才双向交流挂职。

四是重点区域人才一体化取得新进展新成效。在"通武廊"(北京通州、天津武清、河北廊坊)人才一体化发展示范区建设方面不断取得新进展,成效显著。三地为加强跨区域人才合作,签订"通武廊"区域人才合作框架协议,相继出台《通武廊区域人才互认标准》《通武廊区域人才挂职交流工作管理暂行办法》等一系列政策,有力地促进了三地的人才交流互动。为更好地发挥高层次人才在区域间的作用,为人才创新创业和生活提供便利,三地在区域人才互认的基础上,制定实施了通武廊高层次人才服务"绿卡制度"。在引才引智方面,三地联合举办了一系列人才交流、人才招聘等活动,促进了三地人才加速流动。在临空经济产业人才聚集区建设方面,2018年5月,京津冀人才一体化发展部际协调小组第三次会议提出实施临空经济产业人才集聚工程;2018年7月,协调小组主办京津冀临空经济产业人才发展研讨会,会议达成依托首部新机场临空经济区,建设京津冀临空经济产业人才聚集高地,协同打造临空人才发展共同体等共识。

五是多点联动,推动三地区域人才交流合作纵横延伸,人才合作更加广泛、更加深入，合作内容更加丰富。三地省市人社部门联合举办了多次面向京津冀、全国及海外的高层次人才招聘会等活动，三地省市卫生部门签订了人才交流与合作框架协议，民政部门联合召开会议，议定积极推进京津冀社会工作人才队伍建设协同发展。在推进教育协同发展方面，河北27所高职院校与北京市、天津市部分高职院校"结对子"对接工作已经启动。在科技创新协同方面，三地科技部门按照高质量发展的根本要求，大力推进协同创新，不断取得新进展新成效。就河北而言，在推进协同创新过程中，大力推行"京津研发、河北转化"创新模式，通过共建园区，共搭平台，共建重点实验室、研发中心、技术创新中心、科技成果转化服务中心、技术交易中心、国际化技术转移中心等，吸引京津高端项目落户，吸引高端人才聚集，提升了人才合作水平和质量。通过开展科技人才的培训合作、项目合作及举办科技交流项目洽谈、人才与项目对接等活动，与京津联合建设技术转移人才培养基地和实训基地等，带动京津人才的引用、合作及培养。此外，河北在推进与京津在产业、交通、生态、医疗、旅游、健康养老等方面协同发展和合作的同时，促进这些方面京津人才与智力引用的不断扩展与质量提升。

（五）雄安新区高质量高水平规划建设的人才保障工作成效显著

千年大计，人才为先。党中央做出规划建设雄安新区的决策以来，雄安新区规划建设人才保障工作成效显著。

一是规划编制的人才保障工作卓有成效。按照党中央、国务院关于坚持世界眼光、国际标准、中国特色、高点定位，做好雄安新区规划建设工作的要求，习近平总书记关于借鉴国际经验，高标准编制新区规划，组织国内一流规划人才进行城市设计的指示精神，河北省委九届五次会议关于配合国家有关部门，集聚全国优秀人才，吸纳国际人才，聚集各方面专家、智力，组织编制好雄安新区相关规划要求，会聚国内外知名专家，聚集国内顶尖、国际一流的规划设计专家等进行编制，确保规划设计工作高标准、高质量完成，向党中央和国务院、河北省委和省政府及全国人民交出满意的答卷。

二是河北省委、省政府及有关部门对雄安新区规划建设的人才保障高度重视、大力支持。按照《河北雄安新区规划纲要》关于建立人才特区的部署，抓紧研究谋划雄安新区人才政策体系、体制机制建设。河北省委组织部组织力量对打造人才管理体制改革试验区进行专题调研。河北省人社厅积极拟定新区引才政策，为会聚和使用全球人才资源，吸引各类高端人才和创新团队，提供政策支持，并全面梳理人社部门在支持雄安新区规划建设发展中承担的职责任务，要求人社部门系统切实发挥好职能作用，全力支持雄安新区就业创业工作，完善社会保障体系，深化人事薪酬制度改革，创新人才工作机制，提升公共服务水平，努力将雄安新区打造成为新时代人力资源和社会保障事业创新发展的示范区。

三是国家人社部等有关部门积极研究拟定为雄安新区人才保障提供支持的政策措施。国家外国专家局和河北省人民政府就引进外国人才智力支持雄安新区建设签署了合作框架协议，议定围绕新区规划建设，合作开展多种形式的国际人才交流活动，在引智政策、资金、项目审批等方面给予倾斜性支持，双方在建设国际化高标准引才引智平台、精准引进外国高端人才和智力、打造国际化高层次人才队伍、开展引才引智系列高端活动等方面加强合作，支持新区引进一批诺贝尔奖获得者等外国高端、一流人才，逐步建立与国际接轨、国内领先的体制机制，为推动新区规划建设提供强有力的人才和智力支撑。

四是雄安新区不断加大人才保障工作力度。新区党工委和管委会围绕建立人才特区，打造人才高地、高端人才聚集区及建立人才管理体制改革试验区，超前研究谋划具体政策措施，提出要建好吸引人才、留住人才、用好人才的机制，开发利用国际国内两种人才资源，发现挖掘省外省内两种人才潜力，健全完善引进培养两种人才政策，吸引优秀人才进入新区。同时，新区建设单位积极组织开展招聘活动，为新区建设提供人才保障。作为河北雄安新区开发建设主要载体和运作平台的中国雄安建设投资集团有限公司面向全国发布人才招聘计划，进行大规模人才招聘活动，30家央企和41家河北地方企业也公开向社会招聘各类人才，进驻新区的更多企业也开始了人才招聘活动。

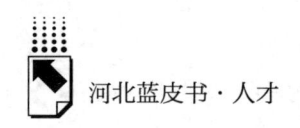

（六）促进人才高质量发展的人才体制机制改革创新取得重要新进展

2017年以来，河北全面推进人才体制机制改革创新，破除人才发展的体制机制障碍，促进人才活力和创新力的充分释放，为高质量发展提供人才保障，取得重要新进展。一是贯彻落实党中央、国务院及河北省委、省政府关于深化人才发展体制机制改革的文件，深入推进各方面人才发展体制改革，取得重要新进展。二是贯彻落实党中央、国务院及河北省委、省政府关于分类推进人才评价机制改革的文件，在加快推进科技、教育、医疗卫生、哲学社会科学和文化艺术、技术技能、企业和基层一线、青年人才评价机制改革方面，取得突破性新进展。三是贯彻落实党中央、国务院及河北省委、省政府关于深化职称制度改革的文件，推进各类职称制度改革创新，取得新突破新进展。四是贯彻落实党中央、国务院关于进一步加强科研诚信建设的若干意见，积极推进科研诚信建设，取得新突破新进展。以上文件的贯彻落实，对河北进一步深化细化人才发展体制机制改革，建立科学的人才分类评价机制，建立科学化、规范化、社会化的职称制度，推进科研诚信建设制度化，优化科研环境，激发人才创新创业活力，形成人人渴望成才、人人努力成才、人人皆可成才、人人尽展其才的良好局面，大兴爱才敬才社会之风，促进人才资源开发管理和使用，加强人才队伍建设，增强高质量发展的人才支撑，起到了积极有效的促进作用。

二 推动人才高质量发展的主要任务

党中央、国务院关于按照高质量发展要求统筹推进"五位一体"总体布局和协调推进"四个全面"战略布局，把高质量发展贯穿经济社会发展各领域、全过程的部署，以及河北省委、省政府对全面推动河北高质量发展，推动经济社会发展转向高质量发展阶段做出的部署，对全面推进经济社会各领域、各方面、各类人才高质量发展和人才队伍高质量建设提出了新的要求。人才是推动和实现高质量发展的首要战略资源和主导性决定性力量。高质量发展需要高质量的人才发展与之相适应，能否实现高质量发展，根本上取决于能否实现人才的高质量发展。目前，河北发展已转向高质量发展新阶段，但高质量发展与人才质量总体不高的矛盾也随之凸显。总体上看，目前河北的人才状况与高质量发展要求还不相适应，短缺人才尤其是高层次、高端人才还不能充分满足需求，结构层次有待提升，人才质量总体水平还不够高，人才支撑力相对不足，人才发展尚未全面转入高质量发展阶段，高质量发展的人才制约还较突出。未来时期，加快推动人才高质量发展和人才队伍高质量建设，既是推动河北高质量发展面临的重大战略性任务，也是实施人才强冀战略面临的重要而紧迫的任务。择其要而言之，主要面临以下重要紧迫任务。

（一）与经济高质量发展相适应的人才高质量发展任务

推动经济全面转入高质量发展阶段，加快实现经济在高质量发展轨道上高质量的运行，必须打造发展的强大人才引擎和原动力。目前，推动河北经济实现高质量发展的人才牵引力、带动力和支撑力不足问题尤为突出。贯彻落实党中央、国务院及河北省委、省政府关于推动经济高质量发展的部署，对河北加快发展经济领域各类人才的高质量发展提出了紧迫的任务。其中，主要任务有以下几个方面。

1. 与工业转型升级和战略新兴产业高质量发展相适应的人才高质量发展任务

推动工业转型升级并实现其高质量发展，发展战略新兴产业并实现其高质量发展，是推动实现经济高质量发展的首要任务。贯彻落实党中央、国务院及河北省委、省政府关于工业转型升级和战略新兴产业高质量发展的部署和要求，必须加快发展壮大与之相适应的高质量人才队伍。在工业转型升级方面，重点是发展传统优势特色明显的钢铁、石化、食品、纺织服装及建材等产业转型升级所需的各类高质量人才。在战略性新兴产业细分行业和领域，主要是发展大数据与物联网、信息技术制造业、人工智能与智能装备、生物医药健康、高端装备制造、新能源与智能电网、新能源汽车与智能网联汽车、新材料、先进环保、未来产业十个领域产业发展所需的各类高质量人才。落实《河北省"万企转型"实施方案（2018—2020年）》的部署和要求，需要大力发展引领、带动、支撑这些企业转型升级所需的高质量人才。实施"万企上云"计划，也需要大力发展其所需的人才。从所需人才类型看，一是着重发展具有引领作用的科技创新人才，尤其是高端创新人才和国内国际一流的创新领军人才；二是着重发展具有重要支撑作用的创新型技能人才，特别是技能高超的工匠人才；三是着重发展带动作用强的创新型高级经营管理人才，尤其是企业家人才，特别是需要造就一批引领带动企业做大做强、能成为企业集团和成为产业龙头的科技领军人才和企业家人才。此外，需要更多地发展以上产业领域的创新创业合一的复合型人才，壮大科技型中小企业的领军人才队伍。同时，需要进一步提升国有企业各类人才队伍的质量和水平，加快发展壮大民营经济高质量人才队伍。

2. 与服务业转型升级和现代服务业高质量发展相适应的人才高质量发展任务

服务业转型升级和发展现代服务业，特别是现代服务业的高质量发展，是产业结构优化和转型升级，建立现代产业体系的重要支柱，是培育新动能的重要领域，是推进工业转型升级和高质量发展的重要支撑，是经济高质量发展的重要方面。贯彻落实党中央、国务院及河北省委、省政府关于服务业转型升级和现代服务业高质量发展的部署和要求，推动河北服务业转型升级及现代服务业创新发展、高质量发展，必须加快发展所需的人才，建设与之相适应的高质量人才队伍。在传统生产生活服务业的转型升级方面，主要是发展应用新一代信息技术、互联网技术、物联网技术、人工智能技术等，对传统服务业务、产品、经营管理、业态和发展模式进行全方位改造提升，为其提供向现代服务业转变所需的各类高质量人才。在发展新兴现代服务业方面，主要发展现代物流、电子商务、网络服务、科技服务、信息服务、金融服务、交易服务、商务服务、知识产权服务、设计、会展、人力资源服务、节能环保服务、文化创意、旅游休闲、健康养老、家政服务等产业所需的高质量人才。

一是着力发展适应产业发展融合化和生活需要多样化趋势，促进服务业与农业、服务业与制造业及服务业各领域之间融合发展生成新产业、新业态、新模式所需的各类高质量人才。

二是重点发展高端现代服务业所需的各类高质量人才，包括高新技术服务业及其新业态所需的人才，主要是研发设计、产品设计等工业设计服务，以及知识产权服务、检验检测服务、科技成果转化服务、信息技术服务、智能服务、生物技术服务等所需的人才，尤其是推动制造业服务化及产品全生命周期服务所需的人才，特别是需要发展高端工业设计人才；基于移动互联网、物联网、云计算、大数据等新技术的现代物流业所需的人才，物流体系智能化所需的人才；技术、知识、资金密集型的高端物流服务所需的人才，推进现代物流业与制造业、商贸流通业等融合发展，电子商务与产业结构升级深度融合所需的人才，推进公共物流信息平台、智慧物流平台建设等所需的人才。

三是大力发展现代旅游业所需的高质量人才。按照推动全省旅游业转型升级，实现由旅游大省向旅游强省跨越，推动旅游成为新支柱产业要求，大力发展推动现代旅游业及其与相关产业融合发展的"旅游+"新产业新业态所需的高质量人才，包括休闲度假游、康养游、文创游、购物游、海洋游、工业游、农业游、乡村游、生态游、低空游、体育游、运动游、研学游等新业态所需的人才。此外，要着重发展推动互联网+旅游、智慧旅游发展所需的人才，包括旅游大数据平台建设与服务，智慧旅游管理、智慧旅游营销、智慧旅游服务等所需的人才；景点、景区及全域智慧旅游信息服务系统建设人才；旅游企业"走出去"，提升旅游国际化水平所需的人才；打造河北省四大世界级旅游示范区，即长城、运河、皇家园林与陵寝四大世界文化遗产旅游示范区，冰雪旅游胜地崇礼旅游示范区，雄安新区全域旅游示范区，秦皇岛国际邮轮港和大兴国际机场临空商务旅游区所需的各类人才。

从上述产业所需人才类别看，一是需要大力发展所需的科技人才，尤其是高层次科技人才；二是需要大力发展所需的技能人才，尤其是高技能人才；三是需要大力发展所需的经营管理人才，尤其是高级经营管理人才。重中之重是需要加快发展一批引领带动以上产业转型升级和现代服务业发展的高层次、高端、国内国际一流的科技创新领军人才，一批创新型高技能人才，一批创新型高级经营管理人才，特别是需要造就一批龙头企业、企业集团的企业家人才和产业领军人才。此外，需要大力发展以上产业领域集创新创业于一体的复合型人才和科技型中小企业领军人才。

3. 与农业转型升级和现代农业高质量发展相适应的人才高质量发展任务

农业是经济社会发展之基，农业转型升级和现代农业的发展，特别是现代农业的高质量发展，是经济高质量发展的重要内容，关系经济社会总体高质量发展的全局，是推进农业农村现代化，构建现代农业农村产业体系的重要支撑和保障，是实施乡村振兴战略的首要任务。贯彻落实党中央、国务院及河北省委、省政府对农业高质量发展的一系列部署，推动农业转型升级和现代农业的高质量发展，必须加快农业及相关产业人才的高质量发展。首先，需要加快发展以现代农业科技和机械设施为支撑的科技农业、设施农业、高品质农业（质量农业）、高效农业、精细农业，以及规模化农业、园区农业、都市型农业等现代农业所需的各类人才，并加快发展工厂化、立体化等高科技高效农业所需的人才，大力发展推动农业绿色化发展的生态、有机、环保农业及节水、节地、集约化、资源高效利用所需的人才，种养加等循环发展和农林复合经营所需的人才；产品质量安全、标准化农业所需的人才；农场化、企业化经营的现代农业所需的人才，农业产业化龙头企业、规模化品牌化生产经营的特色高效农业所需的人才。其次，需要着力发展拓展农业功能、延长农业产业链、提升价值链的新产业新业态所需的各类人才，包括农业与教育、文化、康健、养老等产业深度融合发展的新业态、新模式所需的各类人才，大力发展具备旅游功能的观光农业、休闲农业、现代农业庄园和农业园区、农耕体验、"特色农业＋文化"等创意农业、家庭农场、家庭牧场等新业态所需的人才。最后，需要着力发展延长农业产业链的农产品加工业所需的各类人才，农业与第二、第三产业融合发展和城乡产业融合发展所需的人才，以农业生产为中心的各类社会化服务人才，由生产服务向全程农业社会化服务延伸所需的人才，包括现代化冷链仓储物流所需人才，农业信息、技术、金融等服务人才，特别是需要加快发展农资配送、农机作业、工厂化育苗、病虫害统防统治、配方肥统配统施、设施维修等现代化社会化服务人才；多种形式农业适度规模经营与延伸农业产业链有机结合，农产品加工业和农村服务业相结合所需的人才；现代农业生产与现代物流结合，电子商务与农业生产经营结合所需的人才。

从以上产业和业态所需人才类别看，一是需要大力发展引领带动农业科技创新进步、提升农业科技水平所需的科技人才，包括科技创新研发人才和科技成果转化应用人才、科技与信息服务人才、科技培训人才等。尤其是需要发展围绕提升农业发展质量，培育优质新品种，开展种质资源创新，推进良种重大科研攻关所需的研发创新人才；进行农业生产新技术、新农艺研发，开展关键技术攻关所需的科技创新人才；农业新机械、新装备研发，农业机械化集成技术提升，促进农业机械化提档升级，推进农业装备现代化所需的人才，以及推进农机与农艺相融合，提高农业设施科技水平和智慧农机制造等所需的科技创新人才；围绕节水农业、农业面源污染治理、病虫害统防统治、农药化肥减施、畜禽科学饲养、渔业健康养殖、农产品质量安全、粮经饲三元结构转化、生态环境保育等进行科技创新、科技攻关的人才，以及农产品精深加工科技研发所需的科技创新人才。二是需要大力发展掌握新技术和新技能及运用新机械和新装备的农业生产人才和现代新型职业农民。三是需要大力发展各种现代农业所需的经营管理人才，尤其是精通现代农业经营管理的市场主体领头、领军人才。四是需要大力发展各类现代农业创业人才。此外，需要加快发展农业信息化人才，推动"互联网＋现代农业"，互联网与农业生产、经营、管理、服务等深度融合，依托互联网提供生产、流通、交易等服务所需的人才，围绕智慧农业构建，综合运用现代互联网、物联网、大数据、云计算等技术，为农业生产智能化、精准化、数字化、可控化和全程监管，气象信息观测、温室环境监控、植物生长管理、肥水药精准实施、设施自动化控制、物联网技术聚合应用等，提供综合智慧服务所需的人才，为农业灾害预警、重大动植物疫情防控、生产经营科学决策等提供信息服务的人才，通过专业化、融入式气象为农业提供智慧气象服务人才及农业科技互联网、科技服务云平台建设所需人才，依托互联网进行现代农业科教信息服务人才，农业信息管理平台建设人才等。同时，需要加快发展农业生态环境治理、农业面源污染治理，推行农业标准化生产，提升农产品质量和安全水平所需的人才。

4. 与对外贸易高质量发展相适应的人才高质量发展任务

对外贸易高质量发展是提升对外开放水平、经济高质量发展的重要方面，是省内国内经济高质量发展的延伸，对经济高质量发展具有重要的带动作用。贯彻落实党中央、国务院及河北省委、省政府关于对外贸易高质量发展的部署，优化外贸产业结构，转变外贸发展方式，培育服务贸易新业态，拓展服务贸易新领域，提升产品质量和产业层次，推动对外贸易高质量发展，必须加快发展所需的各类高质量人才。一是需要大力发展推动出口迈向中高端，扩大机电、高新技术产品、现代服务业对外贸易所需的各类高质量人才，软件和信息技术服务出口所需的高质量人才，科技服务和技术出口所需的高质量人才，国际商务、度假等高附加值旅游服务所需的人才。二是需要加快发展现代服务外包业所需的高质量人才，包括进出口贸易外包、离岸服务外包、在岸服务外包、信息技术外包、业务流程外包、知识流程外包所需的人才，软件研发设计、物流服务、会展服务、采购与营销服务、人力资源服务及金融等服务外包所需的人才。三是需要大力发展加工贸易和边境贸易、国际转口贸易及自贸区、保税区、国际物流等所需的人才。四是需要着力发展"互联网+现代服务贸易"，基于"大物移云"等新技术的服务业所需的人才，信用、支付等电子商务服务所需的人才。四是需要积极发展国际工程承包，钢铁、建材、轻纺等传统优势行业的研发、设计、技术培训、企业管理等服务出口，开拓工程设计、监理等建筑服务及人力资源与劳务输出国际市场所需的人才。五是需要积极发展扩大文化贸易所需的人才，包括扩大服装设计、出版物、美术品、广告、动漫、网络游戏等文化创意产业贸易进出口，拓展杂技、武术、乐器、石雕、民间工艺品出口市场，促进广播影视、新闻出版及中医药等服务贸易发展所需的人才。六是需要努力发展提升外贸企业跨国经营能力，建立跨国企业，培育跨国公司，建立国际营销网络，提升与"一带一路"沿线国家贸易合作水平所需的人才。七是需要积极发展提升利用外资的质量和水平，促进对外投资、招商引资高质量发展，对外投资合作和贸易相结合所需的各类人才。

从所需人才类别看，一是大力发展外贸生产企业和进出口外贸服务企业高质量发展所需的科技、技能和经营管理人才，特别是复合型科技、专业技术、技能和经营管理人才，尤其是将企业做大做强的企业家人才，有较强国际竞争力的大型贸易企业或跨国公司所需的经营管理人才，特别是具有国际视野、熟悉国际贸易业务与国际规则的创新型、开拓型企业家人才。二是需要着力发展高水平、复合型、专业化的外语翻译人才。三是需要积极发展涉外投融资、金融、保险、会计、评估、信息、商务中介、咨询、法律、广告代理、品牌推广、市场拓展及经济技术等交流合作的复合型专业人才和管理人才。四是需要积极发展与进出口有关的检疫检验、关税、税务、外汇、结算、标准认证、商标注册、专利申请、海关服务等高水平的复合型专业人才，以及进出口商品质量安全风险预警等方面的人才。五是需要加快发展跨界电子商务方面的信息技术人才和专业人才，跨境电子商务平台建设和运营所需人才。六是需要加快发展熟悉涉外法律、知识产权、贸易规则等的复合型专业人才，熟悉国际法、国别法、国际经贸规则的反倾销和反垄断，应对贸易摩擦、贸易战的人才，熟悉国外技术性贸易应对措施的专业人才，推动引领多边、区域、双边国际经贸规则制定的人才。七是需要建设服务贸易促进平台，进行高水平国际性会展，包括出口商品交易会、国际技术进出口交易会、服务贸易交易会和洽谈会、高新技术成果交易会和洽谈会、加工贸易产品博览会等的高水平策划、设计和服务人才。八是需要普遍提升自由贸易港、保税区、港口及出口产品生产加工、境外投资、科技信息服务等企业工作人员的外语水平，加快开放城市、省会城市、雄安新区等高质量涉外人才队伍建设。九是需要积极发展高质量高水平对外交流合作、对外宣传等人才，包括开展国际医疗和生物医药服务、医疗健康服务等国际合作，国际化教育服务项目合作，以及环境和节能服务，环保工程设计、咨询、污染治理、设施运营、节能审计等方面国际交流与合作的高水平复合型人才。

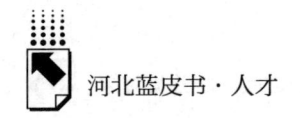

（二）与社会事业高质量发展相适应的人才高质量发展任务

社会事业的高质量发展与经济的高质量发展存在相互包含、相互渗透、相互支撑、相互促进和相互制约的关系。经济的高质量发展需要社会事业高质量发展的协调互动。2017年以来，党中央、国务院及河北省委、省政府对社会事业发展做出了一系列新部署，对社会事业高质量发展和人才高质量发展提出了新的更高的要求，目前从河北看，人才质量短板仍是社会事业高质量发展的关键性制约。推动实现社会事业的高质量发展，必须加快社会事业领域人才的高质量发展。

1. 与教育事业高质量发展相适应的人才高质量发展任务

教育兴则国家兴，教育强则国家强。优先发展教育事业，建设教育强国，是中华民族伟大复兴的基础工程。教育的高质量发展，既决定着高质量的德智体美劳全面发展的社会主义建设接班人培养和各类人才培养，也直接决定着经济及其他社会事业的高质量发展。党的十九大以来，党中央、国务院及河北省委、省政府出台了一系列文件，对教育事业的发展做出了新部署，不仅对推动教育高质量发展提出了新要求，同时对教育人才队伍，尤其是教师队伍的高质量建设提出了新要求。目前从河北看，教育人才状况与教育高质量发展还不完全相适应，加快教育高质量发展必须加快发展高质量的教师人才队伍。教育发展，教师为本，推动教育的高质量发展，必须首先加快建设各级各类高质量的教师队伍。第一，建设高质量的幼儿教师队伍。与大力发展学前教育，扩大普惠性学前教育相适应，加快农村、贫困地区学前教育师资队伍发展，大力发展以城乡社区为依托、公办与民办相结合的学前教育师资队伍，全面提高城乡幼儿教育教师质量和水平。第二，建设高质量的基础教育教师队伍。与普遍提升中小学教育质量和水平相适应，加快发展高水平的优质中小学教师队伍，全面提升基础教育教师质量和水平。按照促进教育均衡发展、实现教育公平要求，加快发展优质教师资源，切实解决好初中和普通高中教育优质资源短缺、资源总量不足、城乡及区域之间不均的问题。加强农村特别是贫困边远地区义务教育优质教师队伍建设，普遍提升农村义务教育教师质量和水平，着力提升民办中小学教师的素质和能力。第三，建设高质量的职业教育人才队伍。与加快发展现代职业教育相适应，与产业结构调整优化升级要求相适应，加快建设高质量的现代职业教育教师队伍，全面提高中、高等职业教育教师队伍质量和水平，着重建设高质量双师型教师队伍，着力提升民办职业教育师资队伍质量和水平。第四，建设高质量高等教育教师队伍。与全面提升高等教育发展质量相适应，加快高等教育高质量人才的发展，全面提升高等教育教师队伍的质量和水平。与全面提高研究生教育质量相适应，全面提升以高层次创新人才培养为核心的导师队伍质量和水平。与大力推进高校"双一流工程""211工程""985工程"的实施相适应，努力建设高水平、国内国际一流的教师队伍。着力提升民办高等教育教师队伍的质量和水平。积极引进国（境）外高水平专家和高等教育师资。第五，按照高质量发展成人教育、老年教育等继续教育要求，建设高质量的各类继续教育教师队伍。第六，按照高质量发展残疾儿童和残疾青少年教育等特殊教育要求，建设高质量的特殊教育教师队伍。此外，积极发展各级各类学校高质量管理人才，建设高质量的教育管理人才队伍，造就一批卓越的校长队伍和教育家队伍。与教育信息化建设相适应，加快建设高质量的教育信息化人才队伍。加快建设高质量的实验室人才队伍和图书馆、报刊等教育信息人才队伍。依托高校科研机构及重点学科、重点实验室和工程技术中心等建设，加强高质量、高水平及高端科研人才队伍建设，增强其对实施创新驱动战略和科教强省战略的支撑力。

2. 与医疗卫生健康事业高质量发展相适的人才高质量发展任务

医疗卫生和健康事业高质量发展，关系人民群众的身心健康，关系健康中国战略的实施。党中央、国务院及河北省委、省政府出台一系列新文件，对医疗卫生和健康事业发展做出了新部署，对医疗卫生和健康事业高质量发展，及其人才队伍高质量发展提出了新要求、新任务。

第一，需要发展医疗卫生事业所需的各类高质量人才，建设各类医疗卫生机构高质量的人才队伍。其中包括大力发展各级各类医疗卫生机构高质量的医疗专业技术人才，着重建设高质量高水平的医师队伍，全面提升医生队伍的质量和水平。加强县级医院、乡镇、农村医疗及城市社区卫生机构医生队伍建设，普遍提升其质量和水平，加强贫困、落后地区医生队伍建设，加快提升其质量和水平；加快高质量高水平全科医生队伍的建设，与建设中医药强省相适应；加快建设高质量高水平的中医药人才队伍和中西医结合的医生队伍，加快发展高质量高水平的医养结合型医师队伍；着力发展高质量护理人才，建设高质量护理人才队伍；加强高质量的麻醉、化验、检查、检测、医学检验、病理诊断、医学影像、消毒供应、血液净化、安宁疗护、制剂等专业人才队伍建设；加强高质量医疗机构信息化人才队伍建设；加强高质量现代医疗机构管理人才队伍建设，培养一批高水平的现代医院院长；普遍提高社会力量创办的各类医疗机构各类人才、队伍质量和水平。

第二，需要发展计生和妇幼保健事业所需的各类高质量人才，建设高质量的计生技术服务人才队伍和妇幼保健服务人才队伍。

第三，需要加快发展具备疾病预防接种、慢性病综合防控、防盲治盲和防聋治聋、重点传染病和地方病防治、重大疾病防控、健康危害有效控制、突发事件卫生应急处置能力和紧急医学救援能力的高质量高水平人才。

第四，需要积极推进各级各类高质量高水平的医疗卫生教学教师队伍和医学科研人才队伍及科研成果转化应用队伍建设，尤其是医学、中医药、医疗设备科技创新的高层次、高端人才队伍建设。

第五，需要加快建设高质量的健康产业人才队伍。树立新医疗和大健康理念，加快建设发展壮大医疗与健康服务、健康产业融合发展的多种新产业新业态高质量人才队伍，包括医疗、护理、疾病防治、康养保健、康复理疗、养老、体育健身、旅游观光、休闲、度假、文化、中医药、种养、林牧业、食品、保健品、教育、互联网等跨界融合、多功能结合的健康服务和健康产业人才队伍，尤其是高端康养产业人才队伍，加强特色疗养院、养老院、康复医院等高质量人才队伍建设，加快社区、农村康养人才的高质量发展，着重加快发展中医药健康养生服务和产业所需的高质量人才。加快建设与老龄事业产业高质量发展相适应的高质量人才队伍。围绕京津冀健康休闲产业圈建设，打造产业人才聚集圈。加快发展推进"互联网＋健康医疗"服务，促进互联网与健康事业融合发展所需的人才，推进健康医疗大数据应用及智慧医疗、智慧康养平台建设所需的人才。

第六，需要围绕大健康事业发展和体育强省建设，加快建设高质量的各类体育事业产业人才队伍，包括教练员队伍和运动员队伍，体育事业产业的科技、技能、经营管理人才队伍，开展运动健身培训、健身指导咨询等，发挥运动健身在疾病防御、慢性病防治和病后康复等方面重要作用的服务人才队伍。着力加强高质量社会体育指导员队伍建设，加快推动体医结合型高质量人才队伍建设，大力发展体育与旅游、文化、教育、康养等融合发展的多种新产业、新业态的高质量人才。着重发展高水平的竞技体育人才，有优势特色的体育竞技人才，加强冬季项目竞技实力人才队伍建设，尤其是加快冬季奥运会冰雪运动高水平人才的发展。积极推动体医融合型用品的研发制造，健身休闲器材装备研发制造，高端体育装备制造，以及体育文化创意、体育大数据、电子竞技等产业所需人才的发展。

3. 与文化事业高质量发展相适应的人才高质量发展任务

文化事业产业的高质量发展，是经济社会高质量发展的重要内容，对增强文化软实力、建设文化强国具有决定性意义。党中央、国务院及河北省委、省政府对推动社会主义文化繁荣昌盛和文化事业和文化产业的高质量发展做出了一系列新部署，贯彻落实以上部署，必须加快推动文化事业产业人才队伍的高质量发展。

就河北而言，在发展公共文化事业方面，需要发展图书馆、博物馆、展览馆及广播、电视、新闻、期刊、社科研究及智库建设等公共文化事业所需的高质量人才，特别是运用互联网技术、大数据、云计算等现代科技提升公共文化事业质量和水平所需的人才，电子化、数据化、网络化媒体所需的人才，传统媒体与新兴媒体融合及各种新媒体融合发展所需的人才。同时，普遍提升农村公共服务人才队伍的质量和水平。

在发展文化产业方面，一是需要推进"文化+互联网"，"互联网+文化"，文化资源与科技、互联网、物联网、智能科技、3D打印、大数据和云计算等新技术深度融合的高端科技型文化产业及其新业态所需的人才，包括网络文化产业、数字文化产业、数字传播、文化信息传输服务、动漫游戏、文化创意设计等新兴文化产业和业态所需的人才。特别是需要造就一批推动文化科技企业做大做强及打造行业龙头企业集团、行业"旗舰"所需的人才，以及创建各具特色、有核心竞争力的创新型中小微数字文化企业所需的人才。同时需要发展数字文化技术和装备研制，开展文化产业关键技术研发创新的人才，运用新技术对文化用品、设备、印刷等产业进行升级改造所需的人才。二是需要着力发展"文化+""+文化"的新产业新业态，文化产业与科技、休闲娱乐、旅游、城建、工业、农业、体育、教育、金融、建筑、商务、互联网等产业相互深度融合的新产业新业态所需的人才。需要着重发展"文化+旅游"所需的高质量人才，尤其是特色文化旅游产业所需的高质量人才，包括打造红色文化游、皇家文化游、滨海文化游、草原文化游、山地文化游、冰雪文化游、乡村文化游等特色文化旅游品牌所需的人才；做强做优县域特色文化产业所需的人才，建设特色文化小镇、特色文化村庄所需的人才。需要围绕京津冀文化产业协同发展区建设，打造京张文化产业集群、京承文化产业集群、京津廊文化产业集群、京保文化产业集群，打造高质量的文化产业人才聚集区，围绕冀中南文化产业转型引领带、沿海文化产业带、太行山文化产业带、长城文化产业带、大运河文化产业带建设，打造高质量的文化产业人才聚集带。加快以上产业的高质量发展，需要大力推进所需的高层次科技人才、高技能人才、高水平经营管理人才队伍建设，造就一批领军人才。三是需要着力发展高水平的文化创意人才，包括传媒、广播、影视、音乐、文学、绘画、演艺、文艺、报刊、出版、工艺美术等的精品创作、品牌培育所需的创新创意文化人才。其中，需要着重发展坚持以人民为中心的创作导向，深入生活、扎根人民、主题鲜明，讴歌党、讴歌祖国、讴歌人民、讴歌英雄的优秀文化创意人才和优秀文化作品、产品创作人才，进行各类题材创作并能生产精品力作的人才，思想精深、艺术精湛、制作精良相统一，具有文艺原创力的文艺创作人才，打造时代性与民族性相统一的特色文化精品和品牌的原创性文艺创作和表演人才，优秀传统与时代性相结合的原创性工艺美术精品创造人才，通过挖掘文化资源、提升文化创意、打造文化品牌，推动文化内容创新创造，打造文化举世精品、传世之品的人才。四是需要着重发展依托特色历史文化资源的特色文化产业所需的人才，弘扬优秀传统文化，传承发展特色民俗文化、农耕文化、传统手工技艺的人才，运用现代科技进行物质文化遗产，包括文物古迹、传统村落、民族村寨、农业遗迹等进行保护和合理开发利用人才，依托馆藏资源、形象品牌、陈列展览、主题活动开发文化创意产品的人才，传统民间文学、音乐、舞蹈、戏剧、曲艺、体育、游艺与杂技、美术、技艺、中医药文化、民俗等非文化遗产传承人才和艺术创作人才。此外，需要积极发展高水平的中华文化、河北文化国际传播人才。

4. 与民生社会服务和公共服务事业高质量发展相适应的人才高质量发展任务

民生社会服务及公共服务事业的高质量发展是社会保障事业高质量发展的重要组成部分，是社会和谐稳定、建设平安中国的重要保障，关系经济社会高质量发展的全局。党中央、国务院及河北省委、省政府对保障和改善民生，健全社会保障体系和治理体系等做出了一系列新的部署，对提升民生社会服务及公共服务质量和水平提出了新的要求和任务，同时对这些事业的人才发展提出了新要求新任务。按照上述部署和要求，一是需要提升就业服务人才队伍的质量和水平，着力发展为各类人员就业、创业提供培训和指导服务、人力资源市场服务等的高质量人才，建设高质量就业创业社会服务人才队伍。二是需要提升各类社会保险人才队伍能力和水平，建设高质量的社会保险人才队伍。三是需要提升弱势群体、困难群体、伤害、灾害等的社会救助队伍的质量和水平，其中包括律师、法律咨询服务，心理咨询与健康服务，社会心理服务，戒毒、幼少儿等社会救助服务队伍和社工人才队伍，建设高质量的社会救助服务和社工人才队伍。四是需要提升民事纠纷调解、劳资关系调解、第三方调解机构调解人才服务队伍的质量和水平，建设高质量社会调解人才队伍。五是提升家政服务队伍的质量和水平，包括家政、养老、家庭水电气设施和家电维修、房产中介、社区物业等服务队伍，建设高质量的家政服务队伍。六是需要提升社会安保人才队伍的质量和水平，包括防灾救灾、自然灾害防控、人民群众生命财产安全保障、社区保安等队伍，建设高质量的社会安保人才队伍。七是需要着重提升基层社会治理队伍的素质和能力，建设高质量的基层社会治理人才队伍。八是需要加强面向民生的高质量公共服务人才队伍建设，提升就业、创业、医疗保障、公共卫生、婚姻、退役军人事务、居民安全保障、旅游、出境等民事公共服务人员的素质和能力。

（三）与城乡建设高质量发展相适应的人才高质量发展任务

城乡建设高质量发展对带动经济社会高质量发展，城乡现代化建设，建设世界级京津冀城市群，建设经济强省、美丽河北具有重大战略意义。贯彻落实党中央、国务院及河北省委、省政府关于城乡建设高质量发展的部署和要求，对城乡建设人才发展提出了新要求新任务，即大力发展城乡建设高质量发展所需的各类人才，尤其是高质量人才。其中包括各级各类城市建设，小城镇建设，乡村建设，特色城市、特色小镇和美丽乡村建设等所需的人才。一是需要发展高水平的各类规划设计人才。包括城乡一体化建设的规划编制和城镇体系规划编制人才，城市、城镇总体规划编制设计人才，城市各类基础设施、市政设施、教育文化等公共设施、商务区等功能区建设，园林绿化和生态环境建设等规划设计人才，小城镇、村庄、特色城镇与美丽乡村规划设计人才。尤其需要发展国内国际一流的规划编制设计人才。二是需要发展城乡建设的高水平建筑设计、技术、工程质量检测和安全监管、监理、造价预算等专业技术人才，以及技能人才和经营管理人才。尤其需要发展国内国际一流的建筑设计人才、高水平建筑师、高技能人才和高水平的经营管理人才。三是需要大力发展城乡规划建设的高水平科技研发及科技创新成果推广应用人才。其中包括城乡建设所需的新技术、新产品、新材料、新工艺、新装备研发及其推广应用人才，高新技术、共性关键技术、重要产品和设备的研发及其产业化推广人才，绿色建筑技术研发和推广人才，智慧建造关键技术研发创新人才，城市园林绿化新技术研发创新人才，建设工程质量安全新技术研发创新人才，被动式超低能耗建筑技术研发创新人才，防灾减灾类新技术、新装备、新产品研发创新人才。四是需要加快发展智慧城市、海绵城市建设所需的各类人才，以及地下综合管廊建设、轨道交通、机场等重点基础设施建设所需的高水平高质量人才。五是需要发展城市、城镇历史文化遗产保护，历史文化名城、名镇、村庄保护等所需的高水平人才。六是需要发展城市建设所需的高水平地质勘查科技人才和管理人才。七是需要建设一支高质量的城乡规划建设监管队伍和执法队伍。按照河北省委、省政府关于提升省会现代化水平和开放水平及各大、中城市国际化建设水平的要求，建设与之相适应的规划建设人才队伍。按照坚持世界眼光、国际标准、中国特色、高点定位规划建设雄安新区的要求，大力发展所需的国际国内一流的城市规划设计和建筑规划设计人才，以及建筑施工企业高水平、高质量的各类人才，按照建设世界旅游创新城市的要求，大力发展所需的高质量人才。

（四）与生态环境建设高质量发展相适应的人才高质量发展任务

生态环境建设高质量发展与经济社会高质量发展存在相互渗透、相互促进、相互制约的关系，是经济社会高质量发展、可持续发展的重要约束条件。坚持人与自然和谐共生，推动生态环境建设高质量发展，关系人民群众的身体健康和美好生活，关系社会主义现代化建设的全局，关乎民族未来。贯彻落实党中央、国务院及河北省委、省政府关于生态文明建设、生态环境建设高质量发展的新部署和新要求，对生态环境建设人才的发展提出了新的更高的要求和更紧迫的任务。生态环境质量的提升需要相应的人才质量的提升，生态环境的高质量建设与发展，需要相应的高质量人才来支撑。因此，与新要求新任务相适应，必须加快生态环境建设领域人才的高质量发展。

一是加快发展推进绿色发展，形成绿色发展方式和生活方式，建立绿色、低碳、循环的现代经济体系所需的高质量人才。其中包括，推动产业绿色化转型发展所需的人才，包括传统高耗能、高污染产业和资源型产业开展清洁化改造，采用节能技术、能源清洁利用技术，提高煤炭集中利用技术水平，提高能源使用效率，降低能耗、物耗和资源消耗，建设绿色工厂、企业所需的人才；推动产业以智能制造为重点，综合运用互联网、物联网、大数据、云计算等新技术，推动产业生产组织方式变革，降低能源资源消耗的人才；节能环保、使用清洁能源和进行清洁生产的产业、无污染企业所需的人才，推进风电、光伏发电、光热能、浅层地热能与地热能等新能源供给，推动能源生产和消费革命的人才；发展循环经济，推进能源资源全面节约高效利用所需的人才，园区循环化改造，生产系统和生活系统循环链接等所需的人才；垃圾无害化处理和资源化利用，垃圾发电，固体废物资源化利用，余热、废弃、废水、污水回收利用，中水、微咸水、海水淡化、雨洪水等非常规水开发利用，提高工业用水重复利用率，提升水资源利用效率所需的人才；促进绿色建筑发展，采用绿色建材，发展装配式建筑，推进原有建筑节能改造所需的人才；农村有机废弃物收集、转化、综合利用，提高秸秆能源化、饲料化、基料化、原料化、产业化水平所需的人才，推广高效节水灌溉和农艺综合节水技术，发展生态农业、有机农业、环保农业等绿色农业所需的人才。

二是积极发展节能环保设备、产品制造业及其技术研发、咨询、系统设计等服务业所需的高质量人才，提升节能、环保、资源循环利用等绿色产业技术装备水平，推动环境治理重点技术装备产业化发展和推广应用所需的高质量人才，科技、信息服务等环境服务业所需的高质量人才。

三是大力发展大气、水、土壤等环境污染防治所需的高质量人才，包括河流水污染防治、流域环境和近岸海域综合治理所需人才；土壤污染防治管控和修复，农业面源污染防治，养殖废弃物资源化利用所需的人才；废酸、皮革废物、废铅蓄电池、医疗废物和工业污泥等处置利用，核与辐射安全使用与管理，重金属污染防治，危险物处理管理等所需人才。

四是生态环境保护与修复、改进与提升所需的高质量人才，包括山水林田湖草系统治理，山体、矿山、森林、草原、沙漠、海洋、河流、湖泊等修复，改善生态系统功能等所需人才；自然保护地建设与管理，生物多样性保护，推进荒漠化、土地沙化、石漠化、水土流失综合治理，河流湖库流域综合治理，湿地保护和修复，生态功能区治理和修复，海岸海域整治修复，实现海洋生态系统良性循环等所需人才；开展矿山生态环境综合治理，推广矿产资源节约和综合利用先进适用技术，提高矿产资源开采回采率、选矿回收率和综合利用率所需人才；推进土壤污染治理与修复，受污染耕地安全利用和治理所需人才；国土绿化、天然林保护、防护林建设、退耕还林还草、地质灾害防治等所需人才。还要大力推进京津冀生态涵养保护支撑区建设的人才支体系建设，大力发展促进生态环境建设产业化发展，发展生态经济所需的高质量人才。

从生态环境建设所需人才类别看，一是大力发展生态环境建设事业产业的高水平科技人才，尤其是科技创新人才，大气污染治理、水体污染控制与治理、土壤污染防治等重点领域的科技攻关人才；二是着力发展生态环境建设相关产业所需的高技能人才；三是大力发展生态环境建设相关产业的高水平经营管理人才，尤其是做大做强企业的领军人才；四是着力发展高水平生态环境检测监测人才，包括大气环境监测、水环境监测，饮用水源水质监测、水生物监测、河流湖库流域水质监测、土壤环境监测人才，化学物质监测、卫星遥感监测人才，资源环境承载能力监测预警、生态环境质量预报预警人才，危险废物、有毒有害化学品等环境风险评估及防控，生态环境监管大数据平台建设等人才；五是加强省市县环境监测人才队伍建设，提高监测队伍专业化水平，推进高水平的自然资源资产审计人才队伍和高水平的规划环评人才队伍建设；六是提升生态环境监管、环保督察等执法人才队伍素质和能力，加强基层监管和执法队伍能力建设。

三　推动人才高质量发展路径和对策

（一）大力实施以质量为核心的人才强冀新战略

人才高质量发展是经济社会高质量发展及建设经济强省、美丽河北的战略基石和根本保障。加快推进人才的高质量发展，为推动和实现河北经济社会高质量发展提供高质量的人才支撑和保障，是新时代新阶段河北建设经济强省、美丽河北，谱写中国特色社会主义河北篇章的战略性选择。随着河北经济社会转向高质量发展阶段，人才发展也转向高质量发展新阶段，同时，人

才强冀战略的实施转入以质量为核心的新阶段,即靠人才质量强省的新阶段。

总体上,实施以质量为核心的人才强冀战略,一是切实站在战略高度,充分认识人才高质量发展重大战略意义和紧迫性,充分认识高质量发展赋予人才强冀战略的新内涵,切实将其作为重大战略任务,置于全省经济社会发展全局的突出位置,切实增强其使命感、责任感和紧迫感,增强其实践上的主动性和创造性。二是树立以质量为核心的人才发展战略新思维,将依靠人才质量强省作为人才强冀战略的核心内涵、主线和基本任务,作为实施质量强省战略的核心任务和根本任务,作为实施创新驱动发展战略、科教兴省战略、建设创新型河北的根本保证,以及乡村振兴、区域协调发展、可持续发展、军民融合发展、开放带动等战略的重要支撑,作为河北发展战略体系的核心战略和基础性战略,统筹协调推进各个战略的实施,实现人才强冀战略与其他战略实践上的深度融合,尤其是与创新驱动发展战略、科教兴省战略的相互促进、有机统一。三是树立以质量为核心的人才发展新理念,将高质量发展作为人才发展、人才队伍建设的基本任务,体现到人才发展、人才队伍建设的各领域和各方面。要按照高质量发展这一根本要求,以新发展理念为指导,贯彻落实统筹推进"五位一体"总体布局和协调推进"四个全面"战略布局的部署和要求,并按照河北省委、省政府关于全面推动高质量发展的部署和要求,紧密结合经济、文化、社会、生态文明等各项建设,统筹推进各领域各类高质量人才队伍建设,促进其协调发展,加快构建与高质量发展相适应的人才支撑体系,为各领域各方面高质量发展提供高质量人才保障。四是将高质量人才为作为创新发展、绿色发展和高质量发展的核心动力和引擎,将推动人才高质量发展作为加快实现转方式、调结构、转型升级,培育发展新动能及实现动能转换,建立现代经济体系的关键性举措,与产业、经济结构布局调整优化相适应,调整优化人才结构和布局,与转型升级相适应,推动人才发展由数量型向质量型的转型升级。五是树立高质量人才优先发展和超前发展的新观念,以高质量人才的超前发展,引领带动经济社会的高质量发展。六是树立以高质量发展为引领的人才发展新思想,加大高质量人才培养引进力度,促进人才质量水平全面提升。七是强化以质量为核心的人才发展新意识，将质量提升作为人才发展的主线，将高质量要求作为人才工作的根本指针，贯穿人才培养、引进、使用、评价、激励等各个环节和全过程，将质量第一的价值导向作为人才评价和人才工作考评基本标准。八是将增强人才高质量发展的动力，充分发挥高质量人才的作用，增强高质量人才对经济社会发展的支撑力，作为制定各项人才政策措施的基本依据和推进人才体制机制改革创新的主要目的。九是围绕人才质量强省建设，创新思路和举措，增强政策支持，加大工作力度，强有力地推进人才高质量发展。通过以上九个方面，加快推动人才发展全面转入高质量发展新阶段，实现河北人才发展内涵由以数量扩张为主向以质量提升为主的战略转变，人才发展方式由数量型向质量型的战略转变，由人才数量大省到人才质量强省的转变，形成河北发展与竞争的强大新优势。

（二）大力推动各类高质量人才队伍建设

紧紧围绕河北各领域各方面高质量发展，综合施策，协同聚力，加大力度，加快推进各领域各类人才高质量发展和高质量人才队伍建设。一是加强各级党委、政府的宏观指导，研究制定各级关于推动人才高质量发展和高质量人才队伍建设的指导意见或实施意见，各系统、各部门、各方面研究制定本系统、本部门、本方面的专项高质量人才发展或高质量人才队伍建设的指导意见或实施意见，按照有关部门、方面的职能，研究制定各类人才高质量发展或人才队伍建设的实施方案，明确指导思想、目标、思路和措施。二是坚持党管人才原则，加强各级党委对高质量人才队伍建设的统一领导，充分发挥人才工作领导小组的组织协调作用，明确有关部门的责任，落实任务，加强各部门各方面协作联动，形成强大合力，创新工作思路，推动人才高质量发展和人才队伍的高质量建设工作的全面开展，将其成效作为人才工作考核基本标准。三是以促进人才高质量发展和充分发挥高质量人才作用为核心和目标，以激励企事业单位及个人等主体的主动性和积极性为目的，创新完善政策措施，出台新举措，加大政策措施支持力度，建立健全政策措施体系，增强政策的系统性、集成性、完整性和效能，形成强大政策力，切实收到促进人才高质量发展的丰硕成效和实效。四是突出重点，带动各类人才高质量发展和队伍高质量建设，聚焦重点领域、重点产业、重点方面、重点需求，抓住上述各领域各项高质量人才发展任务中的重点任务，集中力量推动重点高质量人才发展和队伍建设。以加强人才高质量队伍建设，带动人才队伍整体质量、水平的提升。以重点技术研发中心、重点学科等重要平台、载体建设为抓手，加强加快各领域各类高层次人才，尤其是高端、一流人才队伍建设。大力发展基于互联网、物联网、大数据、云计算、智能智慧等技术和平台的新产业、新业态及产业融合发展的新产业、新业态所需的高质量人才，加强各类产业集群、圈、带及各类产业园区、高新技术开发区、经济技术开发区等高质量人才队伍建设。五是以人才供给性结构改革调整优化为主线，以增加高质量人才供给为重点，深化教育等有关领域改革，推动教育、人才供给结构的调整和优化升级，推进人才发展方式向高质量发展方式转变，健全高质量人才教育培养培训体系，充分发挥各级教育部门、各类学校和培训机构的作用，充分发挥企事业单位和各有关方面对高质量人才培养的作用，创新培养方式，加大培养力度，全面提升高质量人才培养能力和水平，全面促进人才质量上档次、上水平、上高度，让高质量发展成为人才发展的主流和普遍形态。同时，创新人才引用思路、方式和策略，优化提升政策等环境，进一步加强高质量人才与智力引用，不断提升引用的质量和水平。六是着力解决人才高质量发展的突出制约问题，补齐短板，查找并改进薄弱环节，增强人才高质量发展的整体性、协调性。七是发挥计划规划的导向引领作用，按照河北省委、省政府关于质量强省战略的实施意见，配合质量强省建设三年行动计划的实施，制定和实施重点产业和领域高质量人才队伍建设三年行动计划，用三年时间使上述产业、领域高质量人才队伍建设取得显著成效，为重点产业、领域高质量发展提供高质量人才保障，带动全省经济、文化、社会、生态、城乡建设等领域高质量发展人才支撑力的全面提升。围绕战略新兴产业发展三年行动计划，制定实施战略新兴产业高质量人才发展三年行动计划。围绕科技创新三年行动计划的实施，制定实施高质量科技创新人才三年行动计划。立足当前，着眼未来，研究制定分领域、分产业、分类别的高质量人才队伍建设中长期专项规划，发挥好规划对高质量人才培养引进、队伍建设与发展的中长期指导作用。由此，加快推动河北人才高质量发展，人才质量强省建设，增强人才队伍实力、竞争力、支撑力，形成河北发展与竞争的人才优势，使高质量人才成为河北高质量发展的主动力和强大引擎，为建设经济强省、美丽河北提供高质量人才保障。

（三）大力推进京津人才与智力的高质量引用

按照党中央、国务院及河北省委、省政府关于京津冀协同发展的部署和要求，以及京津冀人才协同发展规划的部署和要求，推动京津冀人才协同发展向高质量方向迈出更大步伐。努力在全面深入推进京津冀协同发展过程中，全面深入推进河北与京津人才、智力的合作，扩大对京津人才与智力的引用，提升合作与引用的质量和水平，增强京津高质量人才对河北高质量发展的人才与智力支撑。结合三地各领域协同发展的推进，积极促进河北各领域京津人才与智力的高质量引用，增强各领域高质量发展的人才与智力支撑。一是围绕经济领域各产业及对外贸易的协同发展和高质量发展，扩大各产业和对外贸易领域京津高质量人才与智力引用。二是围绕教育、文化、医疗卫生、社会保障等社会事业领域的协同发展和高质量发展，努力拓展各类社会事业领域京津高质量人才与智力的引用。三是结合京津冀协同创新体系建设，深入推进科技领域京津科技人才与智力的高质量引用，着重扩大高层次、高端、一流科技创新人才与智力的引用。四是结合京津冀生态环境支撑区建设，努力推进生态环境建设方面京津人才与智力的高质量引用，着力增强其京津高质量人才与智力的支撑。五是推进城乡建设方面京津高质量人才与智力的引用，加大京津高质量高水平人才与智力支持。进一步创新完善促进京津人才与智力的高质量引用和高质量合作的政策体系，提高政策的协同性和集成度。结合三地各领域协同发展规划、已有协议的实施，配套制定人才、智力合作和引用的专项配套措施，努力实现各领域人才、智力合作的高质量推进。紧紧抓住非首都功能疏解这个"牛鼻子"，促进京津高质量人才向河北流动，尤其是高层次、高端人才向河北聚集，配合非首都功能疏解承载地的建设，打造集中吸纳高质量京津人才的承载地、承载区。特别是在打造雄安新区非首都功能疏解集中承载地的同时，打造京津高端人才与智力引用的聚集区，加大雄安新区规划建设中京津高端人才与智力的支持和保障力度。围绕河北经济技术开发区、高新技术开发区、科技创新基地、产业园区等的建设，打造高质量高水平京津人才引用与智力引用的聚集区。抓住冬奥会的重大机遇，大力促进相关产业、领域京津高质量人才与智力的引用，促进河北相关产业人才的高质量发展。进一步深入推进京津冀人才协同发展规划的落实，提升京津冀人才协同发展的质量和水平。着力推进人力资源、教育、科技协同发展规划落实，促进这些方面京津人才与智力的引用进一步向高质量发展。

（四）大力优化人才高质量发展的"生态环境"

优化提升高质量人才发展的"生态环境"，是推动人才高质量发展和高质量人才队伍建设的关键所在和当务之急。一是全面提升优化高质量人才发展和作用发挥的体制机制环境。着力深入推进高质量人才培养、引用、使用、评价、激励、管理等体制机制改革创新，在解决深层次体制机制障碍方面取得更多实质性的新突破和大突破，按照高质量发展的要求，建立起符合经济社会发展需要的人才培养、引进及发挥高效能的高质量人才发展机制，为高质量人才发展和作用发挥提供体制机制保障。二是全面提升优化人才高质量发展政策环境，在政策创新方面取得新突破，深入破解政策制约，形成配套完善的高质量人才发展政策体系，为高质量人才发展提供政策保障。三是全面提升优化高质量人才发展服务环境，积极发展高质量高水平的人才社会服务组织，提升社会服务组织人才服务的质量和水平，增强政府的人才服务效率效能，创新服务模式、手段，健全高质量高效率的人才政府服务体系，形成促进高质量人才发展的优良服务环境。四是全面提升优化高质量人才发展社会环境，大力营造有利于高质量人才发展的社会舆论氛围和环境，形成社会各界、各方面支持高质量人才发展的新局面。通过环境的优化和质量提升，促进高质量发展人才矛盾的解决，为经济社会高质量发展，实现建设经济强省、美丽河北的战略目标，提供坚强的人才支撑和智力保障。

参考文献

《习近平：决胜全面建成小康社会 夺取新时代中国特色社会主义伟大胜利——在中国共产党第十九次全国代表大会上的报告》，新华网，2017年10月27日，http：//www.xinhuanet.com//2017-10/27/c_1121867529.htm。

《中共中央、国务院关于开展高质量提升行动的指导意见》，中国政府网，2017年9月12日，http：//www.gov.cn/zhengce/2017-09/12/content_5224580.htm。

《河北省省委省政府出台〈关于开展质量提升行动加快质量强省建设的实施意见〉》，中国政府网，2018年1月3日，http：//www.gov.cn/xinwen/2018-01/03/content_5252812.htm。

《河北省人民政府办公厅印发关于加快推进工业转型升级建设现代化工业体系的指导意见任务分工方案的通知》，河北省人民政府网站，2018年4月11日，http：//info.hebei.gov.cn/eportal/ui?pageId=6778557&articleKey=6788347&columnId=329982。

《河北省人民政府关于印发河北省战略性新兴产业发展三年行动计划的通知》，河北省发改委网站，2018年2月22日，http：//www.hbdrc.gov.cn/web/web/cyfz/4028818b61baee680161baf30d2b00f2.htm。

《河北省人民政府关于印发河北省科技创新三年行动计划（2018-2020年）的通知》，河北省人民政府网站，2018年3月4日，http：//info.hebei.gov.cn/eportal/ui?pageId=6778557&articleKey=6783211&columnId=329982。

《河北省人民政府关于加快现代服务业创新发展的实施意见》，河北省人民政府网站，2018年7月14日，http：//info.hebei.gov.cn/eportal/ui?pageId=6778557&articleKey=6799269&columnId=329982。

《中共中央印发〈关于深化人才发展体制机制改革的意见〉》，新华网，2016年3月21日，http：//www.xinhuanet.com//politics/2016-03/21/c_1118398308.htm。

《省委省政府出台〈关于深化人才发展体制机制改革的实施意见〉》，河北省人民政府网站，2016年7月13日，http：//www.hebei.gov.cn/hebei/11937442/10761139/13483363/index.html。

产业篇

Industry Reports

B.2
河北省先进装备制造业人才支撑体系状况分析与人才发展对策研究

姜 兴[*]

摘 要： 河北省先进装备制造业已发展成为河北省第一支柱产业，但仍然存在不足、面临制约，只有充分发挥人才支撑体系的支持与保障作用，才能引导河北省先进装备制造业走上创新驱动、人才支撑的高质量发展道路。本文在明确人才支撑体系内涵的基础上，通过对河北省先进装备制造业人才支撑体系现状进行调查与分析，指出其存在的主要问题，即高层次人才不足、后备人才培养不能满足需求，以及人才开发投入与人才载体平台建设不足等，并从多渠道引进高层次人才、充分发挥教育产业对产业人才培养的主体和基础作用、加大人

---

[*] 姜兴，河北省社会科学院人力资源研究所副研究员，研究方向为区域人力资源开发。

才投入、加强人才平台载体建设四个方面提出加强河北省先进装备制造业人才支撑体系建设的路径选择。

关键词： 河北省　先进装备制造业　人才支撑体系　人才发展

《中国制造 2025》提出建设制造强国战略，未来 30 年是先进装备制造业发展的重要机遇期。2016 上半年，河北省装备制造业增加值占规模以上工业增加值比重首次超过钢铁业，2017 年继续保持较快增长，装备制造业成为支撑河北工业增长的第一力量。人才是第一资源，河北省先进装备制造业要实现"十三五"规划的发展目标，继续保持高质量快速发展，必须依靠完善的人才支撑体系。而河北省先进装备制造业人才支撑体系的现状如何，现有人才发展状况能否有效支撑产业的发展，人才储备与承载能力能否满足产业发展的需求等，成为亟待研究的重要问题。

一　河北省先进装备制造业发展现状

（一）行业发展取得的成就与面临的机遇

1. 成为河北省第一支柱产业

河北省以加快新一代信息技术与制造业深度融合为主线，以提高发展质量和效益为中心，以智能制造为主攻方向，经过多年的发展，以创新引领、智能高效、绿色低碳、结构优化为核心的先进装备制造业体系已初步形成，涌现一批装备制造业龙头企业和拳头产品，如动车组系列产品技术达到国际领先水平的中车唐山，SUV 产品销量连续 14 年位居全国第一的长城汽车，铝合金车轮和铝制底盘零部件销量全球领先的中信戴卡，航空复合材料构件自动铺丝设备打破国外技术垄断的保定标正，焊接机器人国内市场占有率居全国首位的唐山开元等，并不断形成规模效应，形成一批产业集群和产业基地，推动了装备制造业向高端化迈进。2017年河北省装备制造业完成工业总产值13325.11亿元，同比增长9.06%；完成销售产值13120.36亿元，同比增长9.93%；完成工业增加值3265.03亿元，同比增长12.13%；实现主营业务收入12493.82亿元，同比增长8.60%；实现利润729.98亿元，同比下降6.72%；完成出口交货值530.15亿元，同比增长6.40%；装备制造业对规模以上工业增长的贡献率从2016年的77.0%增至2017年的88.9%，贡献率稳居河北省七大行业第一位。2018年1~5月，河北省装备制造业实现主营业务收入3400.1亿元，同比增长9.3%；装备制造业增加值同比增长2.8%，占全省规模以上工业的20%，对全省工业增长的贡献率为19.1%。当前装备制造业已成为河北省工业增长的第一支柱产业，且支撑作用还在进一步增强。

2. 面临的发展机遇

行业发展政策环境继续向好。一是中央经济工作会议指出，坚持"稳中求进"工作总基调，坚持发展新理念，深化供给侧结构性改革，推进中国制造向中国创造转变、中国速度向中国质量转变、制造大国向制造强国转变，为装备制造业提供了良好的政策环境。二是工信部工作会议指出，深入实施《中国制造2025》，推进五大工程实施，促创新、强基础、补短板、抓示范，加快先进制造业发展步伐，实施重大短板装备专项工程。三是国家发改委《增强制造业核心竞争力三年行动计划（2018—2020年）》已经发布的九大重点领域（轨道交通装备、高端船舶和海洋工程装备、智能机器人、智能汽车、现代农业装备、高端医疗器械和药品、新材料、制造业智能化、重大技术装备等关键技术产业化）中，有五个领域直接与装备制造业密切相关，为装备制造业提供了良好的发展环境。四是机械工业调结构、促转型、增效益重点任务和保障措施的实施为装备制造业发展提供了良好的政策环境。河北省高度重视先进装备制造业的发展，可调控要素持续向装备制造业倾斜。《河北省先进装备制造业"十三五"发展规划（2016—2020年）》《河北省战略性新兴产业发展"十三五"规划》《河北省工业转型升级"十三五"规划》都明确河北省工业转型升级主推先进装备制造业，《河北省战略性新兴产业发展三年行动计划》力推10个产业发展专项实施方案,其中先进装备制造业占了5个,为河北省装备制造业加快发展营造了良好的环境。

(二)存在的不足与面临的制约

1. 存在的不足

河北省先进装备制造业总体保持良好上行的运行态势,但还存在一些突出问题,如总体规模偏小、龙头企业偏少等。

(1) 总体规模偏小

河北省装备制造业目前总体规模偏小,从装备制造业八大行业来看,只有金属制品业在全国排名比较靠前,主营业务收入居全国第4位,行业利润居全国第6位;专用设备制造业、电气机械和器材制造业主营业务收入均居全国第8位,行业利润分别居全国第6位和第10位;通用设备制造业主营业务收入与行业利润均居全国第10位,而其他四个分行业的排名都比较靠后(见表1)。

表1　2016年全国与河北装备制造业分行业发展情况

单位:亿元

分行业名称	全国主营业务收入	河北主营业务收入	河北排名	全国行业利润	河北行业利润	河北排名
金属制品业	39917.07	3046.76	4	2392.88	136.35	6
通用设备制造业	48200.40	1525.19	10	1525.19	14.12	10
专用设备制造业	37414.51	1478.45	8	2280.04	107.61	6
汽车制造业	81347.16	2597.23	14	6853.77	244.93	10
铁路、船舶、航空航天和其他运输设备制造业	19324.92	540.41	14	1175.7	38.60	12
电气机械和器材制造业	73642.26	2246.42	8	5150.27	165.3	10
计算机、通信和其他电子设备制造业	99629.48	518.22	20	5070.17	1.74	19
仪器仪表制造业	9536.29	105.87	16	820.70	10.85	15

资料来源:《中国工业统计年鉴》(2017)。

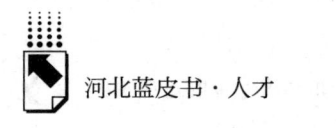

（2）龙头企业偏少

河北省先进装备制造业龙头企业数量与全国先进省份相比差距明显。截至2015年底，河北省先进装备制造业主营业务收入超过10亿元的企业共14家，其中，超百亿元企业有6家，而截至2015年底，江苏省先进装备制造业拥有销售收入超10亿元企业400余家，超百亿元企业20余家。《河北省先进装备制造业"十三五"规划（2016—2020年）》提出，到2020年培育百亿元以上企业10~15家，其中千亿元以上企业2家，而山东省在《山东省高端装备制造业发展规划（2018—2025年）》提出到2022年培育5家以上具有国际影响力的千亿元级企业集团，30家以上综合实力全国领先的百亿元级企业。与全国先进装备制造业发展较快的省份相比，河北省龙头企业数量差距较大。

2.行业发展的制约因素增加

经济运行下行压力依然很大，装备制造业主要服务的钢铁、煤炭、电力、石油、化工等行业普遍处于产业结构的深度调整期，去产能阶段的行业发展环境没有发生根本性改变，能源装备短期内需求难以大幅增长，需求不足将对装备制造业扩规模、上水平形成制约。

较高的社会保有量增大了机械产品增量回升难度。经过多年的发展，各类机械产品的社会保有量均已达到相当规模，对现有设备进行更新改造维护已成为需求中的重要部分，这既减小了增速波动下行幅度，又增大了增量回升的难度。

行业出口回升压力较大。国际竞争持续加剧，发达国家实施"工业4.0"和再工业化战略，吸引高端制造不断回流，同时贸易摩擦加剧、价格下降、利润下滑，都影响了出口回升。

河北省装备制造业正处于由传统制造向高端制造转变的关键时期，面临技术水平和创新能力低于东部地区、要素成本高于西部地区的"双重挤压"，转型升级、加快发展的难度增大。

先进装备制造业是技术密集型、劳动密集型和资金密集型的行业，需要从设计、制造工艺到管理、操作等各类、各级优秀人才，河北省先进装备制造业要抓好产业发展的重大机遇，解决存在的问题，实现引领河北工业转型升级的目标，必须充分发挥人才支撑体系的支持与保障作用，坚持走人才与产业协同发展之路，才能引导河北省先进装备制造业走上创新驱动、人才支撑的高质量发展道路。

二 河北省先进装备制造业人才支撑体系现状与分析

（一）人才支撑体系的内涵

研究人才支撑体系首先须明确这一体系所包含的主要内容，学界关于人才支撑体系的研究已全面开展，普遍认为人才支撑是从数量和质量两个方面体现的。数量即人才的多少，而质量则是人才的结构和素质。人才支撑就是这两方面共同对社会（区域、企业）的支撑作用。人才支撑体系包括人才规模、人才结构、人才投资等方面。借鉴已有研究成果，本文认为人才支撑体系主要包括产业现有人才队伍、后备人才培养、人才开发及高层次人才载体平台四个方面，即产业人才的保有、供给、投入及创新力对产业发展的整体支撑。

（二）河北省先进装备制造业人才支撑体系现状

1. 人才队伍现状

河北省先进装备制造业涵盖智能制造装备、先进轨道交通装备、汽车、新能源装备、航空装备、海洋工程装备、基础装备、工程与专用装备八大领域，截至2016年，河北省装备制造业规模以上企业有4969家。为充分了解河北省先进装备制造业人才队伍建设现状，笔者选择抽样调查与重点调查相结合的调查方法，重点调查主营业务收入超10亿元的5家企业，并应用整群抽样法再选取八大领域中各10家企业，共选取85家企业进行问卷调查。笔者将产业人才分为管理类人才、专业技术类人才和技能

类人才三大类，对河北省先进装备制造业的人才队伍建设现状进行了调查。

(1) 人才总体状况

1) 人才分布

85家企业共有员工178808人，其中，管理类25212人，占人员总数的14.1%；专业技术类25928人，占人员总数的14.4%；技能类127848人，占人员总数的71.5%。

2) 学历构成

具有博士学位人员375人，占人员总数的0.21%；具有硕士学位人员9656人，占人员总数的5.4%；具有本科学历人员35940人，占人员总数的20.1%。

(2) 管理类人才现状

1) 学历构成

具有博士学位人员102人，占管理类人才总数的0.4%；具有硕士学位人员2008人，占管理类人才总数的7.7%；具有本科学历人员13539人，占管理类人才总数的53.7%。

2) 年龄构成

年龄在30岁以下的人员4639人，占管理类人才总数的18.4%；年龄在31~40岁人员9127人，占管理类人才总数的36.2%；年龄在41~50岁人员6858人，占管理类人才总数的27.2%。

(3) 专业技术类人才现状

1) 学历构成

具有博士学位人员273人，占专业技术类人才总数的1.05%；具有硕士学位人员7648人，占专业技术类人才总数的29.5%；具有本科学历人员11537人，占专业技术类人才总数的44.5%。

2) 年龄构成

年龄在30岁以下的人员5652人，占专业技术类人才总数的21.8%；年龄在31~40岁人员8245人，占专业技术类人才总数的31.8%；41~50岁人员6222人，占专业技术类人才总数的24.0%。

其中，研发人才15376人，占人才总数的8.6%；具有博士学位人员273人，占研发人才总数的1.8%；具有硕士学位人员5488人，占研发人才总数的35.7%；具有本科学历人员7173人，占研发人才总数的46.7%。

（4）技能类人才现状

1）学历构成

具有本科及以上学历人员10864人，占技能类人才总数的8.5%；具有专科学历人员34903人，占技能类人才总数的27.3%。

2）年龄构成

年龄在25岁以下的人员15725人，占技能类人才总数的12.3%；年龄在26~35岁人员62645人，占技能类人才总数的49.0%；36~45岁人员32857人，占技能类人才总数的25.7%；年龄在45岁以上的人员16621人，占技能类人才总数的13.0%。

2. 后备人才培养状况

先进装备制造业的技术密集与劳动密集共存的特性决定了专业技术人才是核心，而管理人才与一线技能人才更是产业发展的基石，专业技术后备人才和管理后备人才要依靠高等院校的培养，而技能人才培养的摇篮则是职业学校。先进装备制造业涉及的领域、学科、专业几乎包括全部理工学科，因此从河北省高等教育和中等职业教育的发展两方面来看先进装备制造业后备人才的培养情况。

2017年河北省拥有普通高等学校121所，招生39.2万人，在校生126.9万人，毕业生33万人（见表2）；研究生教育招生1.7万人，在校研究生4.6万人，毕业生1.3万人（见表3）；拥有中等职业学校609所，招生28.7万人，在校生70.6万人，毕业生22.0万人（见表4）。为充分发挥集团化办学的积极作用，促进优质资源的集成开放和共建共享，为先进装备制造业培养大批高素质技术技能人才，河北机电职业技术学院牵头成立河北省装备制造职业教育集团，服务于装备制造产业的发展。

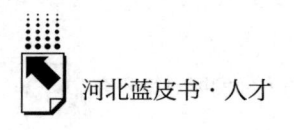

表2 河北省普通高等教育基本情况

单位：所，万人

年份	学校数量	招生人数	在校人数	毕业生数
2017	121	39.2	126.9	33
2016	120	38.1	121.6	33.5
2015	118	33.1	117.9	32.8
2014	118	34.2	116.4	34.5
2013	118	34.7	117.4	33.4

资料来源：2013~2017年《河北省国民经济和社会发展统计公报》。

表3 河北省研究生教育基本情况

单位：万人

年份	招生人数	在校人数	毕业生数
2017	1.7	4.6	1.3
2016	1.4	4.2	1.3
2015	1.4	4	1.3
2014	1.3	3.9	1.2
2013	1.3	3.8	1.1

资料来源：2013~2017年《河北省国民经济和社会发展统计公报》。

表4 河北省职业教育基本情况

单位：所，万人

年份	学校数量	招生人数	在校人数	毕业生数
2017	609	28.7	70.6	22.0
2016	609	27.4	65.8	19.7
2015	628	24.3	61.3	25.4
2014	631	22.4	65.5	29.8
2013	636	22.1	75.2	33.7

资料来源：2013~2017年《河北省国民经济和社会发展统计公报》。

3. 人才投入现状

人才投入是人才开发的基本保障，先进装备制造业的高技术性和知识密集性决定了研发投入对高层次人才开发的重要性，而企业是产业主要人才的拥有者,更是人才开发的主体,企业直接人才投入对人才开发起到重要作用。

(1) 研发投入现状

由于缺乏完整数据,用航空、航天器及设备制造业和电子及通信设备制造业数据来代表反映河北省先进装备制造业的研发投入情况(见表5)。

表5 2012~2016年河北省先进装备制造业R&D经费内部支出

单位:万元

年份	航空、航天器及设备制造业			电子及通信设备制造业		
	全国	河北	排名	全国	河北	排名
2016	1803214	22610	14	17670281	127202	17
2015	1805926	34826	14	15454606	120067	16
2014	1940455	26813	13	13239470	65069	17
2013	1747135	5662	15	11703282	40059	17
2012	1701358	4874	16	9540946	26563	17

资料来源:《中国高技术产业年鉴》(2013~2017年)。

(2) 企业人才开发投入现状

本次问卷对河北省先进装备制造业企业人才开发直接投入进行了调查。调查发现,企业人才开发直接投入普遍较少,而中信重工开诚智能装备有限公司2015~2017年人才引进总共投入656.57万元,唐山松下产业机器有限公司2015~2017年人才培训总共投入200万元,成为企业人才开发直接投入的领先者。

4. 人才载体平台建设情况

产业集群是指在特定区域中,由具有竞合关系、在地理位置上集中、相互关联企业联结而形成的集合体。先进装备制造业产业规模大、产业关联性高、产业链长的特点,决定了其产业集群发展的模式,产业集群也因此成为先进装备制造业人才的主要载体与聚集地。河北省目前已形成保定输变电设备及新能源设备制造集群、汽车产业集群,唐山冶金矿山设备制造集群、高速列车设备产业集群、焊接机器人产业集群,石家

庄航空装备及高速列车设备产业集群，以及沧州管道管件、邯郸永年紧固件、邢台临西轴承、宁晋电线电缆等特色产业集群，建成唐山、张家口、邯郸国家级装备制造新型工业化产业示范基地。其中，保定汽车产业集群主营业务收入超千亿元。高技术研发平台是产业高层次创新人才的主要承接平台，截至2015年底，河北省先进装备制造业共建成省级以上重点实验室、工程实验室44个，其中国家级重点实验室5个；省级以上企业技术中心、工程技术研发中心209个，其中国家级15个；博士后科研工作站11个、企业院士工作站24个。在汽车、轨道交通、电线电缆、机器人等领域组建了15个省级产业技术研究院。80%以上的大中型企业建立了研发机构。

（三）河北省先进装备制造业人才支撑体系评价

1. 高层次人才不足

近年来，河北省先进装备制造业高层次人才总量大幅提升，但总体上还是相对缺乏，具有博士学位的人才仅占产业人才总量的0.21%，具有硕士及以上学位的人才仅占人才总量的5.61%，高层次人才数量明显不足。并且专业技术人才年龄结构偏大，50岁以上的专业技术人才占专业技术类人才总数的22.4%，造成河北省先进装备制造业技术创新能力不强。2016年，河北省航空、航天器及设备制造业有效发明专利数86件，占全国总数7897件的1.1%；电子及通信设备制造业有效发明专利数776件，占全国总数117749件的0.66%。

2. 后备人才培养规模逐步扩大但仍不能满足需求

（1）人才培养规模逐步扩大

2013~2017年河北省普通高等学校人才培养规模不断扩大，学校数量从2013年的118所增加到2017年的121所，招生人数从2013年的34.7万人增加到2017年的39.2万人，在校人数从2013年的117.4万人增加到2017年的126.9万人；研究生招生人数从2013年的1.3万人增加到2017年的1.7万人，在校人数从2013年的3.8万人增加到2017年的4.6万人。无论是招生人数还是在校人数都在稳步增长，为河北基础和高层次专业技术人才和管理人才的培养、储备打下了坚实基础。

（2）优势高教资源缺乏，不利于高层次人才的培养

从普通高校的数量来看，河北在全国排名第 7 位，仅次于江苏、山东、广东、河南、湖南、安徽、湖北，但从层次和地位来看并不高。在全国近百所"211"大学中，河北只有 1 所（河北工业大学），与西藏、甘肃、宁夏、青海、海南、贵州、云南、广西、河南、江西、浙江、内蒙古、山西一样排名靠后，与排在前五位的北京（23 所）、江苏（11 所）、上海（9 所）、湖北（7 所）、陕西（6 所）差距较大；在国家重点建设的"985 工程""特色 985 工程""教师教育创新平台项目计划"中，河北一所都没有，处于空白状态。2017 年 9 月 20 日，教育部、财政部和国家发改委印发《关于公布世界一流大学和一流学科建设高校及建设学科名单的通知》，包含 42 所世界一流大学，137（42 + 95）所世界一流学科建设高校。河北仅有 2 所大学入选世界一流学科建设高校，没有世界一流大学入选。优质高教资源的缺乏，一方面使后备人才培养水平得不到提高，另一方面又造成优秀后备人才流失情况严重，很大程度上影响了河北人才资源开发水平的提高。

（3）技能人才培养力量不足

近年来，河北省职业中学数量、学生人数大幅度下降。2010 年河北省共有职业中学 919 所，招生人数 51.5 万人，在校人数 128.1 万人，毕业生数 40.8 万人，而 2017 年职业中学数量下降为 609 所，减少了 33.7%；招生人数、在校人数和毕业生数与 2010 年相比分别减少了 44.3%、44.9% 和 16.1%。职业中学是技能人才的摇篮，河北先进装备制造业一线技能人才的绝对需求数量巨大，"蓝领"人才"一将难求"，技能人才是科技向产品转化的最终实现者，而作为技能人才培养基地的职业中学和学生人数大幅度减少，将严重影响河北技能人才的开发与培养，也不能满足先进装备制造业发展的实际需求。

优质高教资源的缺乏及技能人才培养力量的不足，导致后备人才不足，

不能满足河北省先进装备制造业对各类人才的需求。调查问卷结果显示，85家企业中有62家，即72.9%的被调查企业认为专业技术类人才不能满足企业发展需求；有29家认为管理类人才不能满足企业发展需求，占总数的34.1%；有48家认为技能类人才不能满足企业发展需求，占总数的56.5%。

3. 人才开发投入持续增长但仍显不足

作为高层次人才开发投入的重要组成部分，河北省先进装备制造业研发投入持续增加，如2016年河北航空、航天器及设备制造业R&D经费内部支出为22610万元，比2012年的4874万元增长了364%；2016年电子及通信设备制造业R&D经费内部支出为127202万元，比2012年的26563万元增长了379%，但是与全国相比较仍然比较落后，2016年河北航空、航天器及设备制造业R&D经费内部支出仅为全国的1.25%，居全国第14位；电子及通信设备制造业R&D经费内部支出仅为全国的0.7%，居全国第17位。企业人才开发直接投入普遍较少，甚至有些大型企业2015～2017年人才引进与培训投入总共为20万元。人才开发投入的不足，成为限制河北省先进装备制造业人才队伍建设水平提高的重要因素。

4. 人才载体平台建设不足

河北省先进装备制造业的多个产业集群中只有保定汽车产业集群主营业务收入超千亿元，产业集群规模并不庞大且产品中高端、整机较少，研发投入与产出较少，技术扩散效应较弱，对行业的辐射、拉动作用不强，产业链条无法向纵深延伸，导致围绕主导产品的配套企业发展并不充分，现有产业集群对人才的聚集与吸引作用还没有充分发挥。在高技术研发平台方面，由于省内的大力支持与发展，先进装备制造业高技术研发平台建设也取得长足进步，无论是数量还是级别都得到有效提升，但与江苏、山东等先进省份相比，差距仍然比较大。截至2015年底，江苏省装备制造业累计建成国家级企业技术中心49家、省级企业技术中心612家，分别占全省国家级和省级企业技术中心总数的51.0%和37.5%，而河北省先进装备制造业的国家级企业技术中心只有15家，省级企业技术中心194家，均不到江苏省的1/3。

三 加强河北省先进装备制造业人才支撑体系建设的路径选择

（一）多渠道引进高层次人才

鉴于河北省先进装备制造业高层次领军人才缺乏，要加大引进力度，补充紧缺的高层次专业技术人才，打造产业技术创新内核。

1. 加大海外高层次人才引进力度

继续依托专门引进海外创新创业领军人才的国家"千人计划"和河北省"百人计划"，动员河北省装备制造类重点企业、高校和科研单位积极参与海外高层次人才引进计划实施工作，通过企业重大项目、科技计划、科技奖励、海外华侨华人联络等方式大力推动海外高层次人才智力引进。发挥政府主导作用，及时发布河北先进装备制造业高层次领军人才需求情况，积极寻求合作，为海外产业人才引进打开渠道；定期举办先进装备制造业海内外高层次人才洽谈会，开展多种形式的交流活动，组织行业用人单位与海外人才进行面对面交流沟通。通过加强服务、科学管理，为海外人才智力引进提供良好环境。通过目标管理，奖惩激励措施，提高引智单位的引智主动性和积极性。发挥中国侨联的引擎作用，采取"内外结合"双模式，引进海外人才、智力。

2. 着力构建"柔性"人才引进机制

扬弃立足高薪的"刚性引才"方式，通过"柔性引智"，重点引进急需、紧缺的高层次专业技术人才和技术创新团队。继续发挥院士联谊会桥梁纽带作用，坚持政府引导和市场推动相结合，拓宽渠道，注重实效，通过合作研发、学科建设、人才培养、决策咨询等方式，调动企事业单位和院士双方积极性，广泛开展科技合作与交流，扎实推进河北先进装备制造业与院士合作向深层次拓展，开创产业院地合作的新局面；加强河北省院士联谊会建设，坚持"不求所有，但求所用"，多渠道引进国家级"智囊"参与河北建

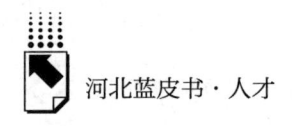

设。指导、鼓励和支持企事业单位以兼职、顾问、合作等方式柔性引进紧缺急需的人才和智力。进一步鼓励实行"星期六工程师"制度，聘请高层次人才以"候鸟式"提供智力服务。

3. 加强京津产业人才引进

加强先进装备制造业及分行业人才发展统筹规划和分类指导，借助京津冀协同发展的战略契机，依托三地行业协会，以定性、定量的方式向京津发布河北省先进装备制造业紧缺人才信息。京津技术研发实力雄厚，采取出资委托或联合进行研发、购买专利和科技成果的形式，引进京津产业高端智力成果。发挥地缘优势及河北人才、土地、资源低成本优势，广泛深入开展京津冀先进装备制造业产学研合作，以技术、成果入股、进行项目建设等形式，建立与京津高校、科研院所及大企业、跨国公司的科技合作战略联盟，深入推进京津冀产业、人才合作，吸引京津先进装备制造业高层次人才到河北干事创业。

（二）充分发挥教育对产业人才培养的主体和基础作用

先进装备制造业具有技术、资本、劳动多重密集性，需要的人才也涉及各个领域和层次，发展先进装备制造业的前提条件就是建设一支专业技术人才、技能人才、管理人才相结合的人才队伍，只有合理的人才结构才能将技术创新、产品与市场有效结合，将科技效益转化为经济效益，促进先进装备制造业的发展。因此，要充分发挥教育对各类先进装备制造业后备人才培养的主体和基础作用。

1. 依托高等教育培养专业技术人才和管理人才

高等学校要根据自身办学条件和学科优势，瞄准国内、省内同类院校先进水平，在不同层次、不同领域内，办出特色，打造品牌，争创一流；大力实施重点学科建设对标升级行动计划，分层次推进强势特色学科、重点学科和重点发展学科建设；完善专业设置和调整制度，优化专业结构，对接产业人才需求，深化教育教学改革，进一步优化学科专业和课程结构，着力推进人才培养模式改革；加大培育和储备高层次人才力度，加强现有高校重点人才、重点平台、重大科研项目建设；积极吸引国内外重点高校到河北设立独立学院或研究生院、申办中外合作办学机构。完善和深化"政产学研"合作机制，通过政府引导、企业为主体、市场为导向、院校为依托的原则，进一步拓展与院校的合作深度与广度，推进企业与科研院所建设产业技术联盟，以高校为主体，发挥各类社会组织培养专业技术人才的作用，扩大专业技术人才培养规模。

不断完善企业经营管理人才培养机制。加强企业与高等院校的合作，依托高校开展企业经营管理培训班，借鉴国外先进的教学模式，组织企业经营管理者特别是大中型企业高级管理人员学习现代管理知识和先进管理经验，不断提高企业经营者的管理水平和驾驭企业参加国际竞争的能力，加强企业家后备人才的培养和选拔，大力培养高素质复合型经营管理人才。

2. 加快建设现代职业教育体系，培养高素质技能人才

坚持面向市场，充分发挥政府的主导作用，同时调动企业、行业和社会力量举办职业教育的积极性，构建职业教育多元化办学格局；坚持以产业需求为导向，不断深化职业教育教学改革，积极探索多样化的校企合作办学模式，进一步加大实训基地建设力度；全面实施中等职业学校"双师型"教师队伍建设，进一步扩大师资规模，全面提升职业学校培养高素质技术技能人才的能力。学校与企业进行合作开启技能人才"订单式培养"，企业作为市场主体，提供人才培养的具体目标，并参与教学的全过程，学校和企业共同制定培养方案，结合岗位需求组织教学，学生毕业后到企业直接上岗工作。"订单式"培养要根据装备制造类技能人才需求状况，完全按照企业对人才数量、素质、技能的要求，进行"一对一"培养，使学生离开学校就能直接投入生产工作。

（三）加大人才投入

先进装备制造业技术含量高、生产工艺精密、组织过程复杂等特点，对自主研发水平、科技创新实力和知识产权投入方面有很高的要求，开展R&D活动也就成为高层次人才开发的重要手段。因此要加大技术创新投入，

建立健全以政府投入为引导、以企业投入为主体、以金融贷款和资本市场为补充的多元投入体系，优化投资结构，提高资金利用效率，使各方形成合力，共同促进技术创新和人才资源有效开发，满足先进装备制造业发展需求。首先，鉴于先进装备制造业作为第一支柱产业对河北省产业转型升级、高质量发展的重要性，各级政府要优先保证对先进装备制造业的支持，对其科技经费投入重点倾斜，对先进装备制造业高层次创新领军人才和创新团队给予长期稳定支持，通过政府直接投入，引导和带动社会资金投入科技活动。其次，企业作为技术创新的主体，应当在各项投入中增加用于技术创新的投入比重，增加科学研究与试验发展经费，以技术创新带动产品升级。对人才投入占销售比例达到一定标准的企业，政府可通过列支财政专项资金重点支持。最后，出台金融、投融资机构支持战略性新兴产业技术创新的鼓励政策，调动金融机构对战略性新兴产业技术创新信贷、资金投入的积极性和主动性，为产业技术创新融资提供便利。另外，企业作为人才开发的主体，要提高对人才强企及人才开发投入重要性的认知，加大对人才开发的直接投入，加强人才队伍建设。

（四）加强人才平台载体建设

产业集群是产业人才最大的载体，河北省现有先进装备制造业产业集群对人才的聚集与吸引作用还没有充分发挥，建议紧密围绕国家区域发展总体战略和主体功能区规划及京津冀产业调整，组织编制河北省装备制造业产业集群总体发展规划，完善集群间的空间布局和数量规模，形成布局合理、错位发展、功能协调的全省集群式发展格局。改造提升现有集群，完善配套企业与设施，延伸产业链，扩大现有集群的规模，推动技术、产品升级。推动潜在的产业集聚区向产业集群转型升级，建设一批特色和优势突出、产业链协同高效、核心竞争力强、公共服务体系健全的先进装备制造示范基地，完成河北省先进装备制造业产业集群对人才的吸引与聚集。依托国家和河北省重大科研项目、重点学科和重点科研机构，围绕《河北省战略性新兴产业发展三年行动计划》提出的河北省先进装备制造业未来主攻方向，即信息技术制造业、人工智能与智能装备产业、新能源与智能电网装备产业、新能源汽车与智能网联汽车产业和高端装备制造业的创新发展需求，形成一批先进装备制造业创新中心（工业技术研究基地），重点开展行业基础和共性关键技术研发、成果产业化、人才培训等工作，将创新中心或研究基地建设成为先进装备制造业高层次创新型专业技术人才培养基地，努力打造国内国际一流的科技领军人才和高水平创新团队。

参考文献

刘龙、宋丹：《装备制造业产业集群发展模式探索》，《沈阳师范大学学报》（社会科学版）2014年第2期。

王俊、朱九：《龙装备制造业产业集群研究综述》，《合作经济与科技》2017年第5期。

孔德忠、师蕊：《河北省海外高层次人才引进途径探索》，《经济论坛》2011年第3期。

鲍琳、张晓蕊、王晓华：《河北省国有钢铁企业人才支撑体系特征及策略》，《企业经济》2014年第7期。

段学森、董金明、张宇、杨占力：《河北省新兴产业应用型人才支撑体系建设研究》，《河北工业大学学报》（社会科学版）2012年第1期。

王传旭、王建民、陈亚树：《区域发展与人才支撑体系复合系统的有序和协调度评价研究》，《淮北师范大学学报》（哲学社会科学版）2014年第5期。

胥丽娜：《河南省产业集聚区人才支撑体系存在的问题及对策》，《黑龙江对外经贸》2011年第7期。

李海燕：《以装备制造业为依托大力发展职业教育——基于行业人才供求状况分析》，《四川职业技术学院学报》2010年第1期。

郭源生、夏小荣、李沁雨：《科技创新平台模式研究》，《四川冶金》2018年第4期。

赵瑞芬、乔洁、赵青霞：《河北省科技创新问题研究》，《环渤海经济瞭望》2013年第3期。

B.3 河北省生物医药产业人才支撑体系状况分析与人才发展对策研究

姜 兴[*]

摘 要： 河北省生物医药产业面临的"横向"快速发展机遇与"纵向"比较下滑的危机对产业人才支撑体系建设提出了更高的要求，本文通过对河北省生物医药产业人才支撑体系现状的调查研究，分析了河北省生物医药产业人才支撑体系存在的不足，即创新力仍显不足、产业后备人才与培养力量不足、企业人才直接投入分化明显及人才载体平台建设不足，并针对存在的问题提出以生物医药产业京津冀协同发展推动人才聚集、坚持人才引进与自主培养并重、引导促进企业主体加大人才投入及加强人才平台载体建设四个方面的对策建议。

关键词： 河北省 生物医药产业 人才支撑体系 人才发展

随着对重大疾病研究的深入、健康观念的变化及人口老龄化进程的加快，与人类生活质量密切相关的生物医药行业被称为"永不衰落的朝阳产业"，成为近年来全球成长性最好、发展最为活跃的经济领域之一。党的十九大提出实施"健康中国"战略，为人民群众提供全方位、全周期的健康服务，又将引领生物医药产业进入新一轮高速增长期。作为

---

[*] 姜兴，河北省社会科学院人力资源研究所副研究员，研究方向为区域人力资源开发。

"第一资源"的人才是产业发展的引擎和支撑,必须加强产业人才支撑体系建设,为河北省生物医药产业的快速发展奠定坚实基础和提供直接动力。

一 河北生物医药产业发展现状对产业人才支撑体系建设提出了更高的要求

(一)"横向"快速发展的机遇

河北省生物医药产业基础良好、产业集中度高,石家庄是老牌的医药基地,也是国家认定的高端医药产业集聚发展试点区域,拥有全国最大的现代化综合生物医药产业基地之一——石家庄高新技术开发区。在中国生物技术发展中心发布的2017年全国生物医药产业园区综合竞争力排位中,石家庄高新区位列第7,石家庄经济技术开发区位列第25。而北京·沧州生物医药产业园作为京冀生物医药产业协同创新的承载平台,在京冀共建、共管、共享的大力推动下必将成为我国生物医药产业发展的新引擎。除北京外,河北积极与天津、长三角地区开展合作,目前有102家企业签约,总投资327亿元,其中上市公司7家,高新技术企业45家。部分企业已建成投产,大大提升了河北生物医药产品结构,成为河北生物医药产业发展的生力军。

作为战略性新兴产业的主攻方向之一,河北省生物医药产业近年来发展加速,产业投资额逐年扩大,2016年达到461.91亿元,居全国第4位(见表1)。2017年,医药工业规模以上企业287家,实现工业增加值262.06亿元,工业增加值增速稳中有升,由2014年的4.40%,提高到2017年的7.90%(见图1),高于全省工业增加值平均增速4.5个百分点。2017年主营业务收入突破千亿元大关,增速较2016年提高了6个百分点(见图2),恢复了两位数增长,接近全国行业平均水平,并呈现加快增长态势。

表1 2012～2016年河北省生物医药产业投资额及全国排名

单位：亿元

年份	2012	2013	2014	2015	2016
投资额	181.83	252.67	313.49	396.23	461.91
全国排名	5	6	6	5	4

资料来源：《中国高技术产业年鉴》（2013～2017年）。

图1 2012～2017年河北医药工业增加值及增速

资料来源：河北省医药行业协会。

图2 2011～2017年河北省医药工业主营业务收入增长趋势

资料来源：河北省医药行业协会。

（二）"纵向"比较下滑的危机

河北省生物医药产业仍面临与其他省份差距拉大、位次后移、创新力量不足的危机，2016年河北省医药制造业主营业务收入和利润的全国排名分别滑落到第11位和第12位，并且与山东、江苏、河南等省的差距仍在进一步加大（见表2）。虽然医药工业增加值和主营业务收入增速与全国差距逐渐缩小，但仍低于全国平均水平（见图3和图4）。2017年中国医药工业百强企业榜单中河北依旧有4家企业入围，虽然有石家庄四药有限公司（以下简称石四药）首次进入名单，但神威药业集团有限公司却名落孙山（见表3）。2018年4月，中国人民大学中国经济改革与发展研究院联合经济学院发布"中国企业创新能力百千万排行榜（2017）"，首次对国内80000多家高新技术企业的创新能力进行了全覆盖、全方位的评价，公布了中国创新企业1000强。据不完全统计，全国共有72家医药企业上榜，其中河北只有石家庄以岭药业股份有限公司1家名列其中。

表2　2016年山东、江苏、河南、河北四省医药制造业生产经营情况

单位：亿元

项目	山东	江苏	河南	河北
主营业务收入	4546.8	3870.3	2265.5	945.8
利润总额	486.2	419.3	204.8	85.0

资料来源：《中国高技术产业年鉴》（2017）。

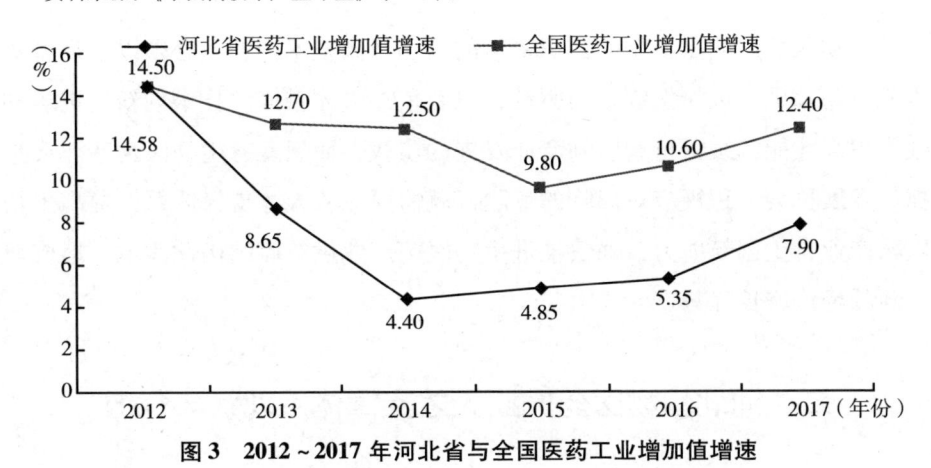

图3　2012~2017年河北省与全国医药工业增加值增速

资料来源：河北省医药行业协会。

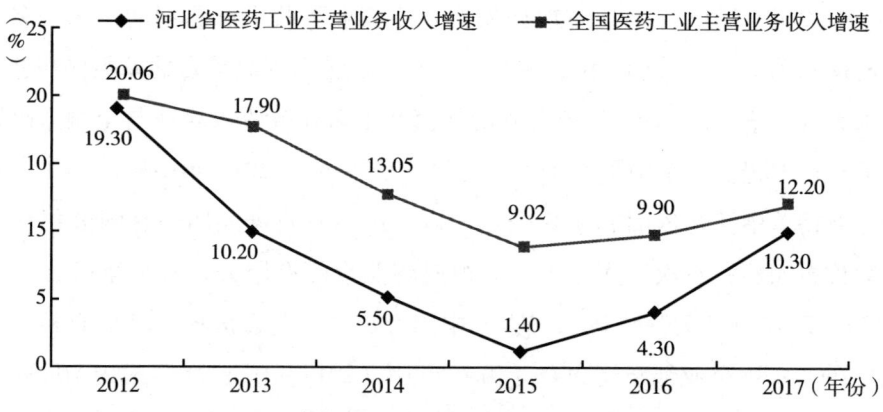

图 4　2012～2017年河北省与全国医药工业主营业务收入增速

资料来源：河北省医药行业协会。

表3　中国医药工业企业河北入围药企与排名

企业名称	2015年	2016年	2017年
石药控股集团有限公司	16	15	15
华北制药集团有限责任公司	33	35	32
石家庄以岭药业股份有限公司	61	62	61
神威药业集团有限公司	95	100	—
石家庄四药有限公司	—	—	96

资料来源：中国医药工业百强企业榜单。

生物医药产业是典型的知识密集的高创新高技术产业，必须以知识型资本积累为基础，以研发创新为驱动，只有依靠人才带来的技术创新、进步和效率提高才能持续保持和引领产业发展的步伐，而河北省生物医药产业要想抓住发展机会、积极应对面临的危险，就需要完善人才支撑体系，提高生物医药产业自主创新能力，加快推进生物医药产业供给侧结构性改革，形成河北新的经济增长优势。

二　河北生物医药产业人才支撑体系现状与分析

鉴于生物医药产业具备高创新高技术性，是河北省重点发展的战略性新兴产业之一，本研究认为生物医药人才支撑体系主要包括产业现有人才队伍、后备人才培养、人才开发及高层次人才载体平台四个方面，即产业人才的保有、供给、投入及创新力对产业发展的整体支撑。

（一）河北生物医药产业人才支撑体系现状

1. 人才队伍现状

为充分了解河北省生物医药产业人才队伍的实际情况，课题组以包括"五朵金花"（石药控股集团有限公司、华北制药集团有限责任公司、石家庄以岭药业股份有限公司、神威药业集团有限公司、石家庄四药有限公司）在内的28家具有代表性的重点生物医药企业为样本，将产业人才分为管理类人才、专业技术类人才及技能类人才三大类，对河北省生物医药产业的人才队伍建设现状进行了调查。

（1）人才总体状况

1）人才分布

参与调查的28家企业共有员工60219人，其中，管理类6925人，占管理类人才总数的11.5%；专业技术类10478人，占人员总数的17.4%；技能类42816人，占人员总数的71.1%。

2）学历构成

具有博士学位人员205人，占人员总数的0.34%；具有硕士学位人员2228人，占人员总数的3.7%；具有本科学历人员14031人，占人员总数的23.3%。

（2）管理类人才现状

1）学历构成

具有博士学位人员40人，占管理类人才总数的0.57%；具有硕士学位人员401人，占管理类人才总数的5.8%；具有本科学历人员4012人，占管理类人才总数的57.9%。

2）年龄构成

年龄在30岁以下的人员2001人，占管理类人才总数的28.9%；31~40岁人员2915人，占管理类人才总数的42.1%；41~50岁人员1489人，占

管理类人才总数的21.5%。

(3) 专业技术类人才现状

1) 学历构成

具有博士学位人员165人，占专业技术类人才总数的1.57%；具有硕士学位人员1827人，占专业技术类人才总数的17.4%；具有本科学历人员6435人，占专业技术类人才总数的61.4%。

2) 年龄构成

年龄在30岁以下的人员2777人，占专业技术类人才总数的26.5%；年龄在31~40岁的人员4034人，占专业技术类人才总数的38.5%；41~50岁人员2651人，占专业技术类人才总数的25.3%。

其中，研发人才5239人，占人才总数的8.7%，具有博士学位人员145人，占研发人才总数的2.7%；具有硕士学位人员1643人，占研发人才总数的31.4%；具有本科学历人员2195人，占研发人才总数的41.9%。

(4) 技能类人才现状

1) 学历构成

具有本科及以上学历人员3584人，占技能类人才总数的8.4%；具有专科学历人员13529人，占技能类人才总数的31.6%。

2) 年龄构成

年龄在25岁以下的人员4624人，占技能类人才总数的10.8%；年龄在26~35岁的人员11817人，占技能类人才总数的27.6%；36~45岁人员12674人，占技能类人才总数的29.6%；年龄在45岁以上的人员13701人，占技能类人才总数的32%。

2. 后备人才培养状况

高校是产业后备人才培养的摇篮，更是培养产业高层次专业技术人才的中坚力量。河北省共有8所一本高校开设生物医药相关专业，包括河北农业大学、河北科技大学、河北大学、河北师范大学、河北医科大学、华北理工大学、河北工业大学和燕山大学，据统计，每年生物医药相关专业本科生招生人数在1600名左右。除燕山大学外，其他7所高校都拥有生物医药相关专业的硕士学位授权点，其中河北农业大学拥有生物学一级学科博士点，涵盖微生物学、遗传学、生物化学与分子生物学、生物物理学、细胞生物学等二级博士学科授权点；河北师范大学设有生物学一级学科博士学位授权点，生物学博士后科研流动站，细胞生物学为国家重点学科，生物学为河北省"双一流"重点建设学科；河北大学生物学科是河北省国家一流建设学科和教育部"一省一校"重点支持学科，建有生物学博士后科研流动站，具有药物化学方向博士研究生招生资格；河北医科大学拥有药学博士学位授权点。

3. 人才投入现状

人才投入是人才开发的基本保障，生物医药产业的高创新性和高研发性决定了研发投入对高层次人才开发的重要性，而企业是产业主要人才的拥有者，更是人才开发的主体，企业直接人才投入对人才开发起到重要作用。

（1）研发投入现状

创新是第一动力，河北省生物医药产业研发投入逐年上升（见表4）。

表4　2012～2016年河北省医药制造业R&D经费内部支出

单位：万元

年份	2016	2015	2014	2013	2012
R&D经费内部支出	214492	192763	182424	110181	153473

资料来源：《中国高技术产业年鉴》（2013～2017年）。

企业方面，研发投入占总收入比重逐年上升。石药集团2017年研发投入12.76亿元，同比增长23.6%，公司目前在研新产品约200个，主要集中在心脑血管系统、糖尿病等代谢类疾病、抗肿瘤、神经系统等领域，其中新靶点大分子生物药、细胞免疫治疗及干细胞领域25个，小分子新药12个及原化药3类新药共55个。石四药2017年研发投入同比增长61.4%，已取得2000毫升甘氨酸冲洗液等多个产品生产批件，已申报和在研品种达100余个。

（2）企业人才开发投入现状

在问卷调查中，课题组对河北生物医药企业人才直接投入进行了调查，

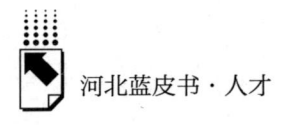

其中，石家庄以岭药业股份有限公司2015~2017年人才引进总投入为600万元，人才培训总投入为2500万元，是28家被调查企业中人才直接投入最高的企业（见表5）。

表5 2015~2017年河北生物医药产业"五朵金花"人才直接投入情况

单位：万元

企业投入项目	石药	华药	以岭	石四药	神威
人才引进投入	500	100	600	120	210
人才培训投入	600	1200	2500	305	404

4. 人才载体平台建设情况

除了企业与高校，生物医药产业人才的主要平台载体包括产业园区和各类高技术研发平台。河北省现有的生物医药产业园区包括石家庄高新技术开发区、石家庄经济技术开发区、北京·沧州渤海新区生物医药产业园、中国现代生物发酵基地（赵县）、衡水工业新区生物医药园、邯郸晨光生物天然提取物产业基地、固安肽谷生物基地等，其中石家庄高新技术开发区与石家庄经济技术开发区进入2017年国家生物医药产业园区综合竞争力50强，分别排名第7位和第25位。在高技术研发平台方面，截至2017年底，河北省生物医药产业拥有通络药物研制、中药注射剂新药开发技术等5个国家地方联合工程实验室，拥有省级工程实验室16个，共建院士工作站23个（其中2017年新增6个，北戴河国家生命健康产业创新示范区的河北省外国院士工作站是河北省成立的首个外国院士工作站）；拥有国家级企业技术中心5个，省级企业技术中心37个，省级创新平台122家。2017年，医药行业新认定企业研发机构70余家，新认定高新技术企业79家。

（二）河北生物医药产业人才支撑体系评价

1. 人才结构逐步优化但依然存在诸多问题

（1）人才结构逐步优化

课题组在2011年对河北省生物医药产业的人才队伍建设状况进行过调

研，与2011年数据相比，2018年河北省生物医药产业人才结构得到了明显优化。一是人才队伍结构不断完善。管理类人才占比由2011年的9%上升到2018年的11.5%，专业技术类人才占比由2011年的15.7%上升到2018年的17.4%。二是人才队伍层次逐步提高。河北省生物医药产业人才队伍中具有本科及以上学历的占人才总数的27.34%，比2011年的20.8%提高了将近7个百分点；专业技术类具有硕士及以上学历的人才占专业技术类人才总数的18.97%，比2011年13.5%提高了近5.5个百分点，随着高学历、高职称及各层级专家人数的增加，河北省生物医药产业人才队伍层次逐步提高。三是年龄结构逐步优化。随着河北省生物产业人才队伍建设的加强和各项人才措施的实施，青年人才得到快速成长，40岁以下的管理类人才和专业技术类人才已占两类人才总数的67.4%，尤其是40岁以下专业技术类人才已占此类人才总数的65%，产业人才构成逐步年轻化，青年人才成为河北省生物医药产业人才的中坚力量。随着中青年人才队伍日益壮大，人才断层消失，人才年龄结构逐步优化，人才队伍已然形成"老中青三结合"的人才梯队，基本实现了老中青三阶层人才的优化配置。四是专业技术类人才中的研发人才不论是人才数量还是质量都得到了大幅提升，例如石药集团，研发人才数量由2011年的725人发展到2018年的1326人，研发人才占人才总数的平均比例达到8.7%，一些企业研发人才占比甚至达到15%左右。

（2）人才队伍建设存在的问题

经过近七年的发展，虽然河北省生物医药产业人才队伍建设取得了不小的成绩，人才队伍日益壮大，人才结构逐步优化，但是从总体上看，现有人才队伍建设还不能满足河北省生物医药产业高质量快速发展的需求，存在一些亟待解决的问题。一是人才总量仍显不足，尤其是专业技术类人才总量不足，专业技术类人才总量只占产业人才总数的17.4%，与生物医药产业高技术、高创新性的发展要求还不相适应，制约着河北生物医药产业自主创新能力的提高。二是高层次人才不足。近年来，河北省生物产业高层次人才总量大幅提升，但总体上还是相对缺乏，具有博士学位的人才仅占产业人才总量的0.34%，具有硕士及以上学位的人才仅占人才总量的4.04%，高层次人才数量明显不足，导致河北省生物医药产业自主创新能力不强，产品以仿制为主。2016年河北省医药制造业有效发明专利数为1225件，居全国第11位。三是技能类人才出现"老龄化"趋势，年龄在35岁以下的技能人才占技能类人才总数的38.4%，比2011年的55.3%减少了近三分之一，而年龄在45岁以上的技能人才占技能类人才总数的32%，说明技能人才供需矛盾依旧突出。

2. 产业后备人才与培养力量不足

调查问卷结果显示，28家企业中有14家，即50%的被调查企业认为专业技术类人才不能满足企业发展需求；仅有4家认为管理类人才不能满足企业发展需求，占总数的14.3%；有6家认为技能类人才不能满足企业发展需求，占总数的21.4%。企业人才需求现状表明，专业技术类人才缺乏是河北生物医药产业人才队伍建设面临的最大问题，而河北一本高校每年生物医药相关专业1600名左右的本科生招生人数远不能满足产业发展的需求。调查问卷显示仅石药控股集团有限公司、华北制药集团有限责任公司、石家庄以岭药业股份有限公司、神威药业集团有限公司和石家庄四药有限公司5家企业对初级专业技术人才的需求量就达到1400名。

3. 研发投入持续增长但企业人才直接投入分化明显

河北生物医药产业研发投入持续增长。一是国家继续加大对生物医药创新的支持力度，2017年国家相继出台多项利好政策，鼓励创新药研发。二是仿制药一致性评价持续快速推进，关注质量成为企业可持续发展的核心。据不完全统计，2016年河北省生物医药产业研发经费支出同比增长8.1%，高于当年生物医药业主营业务收入的增速，研发投入占比达到4.92%，反映了河北生物医药产业转型期增长方式由投资拉动向创新驱动的新变化。但是企业人才直接投入分化比较明显，"五朵金花"中以石家庄以岭药业股份有限公司人才直接投入为最，2015~2017年三年人才引进与人才培训的投入达到3100万元，平均每年超过千万元。与以岭药业相比，其他企业对人才的直接投入较少，华药集团三年用于人才引进的投入仅为100万元，石四药与神威药业集团两个主营业务收入在10亿元以上的大型企业用于人才的直接投入甚至不如其他中型企业，并且在参与调研的其他大中型企业中，个别企业用于人才的直接投入不足10万元。

4. 人才载体平台建设不足

河北省近十家生物医药产业园中，具有一定规模的只有石家庄高新技术开发区、石家庄经济技术开发区、北京·沧州渤海新区生物医药产业园三家，并且北京·沧州渤海新区生物医药产业园仍处于扩建阶段，竞争力还没有完全显现。河北生物医药产业园整体还存在园区规划不合理、基础设施配套不足、产业链整合不系统等问题，对人才的规模效应和集聚效应远没有发挥出来。近年来河北省大力加强生物医药产业各类高技术研发平台建设，在生物医药技术研发创新上取得了显著的效果，如加速基因测序编辑、抗体偶联药物、免疫治疗、靶向抗肿瘤药物等领域的研究；开展多个抗体、融合蛋白、细胞因子、疫苗等重组蛋白质药物的研究；完善氨基酸衍生物生物催化技术、多糖类药物等生产工艺的提升；开展针对恶性肿瘤、心血管疾病、糖尿病、精神性疾病、神经退行性疾病、自身免疫性疾病、耐药菌感染、病毒感染的创新药物的开发；推进现代技术在中药生产中的应用，完善提取、分离、纯化、浓缩、干燥、制剂和过程质量控制技术升级等，高技术研发平台建设大力推动河北生物医药产业从药用中间体、原料药向制剂、复配制剂、现代中药制剂等完整的产品链和价值链的创新生物医药产业集群转变。但由于国家级工程实验室、企业技术中心等高层次创新平台的数量仍较少，并且缺乏高端领军人才，在高端研发人才和创新能力方面与先进省份相比仍存在较大差距。

人才资源作为"第一资源"是产业发展的引擎和支撑，河北生物医药产业现阶段面临与国内其他省份竞争位次下滑的危险，究其原因，人才支撑体系建设是制约生物医药产业快速发展的主要瓶颈，要推动河北省生物医药产业持续快速发展与积极应对面临的危险，实现《河北省战略性新兴产业

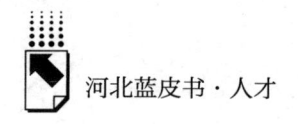

发展三年行动计划》中，到 2020 年全省生物医药健康制造业主营业务收入超过 2500 亿元的战略目标，加强人才支撑体系建设，补齐人才支撑体系"短板"刻不容缓。

三 加强河北省生物医药产业人才支撑体系建设的建议

（一）以生物医药产业京津冀协同发展推动人才聚集

京津冀地区是我国生物医药产业重要的创新中心和生产基地，京津冀三地生物医药产业各具特色，相互补充，是京津冀协同发展最具有合作基础、合作前景与合作动力的产业，合作空间广阔。北京是国内先进生物医药技术和高端研发人才最为集中的区域，聚集了一大批国内顶级的生物医药研究机构、实验平台及领军人才，在生物医药研发方面具有突出优势。随着北京生物医药产业跨越发展工程（G20 工程）及 G20 工程应用型人才培养计划的实施，北京在生物医药技术、人才方面的优势更加凸显。天津发展生物医药产业的主要优势在于其企业的创新能力，数据显示，2016 年天津医药制造业有效发明专利数为 3070 件，远超过北京的 1904 件与河北的 1225 件；企业办研发机构人员数量为 5565 人，高于北京的 4735 人及河北的 4921 人，处于京津冀领先地位；新产品开发经费支出为 116450 万元，只有京冀的一半左右，但新产品销售收入为 1832149 万元，基本与北京的 1738715 万元和河北的 2008148 万元持平，充分说明天津生物医药产业具有较强的创新及转化实力，市场效益领跑京津冀。而河北的产业优势在于医药制造产业基础雄厚，进行技术吸收改造及承接成果转化能力较强。现阶段河北生物医药产业与北京的战略联盟已初见成效，北京·沧州生物医药产业园已实现京冀的共建、共管、共享，但与天津生物医药产业的合作对接还没有实质性开展，在推进京津冀协同发展及加快"健康中国"建设的背景下，河北要抓住机遇，充分利用好区位优势，积极推进、主动承接天津生物医药产业优势资源向河北转移,大力推动津冀生物医药产业园之间的合作,尤其是石家庄高新区(全国生物医药产业园区综合竞争力排名第 7 位)与天津滨海高新区(全国生物医药产业园区综合竞争力排名第 8 位)的强强联合,共同谋划天津·河北生物医药产业园建设,定期举办津冀生物医药产业对接洽谈活动,在不断沟通中增进了解、达成共识、形成合作,以津冀进一步加深合作带动京津冀协同发展提档升级,充分发挥政府引导扶持与市场资源配置的双重优势,优化配置京津冀生物医药产业三方资源,整合优势,将京津冀生物医药产业建设成为国内外有影响力的创新型产业集群,不仅对推动京津冀协同发展有重要意义,更为河北生物医药产业的发展再添新引擎,并通过产业的极化效应与规模效应培育人才发展极,从而进一步聚集更多高层次、能引领和带动河北生物医药产业快速发展的优秀人才。

(二)坚持人才引进与自主培养并重

鉴于生物医药产业的高技术性、高风险性,高层次人才的引进是加强人才支撑体系建设的重要方式。由于河北省经济实力的差距,现有人才政策对高层次人才的吸引力度较弱,除了要坚持"人才、团队、项目、企业"一体化的引进模式,以事业、环境引进高层次人才,更要建立河北籍生物医药产业高层次人才库,积极邀请与鼓励本籍产业高层次人才投入家乡创新创业,以感情引人才,努力做到"近水楼台先得月"。引进高端人才固然重要,但是大批专业技术人才更是支撑生物医药可持续健康发展的坚强保障,针对河北省生物医药企业技术人才普遍短缺的问题,启动河北省生物医药产业专业技术人才培养工程,首先要加强省内生物医药产学研的紧密结合,鼓励企业多回头看看"身边的合作伙伴",推进企业与省内高校、研究机构的合作。合作即培养,通过产学研结合联合攻关,共建专业技术人才培训班和实训基地,这不仅是培养产业后备人才的必经之路,而且是对现有高层次人才的锻炼提升和培养。其次要加强高校生物医药学科建设,综观欧美生物医药产业聚集区,大多是依托高校发展起来的,高校的人才、成果与生物医产业、企业发展息息相关，更是后备人才培养的摇篮。河北高等院校中只有河北农业大学与河北师范大学拥有生物学一级学科博士学位授权点，学科基础与实力整体较为薄弱，科研、师资力量不足，省内一本高校每年生物医药相关专业本科生招生人数在1600名左右，培养的人才不论是规模还是层次都难以满足河北省生物医药产业的需求。因此，引导各类资源倾斜，持续加强高校生物医药相关学科、专业建设，最终实现学科内涵建设重大突破，达到国内一流水平。创新人才培养模式，改进课程建设，引企入教，将企业人才需求与课程教学直接挂钩，实现校企对人才的联合培养，促进高校在生物医药产业人才培养、科学研究上发挥积极作用，为河北生物医药产业发展提供最坚实的人才支撑。

（三）引导、促进企业主体加大人才投入

据不完全统计，河北省生物医药产业中企业研发投入逐年上升，2016年企业研发经费支出同比增长8.1%，研发投入占主营业务收入比例达到4.92%，涌现一批研发投入大、研发强度高的企业，但是企业直接对人才开发的投入力度普遍较小，与研发投入形成鲜明的对比。例如，石药集团2017年研发投入12.76亿元，同比增长23.6%，目前在研新产品约200个，但是石药集团2017年人才开发投入仅410万元。鉴于河北生物医药企业人才开发的主体作用还没有得到充分发挥，政府方面要加强引导和促进。一方面，要加强宣传和培训。树立先进典型，并加大对人才开发典型企业的宣传，发挥典型示范和引领作用。如石家庄以岭药业股份有限公司，2017年直接人才引进与培训的投入达到3100万元，研发投入与人才投入并重，形成投入、人才、技术协同发力的良好创新局面，成为中国创新企业前1000强中河北省唯一的生物医药企业。定期开展产业中企业领导层的人才发展培训，增强其对人才强企及人才开发投入重要性的认知，引导企业领导人树立正确的人才开发理念，提升企业主动投入意识，建立以企业为主体的人才开发投入体系，提升企业成为引才聚才的活跃主体。另一方面，发挥政策的促进作用。通过允许企业

把为人才配套的科研启动资金、安家费等人才开发投入列入企业成本核算，企业参加政府组织引才活动所需经费由政府按一定比例负担，对企业开展人才培训给予一定标准补助等方式，降低企业人才开发投入成本，提高企业培养开发人才的积极性。或将人才增量、人才存量等人才开发指标作为企业申报享受科技创新政策奖励优惠或科技项目基金的必要条件，倒逼企业加大人才投入。

（四）加强人才平台载体建设

人才需要平台载体的承接吸收，而载体的完善和成熟更需要人才的支撑。良好的人才载体是吸引人才、集聚人才、留住人才、培育人才和挖掘人才的有效平台，加快人才载体建设，提升人才聚集支持能力，尤其是对高层次人才的吸引和聚集能力，对加强人才支撑体系建设具有重要意义。一是推进生物医药产业园区建设，生物医药产业高技术、高投入、高风险、多学科交叉的特点，决定了其聚集化发展的特性，产业园区也因此成为生物医药产业人才的主要载体与聚集地。要集中力量大力推动生物医药产业示范园建设，完善园区配套设施，严格审批园区进入门槛。整合现有资源，制定优惠政策吸引省外、国外优势企业入驻，培育一批市场前景好、技术含量高的生物医药项目落地，通过合理规划，实现园区上下游配套、公用系统共享和资源综合利用。将招商引资与招才引智紧密结合，加强园区人才工作，提升人才服务水平，开通人才服务"绿色通道"，为人才提供更好的服务保障，充分激发人才活力，指导园区针对其发展特点在人才开发政策上创新突破，增强产业园区的人才聚集能力与承载能力，依托园区发展，力争把每个园区都建设成为产业人才高地。二是加大生物医药产业高技术平台建设，多项研究表明，R&D投入有高层次人才集聚效应，R&D投入强度越高，高层次人才集聚效应也越强，而R&D活动最集中的地方就是高技术平台。要加强与国内外大型企业及研发机构合作，积极谋划建设生物医药制造业创新中心，大力新建省级以上创新平台，构建与河北生物医药产业相配套的协同创新体系，实现对产业高层次研发人才的吸引与聚集。

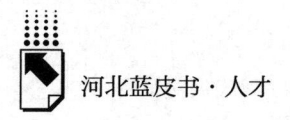

参考文献

王斌、从俊杰、刘沛然：《京津冀生物医药产业协同创新比较研究》，《科技经济市场》2017年第9期。

王山慧：《宁波企业人才开发投入现状及对策建议》，《宁波经济（三江论坛）》2017年第8期。

B.4
河北省电子信息产业人才支撑状况分析与人才发展对策研究

张亚宁[*]

摘　要： 本文从不同角度对电子信息产业人才进行分类，总结电子信息产业人才的特点，从人才规模和人才结构两方面对河北省电子信息产业人才支撑状况进行分析研究，针对存在的高端和复合型人才缺乏、企业管理不到位、人才流失严重等问题，从完善顶层设计、发挥区位优势、加强学校培养、优化企业管理制度、多措并举减少人才流失等方面提出对策建议。

关键词： 河北省　电子信息产业　人才支撑　人才发展

进入21世纪以来，各国对电子信息产业越来越重视，美国、俄罗斯、日本、德国等发达国家都提出了基于电子信息产业的国家级发展战略，旨在加快本国电子信息产业发展。我国也陆续出台了"互联网＋"行动计划、促进大数据和云计算发展及网络强国等战略，这些皆表明电子信息产业在未来很长时间内仍将是全球竞争的焦点。基于此，河北省高度重视电子信息产业发展，在《河北省国民经济和社会发展第十三个五年规划纲要（2016—2020年）》中，明确提出大力发展以大数据为重点的电子信息等新兴产业的

---

[*] 张亚宁，河北省社会科学院人力资源研究所助理研究员，研究方向为人才学、人才结构与产业结构。

指导性意见,并连续推出一系列电子信息产业政策。在这样的发展背景之下,河北省电子信息产业的人才发展却表现出与产业发展不适应的现象,人才短缺已成为电子信息产业健康快速发展的瓶颈。

一　河北省电子信息产业现状及其人才队伍现状

(一)河北省电子信息产业现状

电子信息产业主要涉及两大领域:一个是以集成电路、电子元器件、通信设备、信息化机电等专用设备、家用视听设备、微型计算机、智能终端、消费电子设备等产品制造为主要业态的电子信息制造业领域;另一个是以软件开发、信息技术运营服务、电子商务平台技术服务、信息技术咨询与设计服务、系统集成、运维服务、数据服务等为主要业态的软件与信息技术服务业领域。经过多年发展,河北省电子信息产业初步形成基本涵盖两大领域,以太阳能光伏、通信和导航设备、半导体照明、新型显示、应用电子和软件等为主导的优势产业,电子信息产业规模迅速扩大,政策支持不断加强。

1. 电子信息产业规模迅速壮大

2017年,河北省电子信息产业入统企业614家,与2016年相比增加了35家,完成主营业务收入1508.6亿元,同比增长15.7%,高于全国2.8个百分点。其中,制造业收入1211.7亿元,同比增长16.1%,高于全国2.9个百分点,在制造业中,以基础类电子产品、光伏产业、通信产业为主,这三个产业的主营业务收入分别占电子信息制造业主营业务总收入的31.9%、26.4和12.4%,共计70.7%;软件和信息技术服务业收入296.9亿元,同比增长14.2%,高于全国0.3个百分点;全行业累计实现利税170.5亿元,同比增长7.9%;实现利润118.0亿元,同比增长5.7%;全行业累计完成出口25.6亿美元,同比减少2.22%;全行业累计完成固定资产投资57.32亿元,同比增长90.37%。

2017年,河北省电子信息制造业的主营收入占电子信息产业主营总收入的80.3%,因此,以制造业为例可以清楚地反映出电子信息产业的发展速度之迅猛。

由图1可以看出,1978~2017年的40年间,河北省电子信息制造业主营业务收入由1978年的1682万元增长至2017年的12117300万元,增长了7203倍,平均每年保持25.6%的高速增长,除1990年、1999年、2003年和2007年外,其他年份皆为正增长,但增长率也呈现明显的不稳定性,波动比较大,即使排除掉最高值与最低值后,次最高增长率与次最低增长率差值达74.5%。增长率最高的5个年份分别为1979年、1987年、1984年、1985年和2006年,增长率分别达到416.51%、76.27%、66.40%、64.88%和56.89%;增长率最低的5个年份分别为1996年、1990年、1999年、2007年和2003年,增长率分别为1.32%、-1.66%、-2.90%、-8.10%和-34.97%。

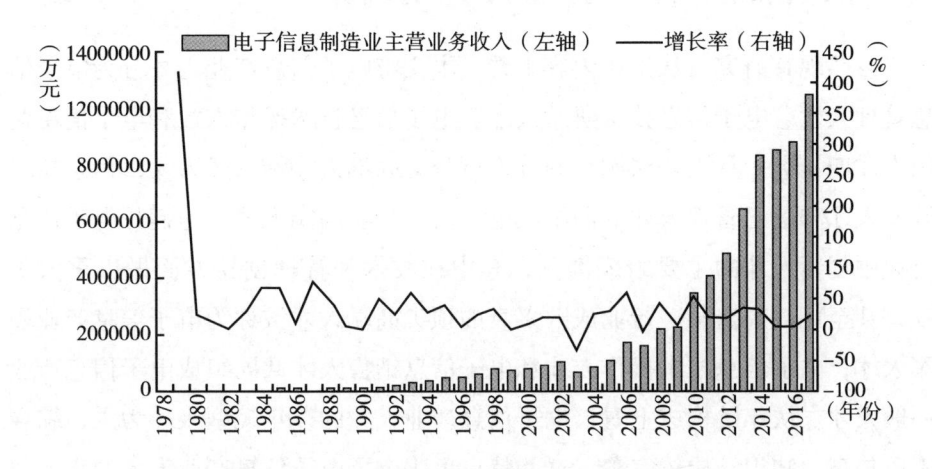

图1 河北省电子信息制造业主营业务收入情况

资料来源:《中国信息产业年鉴2017》。

2. 政策支持不断加强

近年来,随着我国对电子信息产业的重视程度不断升级,河北省出台了多项政策,意在促进电子信息产业的稳定健康发展,对电子信息产业的支持力度不断加强。出台《关于促进移动互联网健康有序发展的实施意见》，从完善市场准入制度、加强信息基础设施建设、加快关键核心技术研发、推动产业生态体系协同创新、加强知识产权运用和保护等方面推动移动互联网产业创新发展；出台《河北省关于加快发展"大智移云"的指导意见》，提出推动以大数据、智能化、移动互联网、云计算（以下简称"大智移云"）为核心的网络信息技术产业快速发展，做大做强数字经济，全面提高河北省信息化水平的指导意见；出台《河北省现代服务业发展"十三五"规划》，明确信息服务业持续快速发展，已成为服务业增长的主要力量，服务业未来的发展重点之一是拓展信息服务这一新兴领域。此外，还相继推出了《河北省电子信息产业"十三五"发展规划》《河北省信息化发展"十三五"规划》《河北省信息服务业"十三五"发展规划》等一系列电子信息产业的"十三五"规划文件。

（二）河北省电子信息产业人才支撑现状

参照现有研究，从工作内容来看，本文将电子信息产业人才分为电子信息管理人才、电子信息技术研发人才、电子信息技术操作人才和电子信息营销人才四大类。从人才层次上划分，可分为高端人才和一般人才：信息技术开发人才和信息管理人才共同组成电子信息产业高端人才，他们是电子信息行业中创新人才的主要组成部分，其中在技术和管理创新方面做出重大贡献，甚至可以决定某一行业成败兴衰的顶尖高端人才被称为电子信息产业领军人才；电子信息技术操作人才和电子信息销售人才共同组成电子信息产业一般人才。从年龄构成上看，电子信息产业人才的以年轻型人才为主，综合素质较高、知识结构较完善，这些特点也决定了电子信息产业人才的高流动性倾向。

1. 河北省电子信息产业人才总量

随着河北省电子信息产业规模迅速壮大，政策支持不断加强，其产业人才总量也在不断增长。截至2017年底，全行业入统企业614家，从业总人数达到19.95万人，同比增长9.2%。

由表1可以看出，1978～2017年40年间，电子信息制造业的人数由19610人增长至199500人，增长了9倍多，随着产业规模的扩大，就业人数的增长幅度较大，人才总量持续增长。但值得注意的是，人才的增长速度显然无法与主营业务收入增长速度相比，说明在这40年里，随着科技的进步，电子信息制造业实现产业升级，人均劳动生产率迅速提升，也说明虽然电子信息制造业产值飞速增长，但是未能同幅度地拉动就业。

表1 电子信息制造业就业人数及增长率

单位：人，%

年份	就业人数	增长率
1978	19610	—
1979	23465	19.66
1980	26359	12.33
1981	25911	-1.70
1982	26180	1.04
1983	24858	-5.05
1984	24540	-1.28
1985	24821	1.15
1986	28170	13.49
1987	30778	9.26
1988	31850	3.48
1989	33539	5.30
1990	54982	63.93
1991	57754	5.04
1992	66707	15.50
1993	67384	1.01
1994	77088	14.40
1995	80781	4.79
1996	75823	-6.14
1997	86075	13.52
1998	90108	4.69
1999	83964	-6.82

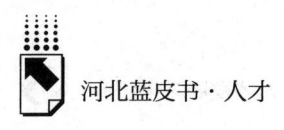

续表

年份	就业人数	增长率
2000	83180	-0.93
2001	91455	9.95
2002	93532	2.27
2003	53184	-43.14
2004	39450	-25.82
2005	43282	9.71
2006	44415	2.62
2007	48805	9.88
2008	41151	-15.68
2009	44735	8.71
2010	67041	49.86
2011	100672	50.16
2012	91084	-9.52
2013	95798	5.18
2014	168710	76.11
2015	153323	-9.12
2016	145702	-4.97
2017	199500	36.92

资料来源：《中国信息产业年鉴2017》。

2. 河北省电子信息产业人才结构

随着河北省电子信息产业人才总量的增长，人才结构不断变化，本文分别分析河北省电子信息制造业和软件业人才的构成情况。

（1）电子信息制造业人才构成情况

电子信息制造业是信息产业中的两大领域之一，其人才总量和人才构成情况在很大程度上可以反映信息产业整体的人才状况。

2016年河北省电子信息制造业人才构成情况见表2。参与统计企业共271家，年末从业人员总数为145702人，其中研发人员11733人，研发人员占从业人员总数的8.05%。河北省电子信息制造业的人才在不同性质的企业分布情况如下：内资企业年末从业人员总数为97172人，其中国有企业年末从业人员数为16747人，集体企业年末从业人员数为131人，有限责任公司年末从业人员数为51881人，股份有限公司年末从业人员数为8316人，私营企业年末从业人员数为13848人，其他内资企业年末从业人员数为6249人，内资企业研发人员占比为11.3%；港澳台商投资企业年末从业人员数为1497人，研发人员占比为0.6%；三资企业年末从业人员数为47033人，研发人员占比为1.59%。

表2 2016年河北省电子信息制造业人才构成情况

企业类别	企业数（家）	年末从业人员总数（人）	研发人员（人）	研发人员占从业人员比重（%）
内资企业	236	97172	10976	11.3
国有企业	13	16747	3225	19.26
集体企业	1	131	—	—
有限责任公司	94	51881	4720	9.1
股份有限公司	30	8316	1089	13.1
私营企业	88	13848	1843	13.31
其他内资企业	10	6249	99	1.58
港、澳、台商投资企业	7	1497	9	0.6
三资企业	28	47033	748	1.59
共计	271	145702	11733	8.05

资料来源：《中国信息产业年鉴2017》。

由图2可以看出，2016年河北省电子信息制造业人才在不同性质企业中的分布情况，即1.03%的电子信息制造业人才在港、澳、台商投资的企业工作，32.28%的电子信息制造业人才在三资企业工作，66.69%的电子信息制造业人才在内资企业工作。

图3表明，研发人才在各性质企业中的占比差距较大，其中研发人员在内资企业从业人员中占11.3%，在港、澳、台商投资企业中仅占0.6%，在三资企业中占1.5%。这一方面说明河北省内资企业更注重产品研发，另一方面也说明河北省电子信息制造业中的外资企业大都处于较低端的层次。

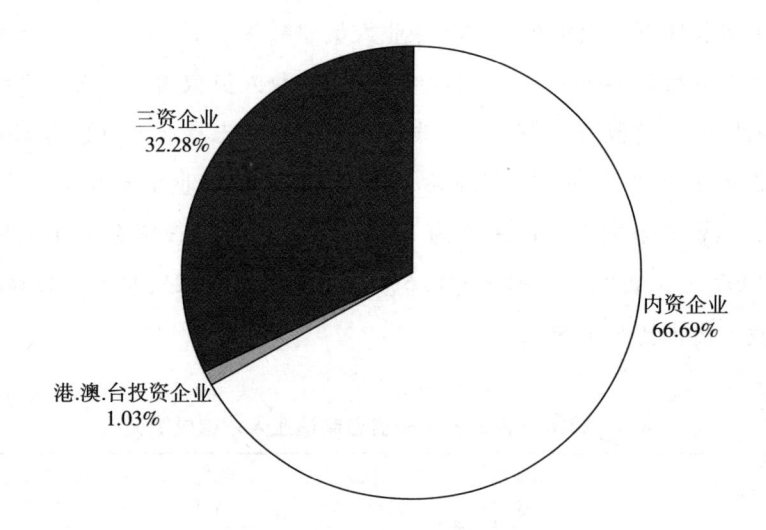

图2 2016年河北省电子信息制造业不同性质企业中就业人员比例

- 三资企业 32.28%
- 内资企业 66.69%
- 港、澳、台投资企业 1.03%

资料来源：《中国信息产业年鉴2017》。

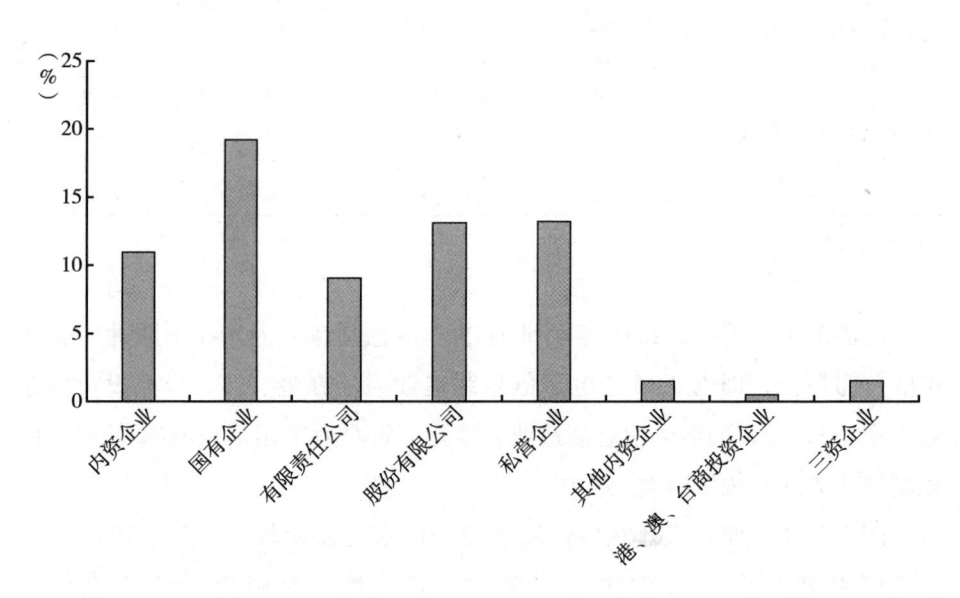

图3 2016年河北省电子信息制造业研发人员在各性质企业中的占比

资料来源：《中国信息产业年鉴2017》。

（2）电子信息软件业人才构成情况

软件产业是电子信息产业的两大构成领域之一，该产业人员以软件开发人才为主，一般情况下研发人才比例较高。

河北省2016年各性质企业中软件产业人员构成如表3所示。河北省软件产业2016年末从业人员总数为40627人，参与统计的企业共301家，其中管理人员2992名，占从业人员总数的7.4%；软件开发研究人员9713名，占从业人员总数的23.9%。从业人员在不同性质的企业的分布情况如下：90.6%的从业人员在内资企业就职，8.9%的从业人员就职于三资企业，仅0.5%的从业人员在港、澳、台商投资企业工作。与港、澳、台商投资企业和三资企业相比，内资企业中的管理人员和研发人员比例都较低，但是相差并不大，说明不同性质企业间的高层次人才比例较为接近。

表3 河北省2016年软件产业人员构成情况统计

企业类别	企业数（家）	年末从业人员总数（人）	管理人员（人）	在总人数中所占比例（%）	软件开发研究人员（人）	在总人数中所占比例（%）
内资企业	297	33947	2388	7.0	8067	23.8
国有企业	9	2480	76	3.1	316	12.7
集体企业	1	555	15	2.7	540	97.3
股份合作企业	1	121	18	14.9	103	85.1
联营企业	1	163	17	10.4	33	20.2
有限责任公司	130	18113	871	4.8	3053	16.9
股份有限公司	38	4533	549	12.1	1486	32.8
私营企业	114	7874	837	10.6	2513	31.9
其他内资企业	3	108	5	4.6	23	21.3
港、澳、台商投资企业	1	178	16	9.0	11	6.2
三资企业	2	3340	302	9.0	823	24.6
共计	301	40627	2992	7.4	9713	23.9

资料来源：《中国信息产业年鉴2017》。

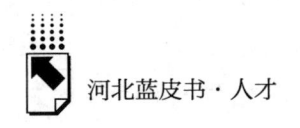

二 河北省电子信息产业人才队伍建设中存在的问题

创新是河北省电子信息产业的发展原则之一。创新活动的直接主体是人才,河北省电子信息产业要在技术、产品、服务和模式方面有所创新,必须建立强大的人才队伍,否则创新活动就像无源之水、无本之木,无从谈起。针对电子信息产业人才队伍建设中存在的问题,本文对五家电子信息产业企业(其中规模以上国企1家,规模以上私企2家,中小企业2家)进行深入调研,共发放调查问卷250份,回收有效问卷237份。河北省电子信息产业及人才现状和调研资料表明,高端和复合型人才缺乏、人才流失严重、企业管理人性化不足等是河北省电子信息产业人才队伍建设中亟须解决的问题。

(一)高端、复合型人才缺乏

电子信息产业高端人才,尤其是研发人才支撑薄弱严重制约河北省电子信息制造业的健康发展,导致省内企业缺少研发高科技产品的研究力量,很难提高企业技术水平,因此只能从事低端的产品生产,这既不利于电子信息产业的顺利转型升级,也无法为建设制造强省提供有力支撑。

一是研发人才占比较低。河北省电子信息制造业研发人员只占从业人员总数的8.05%,软件产业研发人员只占从业人员总数的23.9%。研发人才占比较低是技术创新能力差及核心技术缺乏的直接原因,因此导致关键技术依赖进口,系统配套服务功能较差,产品始终处于产业链的低端,缺乏技术优势带来的竞争力。同时,国际化研发人才的缺乏导致河北省电子信息产业无法有效与国际接轨,不能及时吸收国外先进的技术经验,凭借自有技术占据国际领先地位更是无从谈起。

二是高级技术人才队伍基础薄弱。河北省电子信息产业高级技术人才队伍基础薄弱,特别是集成电路设计师和高级设计师较为短缺,而且现有高级技术人才年龄较大，普通技术工人由于缺乏有效激励，无心积极深入学习技术，导致高级技术人才后备力量不足，现有高级技术人才退休后后继乏人的问题将会进一步凸显。

三是管理人才严重缺乏。管理人才是典型的复合型人才，即要懂相关技术，又要懂企业管理、市场营销等知识，合格的电子信息产业管理人才要具有将多学科知识结合起来解决实际问题的能力。管理人才的严重缺乏难以适应信息产业飞速发展的需要，这是河北省发展信息产业面临的主要问题之一。

（二）企业管理存在较大问题

调查问卷表明，86.41%的电子信息产业人才对企业的管理表示不满意，其中排在前四名的因素如下。

一是加班时间长，工作强度大。86.50%的被调查者表示每周工作时间超过65个小时，每周加班时间超过25个小时。长时间加班对人才的身心健康必将造成一定的消极影响，也会很大程度上降低劳动效率。

二是绩效与收入并不完全挂钩，国企单位"大锅饭"现象明显。80.17%的被调查者对薪酬收入不满意，这种不满意多是指薪酬收入并不能代表自己的劳动绩效，员工对薪酬管理的公平性产生了怀疑。员工对企业薪酬收入不认同也表明了企业绩效管理出现了问题。

三是项目管理混乱。78.06%的被调查者表示本单位项目管理较为混乱。经过与被调查者的深入访谈，多名被调查者表示，由于缺乏项目管理的顶层规划，劳动成果的重复利用率不高，已完成的成果无法应用到新的项目中；项目管理缺乏计划性与科学的统筹安排，工作效率不高，这些问题严重打击了员工的劳动积极性，制约了生产效率的提高。项目管理混乱现象也表明了企业管理人才队伍存在较大问题。

四是工作内容简单重复，创造性较少。67.09%的被调查者认为对当前职位最不满意的原因在于工作内容简单重复，创造性较少。电子信息产业人才较大部分属于知识型人才，该类型人才一个典型的特点是不仅追求薪酬待遇，也追求自身价值的实现。工作内容简单重复，缺少创造性，影响了人才价值的有效实现，使人才缺乏对工作的认同感。

（三）人才流失较为严重

以易流动和在流动中实现人力资本增值为特点的电子信息产业人才具有充分的主观流动动机，天然的具有高流动性。调研结果表明，有63.2%的被调查者在该企业工作时间不超过5年，46%的被调查者表示不排除未来两年内离开本企业，具有离开意向的被调查者中有85.4%倾向于离开河北，主要流向为京、津地区。这些都说明河北省电子信息产业人才流动现象较为频繁，且在总体人才供给不足的情况下存在人才流失隐患，也表明虽然河北省属于东部沿海地区，但对信息产业人才的吸引力非常有限。

三 河北省电子信息产业人才发展对策

（一）完善顶层设计，提升河北的人才吸引力

一是加强城市舒适度建设。电子信息产业人才由于具有较高的综合素质和较完善的知识结构，是高文化资本群体，因此在市场经济条件下可以获得更高的收入回报，其就业城市选择会表现出与低文化资本群体不一样的取向，随着收入水平的提高，会由生存型就业向发展型就业和享受型就业转变，这就需要就业城市为其提供一系列与发展和享受相关的城市舒适物[6]。因此，从顶层进行设计，在音乐、艺术等人文环境，气候、湿度，以及绿化等各种城市生活的舒适物方面加强建设，可以有效提升对电子信息人才的吸引力。

二是加强高端人才平台、信息数据库建设。充分利用河北省"巨人计划"领军人才、河北省高端人才、河北省管优秀专家、河北省"三三三人才工程"等高层次专家评选平台，吸引电子信息产业高端、紧缺人才落户河北进行创业创新和教学科研等工作，并在此基础上建立完善的电子信息产

业人才数据库，为企业和人才搭建方便有效的信息沟通平台。

三是提供优惠的、有吸引力的落户和创业政策。制定有竞争力的落户政策，政策的受众不仅要包括优秀的电子信息产业人才，如硕博、"985"和"211"高校毕业生及海外留学人员等优秀研发人才和管理人才，而且不能忽略一般性的电子信息产业人才，如普通高校的相关专业毕业生、电子信息产业操作人才和销售人才等。他们虽然是电子信息产业人才中的一般人才，但也是基础性人才，是决定河北省电子信息产业能否平稳发展的关键性因素。缺乏基础性人才的支撑，高端人才的作用也很难发挥出来。

四是提供丰富的学习机会。由政府出面，一方面，以提供资金补助、政府牵头组织等方式充分发挥河北省电子信息产业厅培训教育中心等培训机构的作用，为现有的电子信息产业人才提供更多学习机会；另一方面鼓励高校大力发展电子信息相关方面的继续教育，以市场需求为导向，利用高校充足的教师资源和学科优势，针对用人单位需求量身打造培训课程，提供个性化的培训服务。

（二）抓住有利契机，充分发挥区位优势

有研究表明，对京津冀人才配置影响作用最大的是制度环境，因此，优化河北省的电子信息产业人才政策环境，积极推动三地政策互联机制的形成，借京津冀协同发展的契机，科学完善政策制度执行机制，不仅要在人才政策制定上下功夫，更要完善政策的执行机制，确保政策落到实处。依靠长期有效的体制机制，强化河北省对电子信息产业人才的吸引力，吸引电子信息人才、产业向河北流动。利用"1小时通勤圈"的优势，加强京津冀区域内电子信息产业人才的交流，鼓励高层次人才通过柔性流动，参与河北省电子信息产业项目开发、成果转化、知识创新、产业培育和管理咨询。支持通过任务外包、产业合作、学术交流等方式，充分利用京津及海外信息技术人才资源；发挥京津冀一体化的区位优势，鼓励京、津电子信息产业人才通过兼职咨询、讲学或项目合作、定期服务等方式向河北柔性流动。

利用设立雄安新区疏解北京非首都功能和承接人口转移的大好机遇，借

鉴国内外先进地区的电子信息产业发展经验，制定电子信息产业发展规划，建立电子信息产业人才需求目录，加大引才力度，充分利用雄安新区的区位优势、政策环境、高端项目吸引高层次电子信息产业人才。

（三）加强高校的电子信息人才培养，提供更充足的本土人才

一是加强顶层设计，合理布局。政府应加强顶层设计，建立层次分布完善的电子信息产业人才培养体系，做到合理布局，学历教育、职业教育并重，兼顾继续教育；既要重视培养电子信息产业研发和管理人才，也要注重电子信息产业技能人才的培养。鼓励大中专院校加强电子信息产业人才相关学科建设，根据市场需求调整电子信息产业相关专业招生规模，培养质量与数量并重，为河北省电子信息产业发展提供充足的本土人才。

二是创新教学模式，加强产学研平台建设，增加实践机会。创新教学模式，尤其要避免过分重视理论教学，忽视项目实践教学的现象。应鼓励教师创新教学模式，如采用理论与项目实践相结合的教学方法，培养学生解决实际问题的能力。加强产学研平台建设，更多采用校企、院校合作的人才培养方式，即能为企业培养员工，又能为学生提供宝贵的实践机会。

三是加大投入力度，加强电子信息产业教师队伍建设。从引进经费、职称评定、子女教育等多方面入手，加大投入力度，鼓励高校引进电子信息产业相关专业的优秀博士毕业生和教师；鼓励高校教师通过攻读在职硕士、博士，申请国内外知名高校博士后等方式进行深造，拓展科研视野，提升科研能力；增加学术访问的名额和资金支持，鼓励院校相关专业教师采用学术访问的方式，到国内外电子信息学科较强的高校进行学术交流和学习。

（四）优化企业管理制度，提高人才满意度

从企业层面来看，电子信息企业的规模和行业地位、福利待遇、人力资源水平等微观因素交织在一起，影响电子信息产业人才的流动。

1. 建立"以人为本，尊重人才"的管理理念

只有更新陈旧的人才管理观念，企业才能从根本上提升自身对电子信息产业人才的吸引力。电子信息产业人才作为以知识型人才为主的群体，具有年轻化、知识结构完善和综合素质较高，倾向于在流动中实现自身价值的特点，这就要求企业转变管理理念，建立"以人为本，尊重人才"的人才管理理念。加强项目管理水平，鼓励在新项目中利用已有的劳动成果，减少重复劳动现象，达到提高劳动效率，缩短工作时间的目的。此外，由于工作经常由团队合作完成，工作成果具有复杂性，企业管理者应建立更科学、公平的绩效管理制度，真正做到将绩效与薪酬收入匹配。

2. 优化福利体系，强化激励机制

优化电子信息产业人才的福利和保障体系，能够较大程度地激励人才，减少人才流失。如为电子信息人才缴纳社会保险、补充医疗保险、补充养老保险等，可以为电子信息人才免除后顾之忧；建立合理的、人性化的企业福利体系，如实行带薪休假、提供交通补贴或提供企业班车、错峰上下班等。由于电子信息产业人才，尤其是高端人才的工作成果往往具有复杂性，很难量化评估，因此对高端人才可采取项目 EVA 分成率等方法，以技术创新人才作为人力资本参与企业的经济利润分配，增强高端人才的工作积极性，强化物质激励的效果。

3. 深化人力资源培训，提供更多学习机会

电子信息方面的知识更替较其他产业更加迅速，因此，电子信息产业人才必须保持终身学习的习惯，才能适应该产业的飞速发展。这就要求河北省不但要重视加强学校的人才培养，更要引导和鼓励电子信息企业为员工制订长期的学习计划，尽量提供丰富的、有计划的培训机会，使员工的个人能力得到提升，人才发展空间得到拓展，达到吸引人才、防止人才流失的目的。

4. 改进技术人才培养方式，弥补高级技术人才缺口

没有长时间专注的学习、钻研和实践，不可能成为该领域的高级技术人才，电子信息产业中也是如此。而学校教育更多是通识教育，且偏重于理论学习，缺乏实践锻炼，因此，单靠学校教育很难培养出真正有实力的高级技

术人才。这就要求企业在技术人才培训管理中，建立有效的"传帮带"模式，如采用在德国、美国较为广泛应用的学徒制等培养方式，帮助技术人才较快地提升技术水平。此外，在薪酬管理方面，也应适当提高高级技术人才的福利待遇，以鼓励年轻技术人才深入钻研，提高技术人才的学习动力。

（五）多措并举，减少人才流失

从宏观方面看，河北省的电子信息产业水平、社会保障水平、电子信息产业人才市场发展水平、电子信息产业人才政策等宏观因素影响电子信息产业人才的流动。

提高电子信息产业人才政策的引导性，解决对人才流动限制过多、渠道不畅问题。打破区域间人才流动的部门界限、身份界限和地域界限，要尊重规律、因势利导、把握主动，在流动中用好人才。人才队伍建设过程中，要强调企业的主体地位，给予企业最大的自主权。具体来说，一是建立专业化的电子信息产业人才服务平台，专门收集人才的供求信息，一方面降低人才供需双方的成本，保障人才向市场配置失灵而社会需要的地方转移，另一方面帮助政策制定者收集电子信息产业人才信息，从而更加准确、全面地掌握全省电子信息产业人才情况，为制定人才政策提供参考；二是统筹兼顾，综合协调，妥善处理好引进的电子信息产业人才与现有人才的关系；三是人才引进、管理并重，不但要在人才引进上下功夫，更要注重人才引入后的管理工作，留住电子信息产业人才，同时更好地使用人才。

研究表明，未来人才引力向多元化的趋势转变，经济因素对人才的吸引效应在递减。电子信息人才具有强烈的自我实现需求，经济因素的吸引效应递减趋势对电子信息人才来说更为突出。因此，河北省在制定电子信息产业人才政策时，不但要考虑经济因素对人才的吸引力，还应该在提升城市硬件设施和软环境上下功夫，如优质的城市生态环境、高质便利的医疗教育资源、地区开放多元的文化环境等，这些都可以增强区域对电子信息人才的吸引力。

参考文献

王健、贾清水、肖博爱：《新型工业化背景下电子信息产业人才需求与培养模式思考》，《工业和信息化教育》2018年第8期。

李燕：《IT产业中的战略人力资源管理研究》，硕士学位论文，北京邮电大学，2007。

管尹华：《我国信息产业人才流动与激励体系研究》，硕士学位论文，南京航空航天大学，2006。

董云庭、葛程远、陈晓虹：《信息产业的发展趋势和人才特征》，《电子科技大学学报》（社科版）1999年第1期。

陈胜、马凌：《高素质人才的城市舒适物偏好及其就业城市选择——以信息产业中的科技人才为例》，《人文杂志》2014年第9期。

理查德·佛罗里达：《创意阶层的崛起》，司徒爱勤译，中信出版社，2010。

董云庭、葛程远、陈晓虹：《信息产业的发展趋势和人才特征》，《电子科技大学学报》（社科版）1999年第1期。

蒋春燕、赵曙明：《知识型员工流动的特点、原因与对策》，《中国软科学》2001年第2期。

B.5
河北省现代物流产业人才支撑状况分析与人才发展对策研究

鲍志伦*

摘　要： 近年来，河北科技取得了突破性进展，在城市竞争力中，现代物流竞争力作为"第三利润源"的作用愈加明显，已成为提升区域经济的新引擎。物流产业持续带动区域经济发展离不开物流人才的支持。本课题以河北省现代物流产业为研究主体，剖析现代物流产业及人才现状，针对当下现代物流产业人才方面存在的问题，从培养体系、培养目标、师资水平、相关教材建设水平、职业培训、智慧物流等八个方面提出增强物流产业人才支撑力的对策建议。

关键词： 河北省　现代物流产业　人才支撑　智慧物流

近年来，河北省现代物流产业迎来发展小高峰，规模体量大幅度扩大，一跃成为全国物流产业中的领军省份。京津冀协同发展为河北省现代物流产业发展提供了必要的条件，物流产业呈现一片繁荣的景象，且发展势头迅猛。从另一个角度来看，产业发展需要人才来推动，发展水平越高，对人才质量的要求也越高。而现阶段河北省的物流人才资源远不能满足产业发展的需求，严重阻碍物流产业向发展快车道迈进。因此，加快培养造就一支能够

---

* 鲍志伦，河北省社会科学院人力资源研究所助理研究员，研究方向为人力资源管理和人才学。

引领、带动和支撑物流产业发展的强大人才队伍，将有助于河北省创新发展、绿色发展、高质量发展。

一 我国和河北省现代物流产业的发展现状

（一）我国现代物流产业发展现状

现代物流产业是利用先进的信息技术和物流设备，整合传统的运输、仓储、搬运、包装、配送加工、信息处理等物流环节，集物流信息化和高效运营于一体的先进组织，其发展水平是衡量一个国家和地区综合竞争力的重要指标。现代物流产业是以现代化管理手段来进行物流产业的运作，因其对经济发展的实际作用引起了学术界与企业的高度关注，成为"第三利润源"，被视为区域经济发展的新引擎，学者们纷纷从各个角度对其加以研究，各大企业也将其提上管理日程。

现代物流产业的性质是服务业，我国政府对该产业持支持、鼓励的态度。物流产业的发展是影响经济增长的主要因素之一。但是与发达国家的物流发展水平进行比较，中国的物流业仍处于从发展期到成熟期的转型阶段。一方面，物流企业资产重组和资源整合的过程进一步提速，形成形式多样化、服务网络化、管理现代化的物流企业；物流市场结构得到改善，"互联网+"引领物流产业发展新浪潮。另一方面，物流总成本不断降低，物流业所带来的经济效益则累年递增，质量与效率也有了很大的改善。不过，相比发达国家，我国的物流总成本占比依然较高，比美国、日本等发达国家高出5~6个百分点，因此，我国物流业的发展还存在很大空间。2015年，中国物联网市场规模在7500亿元左右。随着信息化深度进一步提升，我国社会物流总量实现了跳跃式发展，2010~2017年累计增加了127.4万亿元，物流产业真正实现了互联互通，几乎全国各地都能抵达。

（二）河北省现代物流产业发展现状

河北省具有环抱北京和天津的地理优势，随着京津冀协同发展战略的实施,河北省将物流产业发展提到了战略的高度,遵从生产物流与生活物流有机统一的理论,结合沿海驱动与腹地扩张,强化基础与推广服务的衔接融合、项目建设与政策优化的衔接融合,从中国联通与京津冀一体化的角度,构建了具有较强竞争力的现代物流服务体系,使河北省物流产业迅速发展。

目前,河北省物流业正处在如火如荼的发展阶段,向成熟化方向过渡。一是物流信息化建设加快,河北省积极实施"互联网+物流"行动计划,"物流河北"已经搭建完成并开始试运行。二是农村有很大的客户潜力,需求量日益提升,电子商务物流的发展空间较大。三是快递物流增长显著。2016年快递业务高达94亿,跻身全国前10位,增长率排名第3位。四是港口物流增长明显。港口吞吐量和港口集装箱吞吐量都有所提升,尤其是港口集装箱吞吐量创造了历史新高,达到348万标准箱。五是金融信贷增加支撑,2016年末比年初增加287.8亿元。六是物流标准化取得新进展,建立标准化托盘回收分享系统,物流设备设施升级。河北省物流标准化联盟已运作起来,使成本得到了压缩,效率大幅增加。七是物流人才结构得以优化完善,精英型人才团队正在组建中。引进两位物流信息化高层次人才,选出省级"百人计划"。八是物流品牌建设取得新成绩,冀中能源国际物流集团有限公司等19家物流企业被评为"2016年度全国先进物流企业"。

2016年,河北省社会物流总量大幅提升,涨幅是6.5个百分点,达到897.86亿元;相应的工业品物流总量、社会货物总量都有所增长,不过前者相对增长较低,后者相对较高,两者分别是3.6%和6.3%;物流业所获得的收入也有所增加。相对应物流业的总成本也随之呈上升趋势,涨幅是3.5个百分点,累计达到5742.2亿元。其中,物流业的质量与效益也得到一定程度的改善,相较上一年增长0.8%。

河北省物流业和国家物流业的发展经历基本相同,在发展过程中,也存在比较多的问题,主要体现在条块分割体系的制约和物流业的低度集中,以及物流人才紧缺、服务过于粗犷、物流技术不过关、物流效率不高等方面。

二 河北省现代物流产业人才支撑现状分析

物流人才是物流产业发展的关键因素，因而物流产业对物流人才的文化水平有一定的要求。"物流人才"是一种比较宽泛的概念。从人才层面来看，它可以分为三个层次：战略层面、管理层面和运营层面。从人才功能结构来看，它可以分为四类：规划、营销、管理和运营。就专业结构层面分析，主要包括医药物流人才、食品物流人才、保险物流人才等。

河北省物流业约有200万名员工。根据2015年河北省高等教育入学计划，共有835名学生就读于16所本科院校，44所专科院校招收了约2865名学生。据此计算，近年来，河北省物流管理专业每年毕业的本科生约800人，专科生约2500人。本科入学人数最多的是河北经贸大学经济管理学院，每年招生100人，专科招生最多的是秦皇岛职业技术学院，每年招生160人。

从人才需求看，当前河北省以下几类物流业专业人才需求空缺，素质和能力问题较大。

一是高级物流管理人才短缺，质量低，能力差。现阶段，河北省高级物流管理人才少之又少，现有人才数量不利于河北省经济社会的良性发展。招聘网站的信息显示，冷链物流的仓储经理月薪超万元，但还是无法找到合适的人才。目前高级物流管理人才的技术与业务水平仍有待进一步提升，不少高级物流管理人员只了解本国的相关信息，但对世界性的相关物流贸易信息知识了解的并不多，诸如财务成本、外语及法律等方面。在这种情况下，我国物流产业很难走出国门，登上世界的舞台。培养物流综合型人才是物流产业发展的当务之急。

二是物流信息人才短缺。由于物流信息人才短缺，河北省物流企业无法建立本企业的网站和整合自己的招聘信息。根据河北省的招聘信息，不少大型的物流企业并没有专属的网站，在网上根本找不到企业的相关信息。另外，从几家物流公司随机选择的情况来看，没有建立公司自己的网站是一种普遍现象，这将导致企业内外的信息无法对接。信息化、智能化在物流产业的广泛应用，要求物流企业建立符合本企业发展的网站并定期在网站上进行信息更新，与此同时，要不断升级更新网站系统，真正使物流业向信息化、智能化管理方向迈进。而信息化管理方式势必需要相关人才的参与。对河北省物流公司的调研发现，企业信息化建设不容乐观：百度搜索，主页基本都不突出，有的甚至找不到企业网站，即使能找到物流公司的主页，网页的设计也很简单，几乎没有占有和利用互联网信息的优势。

第三，智慧物流人才供应严重不足。智慧物流的架构和运行依赖三个基本要素：信息技术、智能设备和智慧管理系统。智慧物流人才应适应和胜任智慧物流的运行和管理要求，面对服务智能制造的智慧物流岗位，能够从事物流规划，熟悉生产过程，熟练运用物流管理系统，熟练操作物流智能设备，擅长物流数据采集分析，并且能够提供智慧物流装备正常运行的保障性服务，如设备的应用调试、故障排查、定期维护、零备件供应、网络监控运营等；对物流运营管理的支持性服务，如设备运行状况和质量分析、物流各环节运行情况和绩效分析；对技术改进和系统升级的拓展性服务，如定期提供物流系统运行报告和优化改进、调整升级的意见和建议。

总体来看，河北省物流人才供需处于不平衡状态，人才机制尚未完全成型。特别是缺乏物流管理理论和实践经验的人才，缺乏从事综合物流业务规划和运营的人才。在专业技术、物流管理模式、网络技术、通信、现代化物流信息数据处理等方面都精通的人才更是少之又少。

河北省不仅难以吸引国内外人才，而且本地物流人才流向北京、天津的现象较为严重，导致高端物流人才严重供不应求。一方面，河北省许多企业，特别是当地的中小企业，物流观念落后，对物流产业理解片面，物流管理简单而宽泛，对物流人才缺乏关注，导致人才流失；另一方面，河北省学校与企业之间的深度合作氛围不够浓厚，大学物流人才培养的适用性较差。

三 河北省现代物流产业人才发展中存在的问题

（一）物流教育体系不完善，教育层次结构不合理

河北省许多学校在开设现代物流专业时都很盲目，以自己的经济利益为唯一目标，不具备对现代物流全面系统化的认知，仅把传统物流专业改为现代物流专业，缺乏大量物流专业人才的支撑和理论根基，使大学阶段的物流专业教育水平参差不齐。本科物流专业的教育情况喜忧参半，高校物流专业教育发展时间相对较短，各方面资源的有效调整还不够。一些高校开设物流专业的目的往往是提高入学率，对物流专业人才建设方面的重视不够。虽然河北省物流专业教育已形成一定规模，人才培养体系已初步建成，但仍缺乏合理性和科学性，尚未形成一个成熟的人才层次。毫无疑问，河北省的物流人才和物流市场发展无法维持在平衡状态。

（二）培养物流人才的目标不明确，与社会需求脱节

对河北省来说，市场需求及物流业发展需要是人才培养的基本导向。在物流教育方面，虽然河北省在逐步实行改革，但依然没有找到恰当的教学模式，所设计的教学规划有待进一步加以改进，对物流教育的定位较为模糊，培训的知识无法与时代和市场发展相匹配。物流是一个发展很快的行业，由于缺乏对学生，特别是本科生的前瞻性教育和培训，一些学生在经过四年的学习后，其能力和知识水平很难满足社会的需求。

（三）教学方法单一，教学课程缺乏实践环节

河北省高校的教学方式和方法更新缓慢。物流专业更倾向于应用，但调查发现，教学中的课程多以理论为主，学生即使学得再好，在处理现实问题时依然一头雾水，所学到的知识不能应用于物流领域。另外，因学校封闭式

教学，不了解企业真正的人才需求，学生所学知识在企业中并没有太大用武之地。学生毕业后进入企业仍需要大量的时间融入企业的实际操作，企业对人才的强烈需求难以满足。

（四）师资力量薄弱

河北省物流业发展缓慢，物流行业长期不开放，专业物流教师人数较少。物流专业是一个高度复杂的专业，涵盖了大量的科目，但从事物流教学的教师，大多数是从计算机、管理或与物流相关的其他专业转为物流专业教师。物流理论知识掌握的并不多，要继续学习与积累相关知识。而且物流专业属于新兴科目，目前这方面的师资力量也比较匮乏，而能将物流人才理论和实践无缝衔接的老师更是少之又少。可以看出，缺乏与物流业相关的系统知识和实践经验，缺乏教师自身的物流运作和物流管理技能，很难培养出物流业的顶尖人才。河北省在物流教育方面由于师资力量的局限，很多时候只能实现单一的技能训练，在智能化数据化的时代并不能满足社会需求，在大数据时代下物流的实时评估能力正在逐步提高，为满足整个物流供应链的发展，信息技术和数据分析整合是这些协调工作的关键和命脉。所以这对新时代物流人才也提出了高要求，尤其是培养应用型、综合型物流人才更是迫在眉睫。

（五）教材难以满足教学需要

在教材的选择上因学校而异，主要表现在教材的质量方面。目前，河北省各高校使用的物流专业教材往往不够系统，存在严重的内容重复和冲突问题，教科书的规范性也很差。同时，在教材的借鉴引进中，外国原版教材的引进和翻译不能满足大学教学的需要，不但给教学带来了困难，而且也不利于学生的自主学习。

（六）职业培训有待规范

目前，河北省物流人才培训市场缺乏统一规范。建议有关部门设计物流专业人员的标准，制定物流管理人员的相关规范与要求，引进相应的国际物流实践资格考试（ILT）等。各地制定的"物流师专业标准"不统一。介绍如何处理专业证书的考试就是找几个老师，租赁几间教室，进行一下培训，简单应付职业考试，导致培训市场缺乏监管和规范。

（七）物流人才发展环境有待完善

1. 对物流业的认识片面狭隘

对物流业的认知教育，仍然处于产品出厂后包装、运输、装卸、仓储等状态，导致许多人对物流的理解倾向于"人力"和"苦力"，这并不难解释为什么许多大学物流专业一般都是男性。这种狭隘的认识不仅影响了物流教育的深入推进，也影响了物流人员的教育和学习。

2. 物流人才待遇差

物流人才的培养面临着挑战。第一，随着物流业向信息化方向迈进，其对人才需求也随之提升，因人才薪酬福利等方面没有达到预期，不少人会选择跳槽。不少国内的人才走出国门，加入了待遇更好、发展空间更大的外国企业。第二，河北省内的薪酬待遇有限，人才流失率较高，往往流向了京津等大城市。物流人才十分匮乏，而精英的流失毫无疑问使物流公司雪上加霜。第三，人才培养的周边环境急需改善，市场成熟度不够高，员工的利益受到法律制度和社会保障制度欠缺的威胁。

3. 相关政策不完善

与沿海发达省份和京上广深等一线城市相比，河北的物流人才政策引进力度不够大，各部门政策连贯性较差，导致有些人才引进政策难以落地。同时本土人才的工资待遇不是很高，有的企业没有给人才交纳医疗保险等"五险一金"，使人才在工资待遇方面与京津等地相比产生心理落差，这就造成河北省外部人才引不来，内部人才被京津等发达地区"虹吸"的现象。

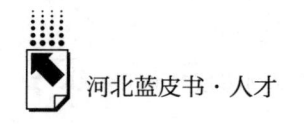

四 加强现代物流产业人才发展的对策

(一)建立多层级学校培养体系

教育是人才培养的基础。第一,在本科院校、高职院校和技工学校建立不同培养目标的物流教学体系,培养满足不同岗位需求的物流人才。第二,进一步调整高校物流专业管理机制,突出物流教育指导部门的实用价值,根据市场发展与企业人才诉求来设计高效培养人才计划,对应安排可以用在实践中的课程。第三,要注重实践教学环节。让学生真正学到可以用在现实中的知识。第四,学校与企业、科研单位以及物流协会要进行紧密合作,掌握第一手信息,从而使物流管理能力再上一个新台阶。第五,加强高校物流教育联盟,培育河北省物流人才。北京和天津的物流业发达,河北省设置物流专业的高校应与京津大学建立人才合作培养机制,充分开发利用京津物流专业人才,给物流企业提供强有力的人才支撑。

(二)明确各级人才培养目标

在市场经济与物流产业齐头并进的大趋势下,工商企业、政府机关及各研究单位都需要物流人才的参与,想要使众多行业都有符合岗位的人才,相关院校就要根据不同企业的需求来设置不同的专业,对专业进行定位,从而培养不同发展方向的物流人才。在建立多元化的培训目标的时候,需要科学合理地预测社会需求,根据社会需求及时调整培训目标,要使培训目标具有前瞻性。

首先,人才的不同层次需求是物流人才培养的导向,要以服务于当地经济发展为目标。随着河北省物流业的发展和供应链理论的广泛应用,很多成规模的公司将采购部门与原来的供销部门分开,将采购组织独立出来。因此,物流专业教育应根据经济建设的需要和采购供给理论的要求,结合应用型人才的培养目标,不断增加新知识,适应河北省经济发展的需要,将传统的理论知识与现代经济社会发展的实际相结合，注重理论教学内容和人才培养需求实践，及时改革教学内容，将职业道德和专业素质纳入课程标准，创新发展教学内容和理论，引导和扩大人才市场需求。根据市场变化与企业人才诉求来调整教学目标，不可一套教学模版一直用下去。

其次，人才培养要紧跟市场形势，主要以应用为主。教学定位直接关系人才最终的发展方向。实践环节是物流教育最基本的部分，要根据实际场景、工作流程和项目开发各种教学方法。通过课堂教学、网络教学、任务驱动、现场教学、小组教学、案例分析等模式的开展，使学生学习了解物流管理的基础知识，了解物流发展和前沿问题，培养学生的实践能力，整合专业知识和能力发展，强调专业性和实用性。可以将学生带到公司和企业，直接参与一线物流实践，使学生掌握实际活动中物流管理全过程所需的理论知识。

（三）提高物流专业师资水平

要充分发挥物流专业教师中学术带头人的作用，不断加强校企合作交流，不断增强教师的实践教学经验，实行"走出去，请进来"的办法，全面提升师资力量，打造一支专业化的精英型教师队伍。这里的"走出去"就是支持学校的骨干老师去其他教学经验丰富的学校进修，让他们接受新的教学理念。与此同时，可以让老师去港口、物流企业以及相关企业去工作，通过亲身体验有助于更好的改进教学方法，教学也能更加贴合实际。所谓"请进来"，就是所有开设物流专业的学校都应该雇用公司的一线业务和管理经验丰富的员工作为兼职教师，给学生们现身说法，讲述具体工作情况。

（四）提高物流专业相关教材建设水平

物流专业的课本，所设计的教学内容要落地，不能只是一些假大空的理论。在编写过程中相关人员要和物流公司的高级职员进行沟通，编制出较为科学合理的教学内容。对于高质量的国外物流教学书籍，应组织学校物流领域的专家教授加快引进和翻译。

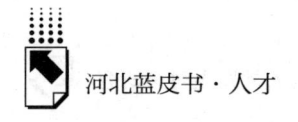

（五）注重发展职业培训

1. 发挥物流协会的作用

物流协会是连接大学、研究机构及企业的媒介，借助协会可以搭载供需平台，一方面有助于人才的定向培养，另一方面可以与社会发展需求相吻合。物流协会应积极开展物流研讨会，开拓学生的视野，使学生技能与知识储备有所提升，为物流专业学生的就业打好基础。物流协会要设计相应的物流从业人员资格标准，提升认证制度的价值。

2. 建立健全人才培养机制

进一步扩大与国内外研究机构的合作，建立健全人才培养机制。支持河北省内科研机构与京津共建物流产学研基地，推动物流企业与科研单位开展多种形式的合作，建立多层次、多元化的人才培养体系。提高在职培训的针对性和实用性，培养高级管理人员和高级工程技术人员，要注重学习新想法、新知识和新商业模式。完善物流专业资格证书认证体系，提高证书的价值，逐步推行物流人员持证上岗制度。

（六）大力培养智慧物流人才

依据产业规划，启动智慧物流人才培养专项计划，鼓励有条件的职业院校调整或增设智慧物流人才培养专业或方向，主动担负起人才培养重任，政府部门应给予一定政策和经费支持。基于公司对人才的岗位诉求，进一步改进智能化物流人才培养机制，学校和企业强强联合，使智能制造企业的人才需求成为物流人才培养的方向。在物流设计、研发和创新方面开展全方位、深入的合作。整合行业资源，建立智慧物流人才培养联盟，率先在机械、电子、汽车等重点领域整合行业企业资源，重点企业与高职院校共同成立人才培养联盟。使学校成为企业人才的输送基地，而企业为学校教育提供实习场所，解决学校学生的就业问题，实现校企双赢。加强校企对接，把有一定实践经验的企业员工送到高校回炉学习和培训，系统掌握智能生产物流、智慧物流的理论知识、技术原理和创新思维，开辟培养智能物流人才的新途径。

（七）物流人才培养应与世界接轨，实现物流的国际化和实用化

随着国际经济一体化的到来，物流产业势必也要面向国际，这就要求物流人才培养要与世界物流的发展诉求相契合。河北省物流教育要借鉴国内外成功的物流教学经验，设计符合河北省省情的物流教育课程，同时要结合培养方向改进专业结构。物流教育要和世界物流的发展需求相统一，具有一定的前瞻性，真正可以应用在现实中。目前，世界级物流公司及大型物流公司已遍布全球，物流业的快速发展，要求物流教育与其相适应，对高校而言，所培养的物流管理人才的技能应该具有全面性，这样才有利于物流产业的发展。

（八）加大人才引进力度，优化人才成长环境

河北省应重点引进具有高级技术职称或博士学位的高水平物流人才，加快实施人才引进政策，加大政策支持力度。引进的人才可享受一次性住房补贴、安家费等待遇，允许其以智力资本入股或参与分红，从根本上解决物流人才的住房问题、配偶的就业以及子女的教育问题。要尽快培养一批现代商贸物流领军人才，引进一批现代商贸物流高端人才和紧缺骨干人才，为河北省招揽大批优秀人才。要积极引进国外优秀物流人才。物流产业在发达国家的发展时间较长，物流人才的培养模式已经较为成熟。首先，要吸引国外优秀的企业物流人才，他们在物流理念、物流技术和物流运作模式方面处于领先地位。其次将国外的物流教育优秀人才吸引到省内，不仅有助于河北省物流教育水平的提高，同时有利于物流教育向国际标准化方向发展。

参考文献

张洁、赵静：《大数据时代物流专业人才发展调查》，《中国市场》2017年第11期。
马春光：《国内外物流人才培养模式比较研究》，《沈阳工程学院学报》（社会科学

版）2013 年第 7 期。

孟艳玲、牛阮霞：《企业物流人才需求分析及人才培养策略》，《物流技术》2015 年第 4 期。

严若红：《我国物流人才需求现状及培养对策》，《中国商论》2018 年第 2 期。

刘芳：《我国现代物流人才培养现状及未来发展模式研究》，《黑龙江对外贸易》2009 年第 3 期。

陈长瑶、李君：《我国现代物流人力资源开发研究综述》，《资源开发与市场》2010 年第 7 期。

朱美虹：《物流教育如何接轨当前企业物流人才需求》，《浙江水利水电专科学校学报》2010 年第 3 期。

李华：《现代物流人才的创新培养模式探讨》，《物流技术》2007 年第 3 期。

黎冰、武钧：《以市场需求为导向的应用型物流人才培养模式的探讨》，《物流技术》2010 年第 10 期。

王建梅、吴晓坤：《河北省物流人才需求与培养模式研究》，《产业与科技论坛》2015 年第 11 期。

何黎明、中国物流与采购联合会：《中国物流年鉴 2017》（下册），中国财富出版社，2017。

河北省现代物流业发展领导小组办公室：《河北省物流业发展报告（2016—2017）》，中国财富出版社，2017。

B.6
河北省产业发展的高技能人才支撑问题研究

王艳霞*

摘　要： 河北省正处于传统产业转型升级、战略性新兴产业和现代服务业加快发展的关键时期，产业发展对高技能人才提出了新的要求。本文从河北省产业发展的高技能人才支撑现状分析入手，针对高技能人才数量结构、培养能力、发展环境、人才流失等方面存在的问题，从加强职业院校基础能力建设，提高高技能人才培养质量，发挥企业培训主体作用，促进高技能人才全面提升岗位技能，强化评价使用工作，畅通高技能人才发展通道，加大评选激励力度，凝聚高技能领军人才等方面，提出了提升高技能人才支撑力的对策建议。

关键词： 河北省　产业发展　高技能人才

高技能人才是推动技术创新和实现科技成果转化的骨干力量，是企业核心竞争力的重要体现。河北省正处于传统产业转型升级、战略性新兴产业和现代服务业加快发展的关键时期，高技能人才对经济社会发展产生的重要影响将愈加凸显。党的十九大报告提出"建设知识型、技能型、创新型劳动者大军，弘扬劳模精神和工匠精神"，对高技能人才队伍建设提出了新的要

---

* 王艳霞，河北省社会科学院人力资源研究所研究员，研究方向为区域人才开发。

求。当前河北省的高技能人才队伍与产业发展的需要还有较大差距，人才支撑力不足仍是产业转型升级和高质量发展的突出问题，因此，努力建设一支与河北省产业发展相适应的强大高技能人才队伍，是加快创新发展、绿色发展、高质量发展的一项重要任务。

一 河北省产业发展对高技能人才队伍建设提出了新要求

河北省近年来不断加大产业结构调整和转型升级力度，产业发展呈现新的趋势。一是产业转型升级取得新进展，服务业、装备制造业的主支撑作用更加明显。2018上半年，服务业增加值增速为两位数，占全省生产总值的比重达到45.1%，对经济增长的贡献率达70.2%，远远高于第二产业，经济增长的主动力作用进一步增强。特别是现代服务业发展较快，高端研发、大数据云计算、数字经济、文化体育、健康养老等快速发展。工业转型升级成效明显，装备制造业对工业生产增长的贡献率超过80%，是支撑工业增长的首要力量。装备制造业中的高附加值行业较快增长，六大高耗能行业低位运行。二是新动能加快成长，新产业、新产品、新业态蓬勃发展。从新产业看，战略性新兴产业增加值增速高于规模以上工业6.2个百分点，其中风力发电、太阳能发电、飞机制造和集成电路增速都达到10%以上。高新技术产业增加值增速高于规模以上工业6.1个百分点，其中航空航天领域、环保领域增长都在35%以上，生物领域、高端技术装备制造领域增长都在10%以上。从新产品看，高端产品、高附加值、高科技含量的产品增长较快，工业机器人、SUV、民用无人机、光缆等新产品产量增速都在35%以上，发展前景令人期待。从新业态看，网上零售、快递业务、电子商务等新业态、新模式不断涌现，已经成为消费增长的新动力。2018年上半年，全省快递业务量和快递收入分别增长49.4%和50.1%，增速比全国高21.9个和24.3个百分点，分别居全国第3位和第1位。三是战略性新兴产业成为未来产业发展的重点。2018年出台的《河北省战略性新兴产业三年行动计划（2018—2020年）》提出，到2020年，信息技术制造业、新材料、先进环保等10个重点领域主营业务收入超1.7万亿元，带动全省战略性新兴产业增加值达到5000亿元，占GDP比重达到12%以上，成为国民经济的重要支柱产业。在战略性新兴产业中确定了10个重点发展领域作为主攻方向，分别是大数据与物联网、信息技术制造业、生物医药健康、新能源与智能电网装备、新能源汽车与智能网联汽车、高端装备制造、人工智能与智能装备、新材料、先进环保和未来产业等。

大力发展战略性新兴产业和现代服务业，改造提升传统产业，急需一大批掌握精湛技能和高超技艺的高技能人才作为支撑。特别是随着信息化、自动化、智能化技术的发展，知识型、技能型、创新型高技能人才将成为高技能人才队伍的需求主体。因此，紧紧围绕河北省产业结构调整和转型升级，努力建设一支能够引领、带动和支撑传统产业改造提升的以及新产业、新产品、新业态的高技能人才队伍，是河北省产业高质量发展的必然要求。

二 河北省产业发展的高技能人才支撑现状分析

（一）高技能人才队伍总量稳步增长

截至2017年底，全省技能人才总量达584万人，其中初级工218万人，中级工205.3万人，高级工120.3万人，技师34.2万人，高级技师6.2万人。高技能人才占技能人才总量的27.5%。与2013年相比，全省技能人才增加了154万人，其中高技能人才增加了45.7万人，高技能人才占技能人才的比例提高了0.8个百分点。近年来，政府部门持续推进实施"新技师培养带动计划"、"燕赵金蓝领培训计划"和"百万燕赵工匠培养支持计划"，为河北省培养了大批高端技能人才，技师、高级技师数量明显增加，与2013年相比，技师、高级技师数量增加了11.4万人。（见表1）

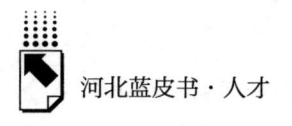

表1　2013年和2017年河北省技能人才数量情况

单位：万人，%

年份	合计	初级工	中级工	高级工	技师	高级技师	高技能人才占技能人才的比例
2013	430	174	141	86	24.7	4.3	26.7
2017	584	218	205.3	120.3	34.2	6.2	27.5

资料来源：河北省人力资源和社会保障厅。

（二）后备高技能人才培养体系初步形成

一是政府规划推动和引导高技能人才培养。2007年在全省实施"新技师培养带动计划"，到2010年培养新技师4.9万人；2008年启动"燕赵金蓝领培训计划"，每年为企业培训紧缺工种的技师、高级技师5000人，政府给予培训补贴。2017年实施"百万燕赵工匠培养支持计划"，面向企业一线在职技能人才开展高端培训，计划2017～2020年培养中高级技能人才100万人。二是发挥企业主体作用，促进职工岗位成才。大型企业创办技工学校或培训基地开展职工培训；开展名师带徒、技师研修、技术攻关、技术比武等活动；与国（境）外机构开展项目合作，选派优秀技术工人出国深造。通过以上形式，提高职工技能水平。三是发挥院校基础作用，校企合作培养高技能人才。依托技师学院、高级技工学校和职业技术学院，围绕主导产业和企业急需，组织开展校企合作，加快高技能人才培养。截至2016年底，河北省共有175所技工学校，每年培养培训技能人才4万多人（见表2）。高级技工学校7所，技师学院24所。此外，2015年，"现代学徒制"试点和企业新型学徒制试点工作开始展开，这些试点院校推行招生录取和企业用工一体化的招生招工制度，学生同时拥有企业员工的身份，根据区域经济发展对技能人才的需要，与行业、企业共同探索现代学徒制人才培养模式。截至2018年，河北省共有26所职业院校成为教育部现代学徒制试点，10家企业成为企业新型学徒制试点。四是搭建高技能人才培训平台。围绕河北省主导产业及行业急需的高技能人才需求，在有条件的技工院校、职业院校、企业培训中心建立高技能人才培训基地，对在职职工和有培训需求的劳动者进行技能培训。截至2017年底，全省共建高技能人才培训基地79个（国家级25个、省级54个）、技能大师工作室80个（国家级30个、省级50个）。

表2 2005~2016年河北省技工学校培养学生情况

单位：所，人

年份	学校数	毕业生数	招生数	在校学生数	教职工数	专任教师数	文化技术理论课指导教师	生产实习课指导教师	理论实习一体化教师
2005	164			105508	10863	8111	4863	1987	1261
2006	160			129845	10951	8988	5406	2228	1354
2007	161			160286	13096	10209	5809	2386	2014
2008	161			174421	12133	10881	6352	2571	1958
2009	164			169663	12597	11196	6101	2917	2178
2010	166			158592	12743	11109	6046	2826	2237
2011	168			145870	12686	8865	6310	2555	2387
2012	170			145272	13188	9355	6736	2619	2628
2013	170	48513	50126	135468	13204	9546	6962	2584	2687
2014	173	46449	45245	111626	13131	9504	7045	2459	2697
2015	173	41083	38570	101333	13044	9456	7077	2379	2640
2016	175	41257	43842	100535	13076	9539	7107	2432	2683

资料来源：《河北经济年鉴2017》。

（三）高技能人才政策环境和社会环境逐步改善

为促进技能人才队伍发展，河北省委、省政府采取一系列措施来营造有利于高技能人才成长的政策环境和社会氛围。2005年初，河北省制定出台了《关于大力推进高技能人才队伍建设的意见》，要求各级各部门高度重视和大力加强高技能人才队伍建设，并在高技能人才培养、评价、激励以及资金投入等方面明确了若干政策措施。2006年中办、国办《关于进一步加强高技能人才工作的意见》印发后，河北省对加强高技能人才工作提出了进一步的明确要求。2010年，《河北省中长期人才发展纲要（2010—2020

年)》出台,高技能人才队伍作为重点,纳入人才队伍建设的主要任务,"技能大师"培养工程被列入八大重点工程。同年印发了《河北省高技能人才评选表彰管理办法》,对高技能人才评选表彰活动进行了统一规范。2012年,出台了《关于加强企业技能人才队伍建设的实施意见》,对健全企业技能人才队伍建设工作机制提出了明确要求。2017年印发了《百万燕赵工匠培养支持计划实施方案》,明确了高技能人才培养目标和重点任务。同年印发的《关于提高技能人才地位的若干意见》,提出从人才培养、评价、选拔、激励、交流引进等方面,全面提高技能人才的经济和社会地位。与此同时,河北省还通过多种形式,如组织优秀高技能人才在各地做巡回报告,开展多种职业技能竞赛,对获奖选手进行隆重表彰和宣传等,努力营造尊重劳动、尊重技能、鼓励创造的社会氛围。

(四)高技能人才选拔激励活动蓬勃开展

近年来,每年在全省范围内举办20多项、近200个工种的职业技能竞赛,参赛人数达20万人。开展了燕赵技能大奖、河北省技术能手和燕赵金牌技师、河北省突出贡献技师、燕赵杰出匠师等评选表彰活动。制定了《燕赵金牌技师评选奖励管理办法》《高技能人才评选表彰管理办法》《突出贡献技师评选表彰管理办法》,每两年评选100名技术能手、100名金牌技师、10名技能大奖,并对三类获奖者分别给予每人1000元、5000元、10000元的奖励。每两年评选100名突出贡献技师,享受省管优秀专家的各种待遇。每年评选一批"燕赵杰出匠师",给予每位获奖"师傅"1万元带徒补助。印发了《关于建立生产岗位高技能人才技术津贴的通知》,明确高技能人才技术津贴标准,规定取得高级技能职业资格证书且仍在相应生产工作岗位的高技能人才,其技术津贴标准按职业资格级别,每月发放200元至800元。印发了《关于延长企业部分高技能人才退休年龄的通知》,允许符合条件的企业高技能人才延长退休年龄。此外,部分国有企业还建立了业绩与贡献相结合的激励机制,设立"首席技师""工人专家"等岗位,根据技能等级和贡献大小确定工资收入。

三 河北省产业发展的高技能人才支撑存在的主要问题

（一）高技能人才总量严重不足

截至2017年底，河北省共有技能人才584万人，占全省就业人员总数的14%，其中高技能人才160.7万人（技师、高级技师40.4万人），占全省就业人员总数的3.9%。这两个比例都远低于全国平均水平（技能人才占比21%，高技能人才占比6%）。每万名劳动者中高技能人才385人，远低于江苏（686人）、浙江（656人）等省。技能人才总量严重不足，"技工荒"现象较为普遍。目前人力资源市场上技术工人的供求比例一般在1∶2～1∶1.5，而技师、高级技师的供求比例分别为1∶2.31和1∶2.72。调查显示，河北省焊工、五轴加工中心操作工等工种高技能人才的供求比例达到了1∶3或1∶4，高技术含量工种的高技能人才供不应求。高技能人才的短缺，导致许多企业无法承接高新技术项目，一定程度上制约了北京产业向河北的转移。发达国家高技能人才占技能人才的比例一般在40%以上，据此计算，河北省高技能人才缺口高达70多万。

（二）高技能人才结构失衡

1. 高技能人才分布失衡

从企业分布看，河北省高技能人才主要集中在国有大型企业，中小型企业特别是民营企业所占比例很小。从行业分布看，传统职业（工种）技能人才多，而一些新兴产业和现代制造业、现代服务业高技能人才不足。调查显示，传统制造业及待遇较高的电力、烟草、钢铁等行业集中了河北省一半以上的高技能人才，而新兴产业、现代服务业、现代制造业技能人才严重不足。2017年发布的《河北省急需紧缺人才目录》中，急需紧缺人才排前四名的行业是现代服务业、机械制造、通信电子、IT信息技术，而近年来技师和高级技师数量增加较多的专业领域却是营销、项目管理、行政管理等。

2. 技能人才等级结构不合理

在河北省技能人才队伍中，绝大多数是初级工和中级工，高技能人才数量较少，仅占技能人才总数的28%，其中技师、高级技师占比只有7%（见图1）。高技能人才占比低于全国平均水平（29%）。河北省技能人才等级结构呈"金字塔形"，而发达国家技能人才等级结构一般呈"纺锤形"，其初级工、中级工和高级工占比通常为15%、50%和35%。与发达国家相比，河北省技能人才等级结构还很不完善，亟待进一步优化。

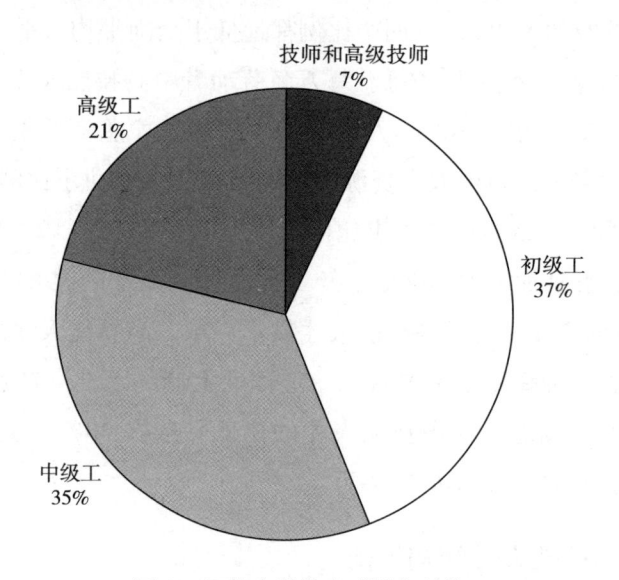

图1 河北省技能人才等级结构

3. 高技能人才年龄偏高

据河北省总工会调查统计数据，技能人才队伍中，50岁以上技能人才所占比例最高，达40%，其次是40~50岁的占35%，30~40岁的占20%，30岁以下的年轻人极其匮乏（见图2）。技师、高级技师的年龄普遍偏高，其中有一半以上超过46岁，青年高级技能人才数量很少，部分企业由于大量高技能人才退休而出现人才断档。高技能人才后继乏人，将严重影响产业转型升级和创新发展。

```
        30岁以下
          5%
                    30~40岁
                     20%
50岁以上
 40%
              40~50岁
               35%
```

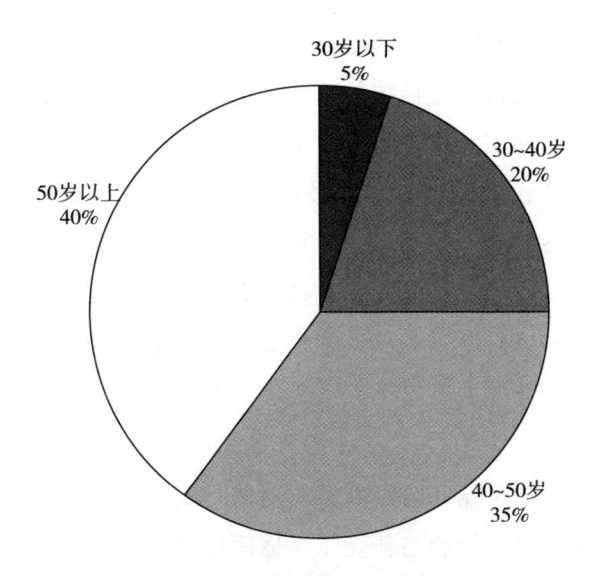

图2 河北省技能人才年龄结构

（三）高技能人才培养能力与产业发展需要不相适应

1. 职业院校高技能人才培养规模严重不足

2017年，全省技工学校在校生数110598人，其中预备技师班人数790人，占在校生总数的0.7%，高级工班人数12982人，占在校生总数的11.7%。预备技师班和高级工班是培养高技能人才的重要阵地，但培养规模严重不足。从中等职业学校来看，2016年全省中等职业学校毕业生有19.7万人，其中获得职业资格证书的有15.2万人，占毕业生总数的77%。中等职业学校培养的学生以初级工、中级工为主，高级工和技师的培养比例则很低。从职业资格证书获取数据来看，2016年全省新培养的技能人才中，高技能人才只占29.6%，其中技师、高级技师分别只占4.7%和3.2%。近年来许多重大项目建成投产，这些项目企业最大的难题就是高技能人才招聘困难。对部分企业抽样调查显示，在企业2000多技能人才缺口中，高技能人才缺口占比高达43.9%。高技能人才培养规模无法满足市场需求，已经成为产业高质量发展的瓶颈。

2. 专业设置与教学内容和产业发展不相适应

职业院校课程设置偏重传统的、成熟的技术，而对前沿科技成果的重视不足，因此，在教学实践中不能及时引进新技术、新工艺和新设备，教学内容与科技发展脱节，毕业生的知识技能与企业岗位需求存在很大差距。当前，河北省的装备制造、生命健康、新能源、新材料、节能环保等新兴产业蓬勃发展，对相关产业高技能人才有持续而强劲的需求。但职业院校专业设置中，一些新兴产业设立不久，人才培养能力严重不足；部分新兴产业相关专业还未设立，产业发展后继无人，致使一些新兴产业项目无法开展。统计数据显示，河北省中职学校人才培养数量居前五位的行业是教育、信息技术、加工制造、交通运输和财经商贸，这些行业获得职业资格证书的毕业生也最多。而资源环境、能源与新能源、休闲保健等新兴产业相关专业招生数量非常有限（见表3）。从2018年职业技能鉴定数据来看，全省新培养的技能人才中，育婴员、保育员、中式烹调师等技术含量低的服务业职业工种人数占技能鉴定总数的58.7%，而从事先进制造业的技能人才，如焊工、维修电工、车工等职业工种鉴定人数仅占职业技能鉴定总数的8.6%。

表3　2016年河北省中等职业学校学生分科类培养情况

单位：人

项目	招生数	应届毕业生	初中毕业生	在校学生数	毕业生数	获得职业资格证书
总计	274261	225945	221323	658083	196609	152040
农林牧渔类	16423	10603	10266	52890	19696	13663
资源环境类	518	507	504	1525	791	641
能源与新能源类	1210	1177	1174	3149	1058	1058
土木水利类	7100	6487	6364	22032	8006	6637
加工制造类	34857	31528	30876	93123	30514	27132
石油化工类	840	639	636	2115	744	684
轻纺食品类	660	561	553	2173	1000	876

续表

项目	招生数	应届毕业生	初中毕业生	在校学生数	毕业生数	获得职业资格证书
交通运输类	30484	28383	27111	77646	19924	15242
信息技术类	48027	45893	45305	116930	29661	24233
医药卫生类	19507	17042	16522	50037	12496	7660
休闲保健类	917	881	870	2511	349	318
财经商贸类	27480	24804	24581	68133	18629	13614
旅游服务类	6049	5807	5775	15198	4306	3571
文化艺术类	16664	15478	15170	39232	10577	7726
体育与健身	1884	1812	1795	4756	979	966
教育类	58047	33010	32714	99441	35435	26546
司法服务类	409	197	188	1162	526	188
公共管理与服务类	2844	838	632	5257	1340	850
其他	341	298	287	773	578	435

资料来源：《河北经济年鉴2017》。

3. 政府对职业院校的投入不足

高技能人才培养的主战场是高职院校，但政府对高职院校的经费投入远逊于普通高校，高职院校生均财政教育经费不及普通高校的1/3。中等职业学校的财政经费则更低，年生均拨款还不到高职院校的1/10。《河北省高校生均经费管理办法》规定，高职院校年生均标准为12000元，《关于建立完善河北省中等职业学校生均拨款制度的通知》规定，中职学校年生均公用经费为1000元，二者相差很大。全省中等职业学校免学费补助标准仅为2300元，且设立在县域的职业学校免学费补助标准为1600元，远低于北京、天津、河南、山东、广东、江苏、浙江等地。此外，职业技能培训补贴标准最高为2200元，也与大部分加工制造业工种培训实际成本相去甚远。偏低的学校免学费补助标准和培训补贴标准，使职业学校和培训机构不愿意开设高技术含量的专业，即使开设相关专业，如此低的补助或补贴标准，远不能满足设备损耗、电力损耗和耗材购置等费用，致使学生和培训人员的实际操作训练不足，影响了培养质量。技工院校虽然承担着后备高技能人才培养的重要任务，却无法像其他职业学校一样，享受城市教育费附加用于职业教育部分的拨款。由于经费短缺，大多数技工院校教学设施和实训设备陈旧老化，师资不足，学校培训能力弱、培训层次低，难以满足新工种、新技术、新工艺的培训需求，严重制约了高技能人才培养规模和质量的进一步提高。

4. 企业缺乏培养高技能人才的主动性

高技能人才培养时间长、投入大，部分企业对高技能人才重使用、轻培养、限制多、支持少的问题还比较严重。主要原因是企业担心培养好的人才"跳槽"，担心职工拿到证书后要求增加工资，导致企业用工成本增加。企业习惯于到处"挖人才"，不愿意在技能人才培养上进行必要投入，相当一部分企业特别是民营企业和中小企业，没有按照规定足额提取职工教育经费，更难以确保用于一线职工技能培训的费用。

（四）高技能人才发展环境有待改善

1. 高技能人才薪酬、福利待遇偏低

河北省企业技能人才收入分配结构中，技能要素所占比重过小，高技能人才工资水平偏低，价值及贡献未得到充分体现。目前，大量企业特别是一些民营企业的收入分配还没有与技能挂钩，许多取得技师、高级技师职业资格的高技能人才工资收入没有提高，过低的工资收入直接影响了高技能人才的养老保险待遇水平。从全省企业来看，一线高技能人才在企业收益分配中处于弱势地位，与专业技术人才、经营管理人才存在着较大差距。此外，部分非公企业技能人才还存在工作时间长、劳动条件差、定额标准高等问题，凸现了收入差距的扩大。

2. 高技能人才成才路径狭窄、漫长

技能人才的职业发展大都从初级工、中级工、高级工、技师到高级技师，成长路径单一。而且职业级别的晋升严格受工龄、年龄、厂龄、学历的限制，从入职到跨入技师、高级技师行列一般需要20年。目前对高技能人才的评价主要是职业鉴定和社会化考评，对技能水平的评价没有统一标准，评价和聘任中论资排辈、以学历为主的问题较为突出。一些企业尽管建立了评价体系，但没有制度化，许多年轻技工的工作技能已达到高级工以上水平，却不能被及时认定技师、高级技师资格，其工作积极性、创造性受到严重制约。有些企业由于工资收入与职业技能不挂钩，技能人才缺乏参加培训和考取国家职业资格证书的动力。此外，企业技能人才的职业资格系列与工程技术人员的专业技术职称系列各自独立，没有建立通道，导致技能人才成长路径狭窄，许多年轻人不愿跨入技术工人的行列。

3. 相关政策落实不到位

近年来，省、市级政府出台了一系列有关高技能人才队伍建设的政策措施，但一些地方领导、企业领导由于缺乏足够的重视，致使政策得不到真正落实。例如，河北省早在2008年就印发了《关于建立生产岗位高技能人才技术津贴的通知》和《关于提高企业职工收入的意见》，明确要求企业对获得高级工、技师、高级技师职业资格，并仍在相关生产岗位工作的高技能人才给予一定数额的技术津贴。但调查发现，近十年来，全省除了唐山钢铁集团有限责任公司、华北制药股份有限公司等几家大型国有企业建立并实施了高技能人才技术津贴制度外，大部分企业没有建立相关制度，有些企业即使建立了津贴制度，也没有真正落到实处。

（五）高技能领军人才流失严重

近年来，河北省在各级、各类职业技能大赛中获奖的选手不断增加，这些"金蓝领"被企业视为核心竞争力。但调研发现，许多技能人才在获得"技能大奖"、被评为"金牌技师"后转瞬间流走。京津和南方一些发达城市委托猎头公司专门"盯人"，在全国性的技能大赛上获得殊荣的人才是被"盯"的重点对象。如河北省近年来有40多人在全国数控技能大赛中获奖，其中有十多人被外省挖走。这些高技能领军人才流失的主要原因是薪酬待遇低和缺少职业发展平台。曾获得全国数控大赛第一名的选手在秦皇岛技师学院每月只有2000多元的收入，到浙江台州职业技术学院后年薪10

万元以上，同时担任数控研究室主任。调查统计数据显示，河北高层技能人才流失引进比值达18.25，为一般人才的11.4倍，这就意味着高层技能人才流失18人，却只引进1人，而且流失的大都是拔尖人才，引进的中低端占多数。高技能领军人才及团队的流失，严重影响了河北省产业转型升级和项目建设。

四 提升河北省产业发展的高技能人才支撑力的对策

（一）加强职业院校基础能力建设，提高高技能人才培养质量

1. 加大对职业院校的投入力度

政府部门要充分认识职业院校在高技能人才培养中的重要地位，在财政投入上向其倾斜。河北省人力资源和社会保障厅、发改委、财政厅等部门，应协同研究建立职业院校财政投入机制，可比照北京、天津、河南、山东等地的标准，提高对职业院校的投入水平。重点要提高技工院校的公用经费、生均经费、地方教育附加费等，使其不低于同层次职业院校。争取就业补助资金、扶贫资金、人才工作经费对技工教育的支持。加大对高级技工学校、技师学院以及高技能人才公共实训基地的投入，把部分教育附加费用于实训设备更新和基础设施建设。加大对技工院校高技能人才培养的扶持力度，鼓励技工院校扩大对高级工、技师的培养规模，技工院校开设的高级工、技师和预备技师班，按招生人数给予补助。对大学本科及以上在校生、毕业生到技工院校选修高级职业技能，考试合格并取得高级工以上职业资格证的，政府给予培训补贴。

2. 完善职业院校专业动态调整机制

职业院校以培养适应区域经济发展的技能人才为己任，专业建设要以市场需求为导向，以区域产业发展为目标，淘汰不适应产业发展、就业有局限的专业，开设适合产业发展方向，就业质量高的新专业。针对河北省产业发展的新趋势，职业院校的专业调整应侧重现代服务业、战略性新兴产业和高

新技术产业，重点加强现代服务业中的高端研发、大数据、云计算、健康养老等专业建设，以及战略性新兴产业和高新技术产业中的信息技术制造业、生物医药健康、高端装备制造、人工智能与智能装备、新材料、节能环保等专业建设。为提高专业设置的科学性，人社部门应加强与高校、科研单位的合作，继续开展人才需求预测预报研究，发布产业发展人才需求预报，编制急需紧缺职业（工种）目录，指导职业院校的专业调整及人才培养。各市要在技工院校建设一批重点专业和特色专业，以适应区域重点产业、支柱产业、特色产业的发展需求。当前，张家口市应以北京冬奥会为契机，抓紧在技师学院、高级技工学校开设冰雪产业相关专业，为2022年北京冬奥会和张家口冰雪产业的发展培养储备大批高技能人才。

3. 搭建校企合作平台

校企合作，是职业院校供给侧改革的必由之路，校企合作平台的搭建，有利于职业院校人才培养与企业用人实现精准对接。政府要加强指导，鼓励、引导学校和企业沟通协作，联合培养高技能人才。对高技能人才培养成效显著的职业院校和企业，优先建立高技能人才培训基地，并给予政策和资金支持；对积极承担职业院校学生见习任务的企业给予一定的奖励。政府要探索成立专门组织机构，加强对学校和企业的服务与管理。应支持职业院校、行业协会、骨干企业合作组建职教集团，促进产业链、岗位链、教学链的深度融合；建立职业院校高技能人才培训基地，使教学内容、考核标准与企业实际相结合；推广职业院校现代学徒制人才培养模式，使学生"毕业即就业"，实现高技能人才供需双方的精准对接。

（二）发挥企业培训主体作用，促进高技能人才全面提升岗位技能

1. 加强技能人才终身职业培训

政府要将企业职工技能培训作为职业技能培训工作的重点，明确企业在培训中的主体地位。要加快落实国务院《关于推行终身职业技能培训制度的意见》，制定出台实施意见，把企业职工终身培训纳入政府培训补贴范围，合理确定政府与企业分担培训成本的比例。引导企业结合生产经营和技

术创新需要，制定技能人才培养规划和培训制度，发挥工会支持、监督作用，确保企业职工教育培训资金落实到位，并向一线技能人才倾斜。

2. 深入实施高技能人才振兴计划

紧密结合先进制造业、战略性新兴产业、现代服务业发展需要，重点实施高技能人才培训基地、技师培训等项目，推动具备条件的企业建立首席技师制度，发挥首席技师在技能攻关、技艺传承、技能推广等方面的重要作用。加大技能大师工作室、职工创新工作室等人才培养载体的建设力度，河北省人社部门要继续支持国家级和省级技能大师工作室建设，各市也要设立市级技能大师工作室建设项目，支持更多企业建立技能大师工作室，更好地发挥技能大师带徒培养青年人才方面的优势，企业可从职工教育经费中列支相关经费。大力实施燕赵金蓝领培训计划、技能雏鹰培训计划、百万燕赵工匠培养支持计划，高质量培养适应经济社会发展需要的高技能人才。

3. 完善企业新型学徒制人才培养模式

目前，河北省有十多家企业被人力资源和社会保障部确定为新型学徒制试点，这些试点企业作为人才培养主体，对新招用的员工和新转岗职工，采取"企校双制、工学一体"的培养模式，员工由企业师傅和培训机构老师共同带徒，脱产或半脱产参加培训。政府给予一定比例培训补贴，企业为参训员工发放津贴。新型学徒制在试点单位取得了良好效果。河北省2017年出台的《关于提高技能人才地位的若干意见》提出，要全面推行企业新型学徒制培训，这就需要政府部门加强对企业特别是中小企业的调研，进一步完善相关规定和政策，根据培训项目的不同，制定有差异性的补贴标准。培训费用中政府补贴的部分可直接拨付给培训机构，改变由企业先行垫付的方式，减轻企业负担。要把培养双师型"师傅"作为新型学徒制的一项重要内容，通过提高"师傅"的综合素质和技能水平来保障带徒质量。要在高新技术产业、战略性新兴产业、现代服务业企业广泛开展新型学徒制培训，培养大批"急需紧缺"高技能人才。企业要以此为契机，加强与职业院校的深度合作，以点带面，使培训向各工种、各岗位延伸，扩大受益面。

（三）强化评价使用工作，畅通高技能人才发展通道

1. 健全企业高技能人才评价、使用机制

要打破年龄、学历、资历等限制，以岗位能力为导向，以业绩和贡献为重点，鼓励优秀技能人才参加技师、高级技师等级认定，促其早日成才。企业内部要自主开展技能评价，对于技能高超或贡献突出的技能人才，要破格或越级晋升；对于参加各级技能大赛的获奖者，要按省市有关规定晋升技师、高级技师资格。建立评价与使用相结合的用人机制，对于取得技师、高级技师职业资格的，要及时聘用并落实相应待遇。设立技能人才成长通道，增加等级层次，除初级工、中级工、高级工、技师、高级技师外，还应设立技能专家、首席技师、特级技师等岗位。

2. 贯通高技能人才与工程技术人才职业发展通道

加快制定河北省高技能人才参加工程系列职称评审办法，把具有高级工以上职业资格或职业技能等级的高技能人才纳入参评范围，评审标准要以考核高技能人才的技能技艺、生产效率、产品质量为主。支持专业技术人才通过参加职业技能鉴定获得技能人才职业资格证书。评审办法要明确规定，企业高技能人才和相同等级的工程技术人才在工资、社会保险、学习进修、职务职级晋升以及其他福利等方面享受同等待遇。此外，鼓励企业在技能人才、专业技术人才和管理人才之间建立通道，培养复合型高技能人才。在职业通道建设方面，唐山钢铁集团有限公司的经验值得借鉴，该公司为技能人才设立了从初级工到操作技能专家六级纵向上升通道，在操作技能专家与专业技术专家、中级管理人员之间搭建了横向通道，技能人才取得操作技能专家资格后，可以向管理型或技术型人才转换。职业通道的贯通，有效解决了技能人才发展路径单一的问题，有利于高技能人才通过多种途径快速成才。

（四）加大评选激励力度，凝聚高技能领军人才

1. 大力开展多层次职业技能竞赛

职业技能竞赛是选拔高技能人才的重要平台，近年来，河北省每年举办

省级"职业技能大赛"20余项，涵盖近200个工种，评选出了一大批优秀高技能人才。但从各市来看，除配合省级竞赛组织初赛、复赛外，举办地方职业技能竞赛的积极性并不高。目前除唐山市举办了首届"唐山工匠"职业技能大赛外，其他各市都没有设立具有地方产业特色的竞赛项目。省级竞赛项目毕竟数量有限，获奖者寥寥可数，许多市县级企业技能人才对此望而却步。要调动广大技能人才参赛积极性，使更多优秀技能人才脱颖而出，河北省应抓紧制定职业技能竞赛管理办法，鼓励和支持各市（区、县）开展职业技能竞赛活动，指导相关部门、行业协会、企业、职业院校开展各种形式的技能比赛，并为技能大赛提供财政支持，使各地高技能人才都拥有展示自我的平台。要制定各级各类大赛获奖者的职业资格晋升办法，明确市级、县级、企业和院校级职业技能竞赛的优胜者晋升职业资格的相应等级。

2. 提高高技能人才收入水平

引导企业加大技能人才工资收入分配中技能要素的比重，建立技能等级水平和工资收入挂钩的分配机制。对关键技术岗位和"紧缺急需"的高技能人才实行协议工资、项目工资、年薪制等分配形式，提高高技能人才的工资水平。督导有关技能人才政策文件的落实，特别是要督促企业建立健全高技能人才技能补贴制度并落实到位。对于在技术攻关、技术革新、发明创造等方面做出突出贡献的优秀高技能人才给予成果入股、岗位分红等激励，使他们共享企业发展红利。要为优秀高技能人才建立企业年金制度和补充医疗保险，提升社会保障水平。

3. 注重高技能领军人才的长期激励和发展平台建设

对于获得"中华技能大奖""全国技术能手""河北省突出贡献技师""五一劳动奖章"等荣誉称号，或在国家、省级技能大赛上获奖的高技能领军人才，除给予重奖之外，企业要为他们制定职业发展规划，实行年薪制和股权期权激励，优先为他们建立技能大师工作室、职工创新工作室等事业发展平台，赋予他们担任首席技师、企业师傅等重任，通过技术革新、科技攻关、工艺研修，使他们实现自身价值，带出大批"高徒"。对于在工艺技术、质量问题上取得重大突破，实现成果转化并取得重大经济效益，或师带徒成绩突出的，破格晋升技术等级并给予相应奖励。政府相关部门要为企业留用、引进高技能领军人才创造便利条件，如设立企业高技能人才研修项目，给予专项补助资金；协助企业解决高技能领军人才的户口、编制、职称、住房、家人安置等问题。

4. 提升高技能人才的政治地位

提高高技能人才入党、当选劳模的比例，推荐优秀高技能人才当选人大代表和政协委员。企业要吸纳高技能领军人才参与经营管理决策，在职工代表大会中让高技能人才占有一定席位。

参考文献

《河北经济年鉴2017》，中国统计出版社，2018。

《关于印发〈河北省百万燕赵工匠培养支持计划实施方案〉的通知》，河北省人社厅网站，2017年7月3日，http：//www.hbrsw.gov.cn/a/tongzhi/2017/0703/4907.html。

《河北印发〈关于提高技能人才地位的若干意见〉》，河北新闻网，2017年8月4日，http：//hebei.hebnews.cn/2017-08/04/content_6580852.htm。

《人社部：技术工人、高技能人才占就业人员比重较低》，"环球网"百家号，2018年3月26日，https：//baijiahao.baidu.com/s?id=1595989527270567287&wfr=spider&for=pc。

《发改委：我国人才结构失衡 高技能人才仅占29%》，"中国经济网"百家号，2018年10月24日，https：//baijiahao.baidu.com/s?id=1615174554608683735&wfr=spider&for=pc。

《2017年全国教育经费执行情况统计公告》，《中国教育报》2018年10月16日。

郭东：《"金蓝领"，你为何选择离开》，《河北日报》2014年12月29日。

B.7 推动河北省科技创新的人才战略研究

王建强 苏宝宝[*]

摘 要： 加快科技创新是贯彻落实河北省委、省政府部署的重要任务，更是河北省取得竞争优势的必然路径，特别是在发展技术先导型产业和实现传统产业转型升级方面，科技创新起到举足轻重的作用。推动科技创新，其根本实现途径在于培养造就大批科技精英并充分发挥他们在其中的重要作用。本文从当前我国的人才发展趋势和竞争态势入手，深入分析推动河北省科技创新的主要人才"短板"和"痛点"，并提出创新发展环境、深化教育改革、推进产学研协同创新、培育创新产业集群、改革科研管理体制等方面的对策。

关键词： 河北省 科技创新 人才战略

加快科技创新是贯彻落实河北省委、省政府部署的重要任务，更是河北省取得竞争优势的必然路径，特别是在发展技术先导型产业和实现传统产业转型升级方面，科技创新仍然起到举足轻重的作用。由于多年高强度、粗放式地持续开发，河北省的资源能源约束趋紧，生态功能退化、生态容量缩减，加之"6643"工程的实施，对经济增长、就业维持

---

[*] 王建强，河北省社会科学院人力资源研究所研究员，研究方向为人才制度与人才开发；苏宝宝，河北省社会科学院人力资源研究所中级政工师，研究方向为人才制度与人才开发。

和财政税收造成较大的压力，尤其是在经济发展进入新常态之后，以重化工业为主导的一大批大型企业陆续从市场退出，环境治理和大气污染压力下的节能减排和结构调整任务凸显，雄安新区作为千年大计、国家大事的高标准要求等情况的出现，使河北省对"科技创新"这一新动力源泉的重视程度"空前"。而中美贸易战的打响、中兴受制及《科技日报》连续报道的我国在产业转型升级关键领域存在"短板"，在一定程度上给整个国家的"科技创新"敲响了警钟。因此，科技创新业已成为完成结构调整中动力转换的必然要求，更是河北省今后经济转入高质量发展的重要因素。

尽管河北省科技创新对经济的贡献率还不够高，但全省120所高等院校、118万多名在校生、107家国家驻冀和省属科研机构、京津两地531家高端科研机构的基础条件以及京津冀协同发展、雄安新区规划建设、筹办冬奥会等重大国家战略，为河北省带来了创新驱动发展的空前机遇和崭新希望。

发展是第一要务，创新是第一动力，人才是第一资源。习近平总书记多次强调"抓创新就是抓发展，谋创新就是谋未来"。他在2018年5月28日中国科学院第十九次院士大会、中国工程院第十四次院士大会中又强调指出："世上一切事物中人是最可宝贵的，一切创新成果都是人做出来的。硬实力、软实力，归根到底要靠人才实力。全部科技史都证明，谁拥有了一流创新人才、拥有了一流科学家，谁就能在科技创新中占据优势。当前，我国高水平创新人才仍然不足，特别是科技领军人才匮乏。"[1] "创新之道，唯在得人。得人之要，必广其途以储之。"[2] 加快创新发展、绿色发展、高质量发展，大力推进产业转型升级，以更大力度实施创新驱动发展战略，其根本实现途径在于培养造就大批科技精英并充分发挥他们在其中的重要作用，这是加快提升河北省科技创新能力、培育壮大发展新动能的根基所在。因而，

---

[1] 《习近平在中国科学院第十九次院士大会、中国工程院第十四次院士大会上的讲话》，中央网信办网站，2018年5月29日，http://www.cac.gov.cn/2018-05/29/c_1122901495.htm。

[2] 《河北经济年鉴2015》，中国统计出版社，2015。

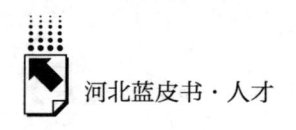

如何集结吸引最优质的人才资源并最大限度地激发其能量，是河北省当前推动科技创新亟待解决的一个重大问题。

一 审时度势：清醒认知和把握推动科技创新的人才发展趋势和人才竞争态势

当今的中国，科技创新的竞争日益表现为人才的竞争，以人才为"焦点"的发展趋势明显，人才竞争态势愈加"白热化"。

（一）人才优先发展战略深入实施

2010年《国家中长期人才发展规划纲要（2010—2020年）》（以下简称《人才规划》）正式出台，在理论上确立了人才发展的指导方针，并将人才优先发展战略贯穿其中。从某种意义上讲，《人才规划》是确立人才优先发展定位的规划。人才优先包括"四个优先"，即人才资源优先开发、人才结构优先调整、人才投资优先保证、人才制度优先创新。回顾人才发展史，特别是在《人才规划》制定后，人才优先发展战略日益表现出强大的"生命力"，以人才优先发展保证和促进经济社会科学发展之策已经实实在在地结出了果实，政府和企业在这一方面取得了共识。以人才投资优先保证为例，江苏省每年在人才工作上的投入经费约为70亿元，广东、苏州、烟台等省、市对引进一个高端人才的经费支持达1亿元，近些年呈现几何级增长趋势。凡是推动科技创新的企业都非常重视对人才的优先投资布局，如阿里巴巴自上市以来用于员工股权奖励的累计价值已超过800亿元，仅2018年一季度授予员工股权奖励的非现金开支达111.8亿元，股权奖励总开支达164亿元。而在人才制度创新方面，国家《关于深化人才发展体制机制改革的意见》《关于实行以增加知识价值为导向分配政策的若干意见》等政策的相继出台，业已打造出较为完整的人才创新政策体系。

（二）人才尖端化、全球化、多元化趋势明显

经济全球化趋势的持续发展使人才国际化进程不断加速，各地融入国际化的人才合作与开发的主动性不断增强，政府和企业更加注重对人才"质"的需求，"尖端人才"更加受到重视。近几年来，随着国家"千人计划"的实施，大批国际化的人才被吸引到国内，阿里巴巴这样的企业已拥有九名国家"千人计划"人选、数十位海外知名大学终身教授，在最前沿的人工智能、量子计算、云计算、大数据技术、芯片等领域，阿里巴巴均有全球知名的科学家作为带头人，如量子计算领域顶级科学家施尧耘、理论计算机最高奖得主马里奥·塞格德、机器学习和计算机视觉领域的世界级专家王刚等。而在河北省内，一些高新技术企业、科技型中小企业，甚至中型企业里也不乏外国高端专家的身影。

多元化则表现为对人才不问出身、学历、国籍、年龄等，唯才是举。"四不唯"理论在多年的实践中被一一回应，在专业技术人才的职称评聘改革中体现颇多，特别是"大国工匠""高技能人才"的特殊待遇使得多元化趋势更加明显。如在阿里的员工中，硕士及以上学位工程师占46%，博士学位及博士后占4%，却不乏没有任何学历的"江湖才子"，如打造了众多国外"当地版支付宝"的工程师许寄就是一个典型的没有学历的"社会人"。同时阿里员工的来源涵盖了美国、印度、俄罗斯等68个国家和地区，其员工平均年龄仅为31.5岁，36位合伙人的平均年龄为45.06岁，有两位还是"80后"。

（三）更加注重人才区域协调发展

区域经济共同发展是国际国内发展的重大战略，区域经济共同发展的结果之一是人才的区域协调发展。国内"长三角""珠三角"等发达区域非常重视人才区域协调发展，也取得了实质性进展。京津冀区域人才合作虽起步较晚，但在当前背景下成效十分明显，三地合作的重要成果《京津冀人才一体化发展规划（2017—2030年）》也正在进一步得到落实，北京中关村、

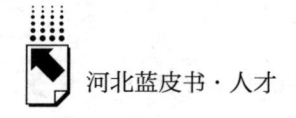

天津滨海新区、河北雄安新区人才管理改革试验区的成立和发展，以及2022冬奥会的举办也必将使三地人才区域合作更加紧密。今后一段时期，京津冀区域合作将不断加强，三地人才合作的前景将更加光明。

（四）人才激烈竞争态势"方兴未艾"

围绕推动科技创新，全国各地纷纷抓住人才这个关键要素，陆续推出人才战略，开启了以创新人才竞争为核心的竞争新局面。自2017年6月武汉市率先推出"百万大学生留汉"计划，打响"抢人大战"第一枪以来，据不完全统计，迄今共有约90个城市推出了新一轮的人才支持政策，从引才、育才、用才等角度完善了人才战略，"人才争夺战"的"主战场"已从二线城市向一线和三四线城市全面铺开。如西安推出的在校生凭学生证和身份证落户政策；成都推出的"蓉漂计划"；海南的"百万人才进海南"计划；海淀的"创新合伙人"计划；天津的"海河英才计划"；香港的"科技人才入境计划"等。各地人才争夺战的升级，表明了在创新发展新时期，我国各地发展战略的重心已经从释放"人口红利"转向做强"人才红利"，如何更好地集聚和使用人才，已成为当今全国关注的重点。

二 一苇难航：推动河北省科技创新的主要人才"短板"和"痛点"

推动科技创新的主要障碍，追根溯源还是创新人才方面存在诸多"短板"，其主要表现如下。

（一）高层次人才对科技创新的支撑能力严重不足

高层次人才是创新型科技人才中最重要的组成部分，是推动科技创新的关键。目前从高层次人才和创新团队数量来看，河北省现有的17名两院院士、48名"千人计划"人选、39名"万人计划"人选、13名"国家杰青"、150个"巨人计划"创新创业团队及26名科技部"创新人才推进计划人选"数量远远低于江苏、广东等发达省份，在全国排名第20位上下。如果从院士这些高层次人才所从事的专业和研究领域看，对河北省产业发展带动力和推动科技创新的能力都略显不足，产业领域的院士太少，同时这些高层次人才中获得国际国家级科技创新奖励者较少，国际科技大奖获得者尚为空白。在科技成果产出方面，河北近两年对推动科技创新作用较大的发明专利只占全部专利授权量的10%，2017年万人发明专利拥有量仅为2.88件。另据资料，具有省级及以上专家称号的高层次专业技术人才中，从事科技创新研发的不到1/2，科技创新能力、带动力强的高端人才不到1/3，国内一流人才寥寥无几。由于科技领军人才短缺，没有核心人物，难以形成优秀人才群体聚集效应和优势，这是严重影响河北省科技创新的主要因素。

（二）创新型人才在企业一线的配置优化度低

从河北省人才总体分布状况看，基础科学类多于工程类，特别是多于应用开发类。2008年以来，河北省专业技术人才中工程类人才只占10%；非研究机构多于研究机构，教育、医疗卫生等事业领域（约占70%）多于产业企业；传统产业多，而战略性新兴产业尤其是高新技术产业和科技型中小企业少。在全省的专业技术人才中，研发人员的占比仅为10.7%，低于全国平均水平5个百分点。从R&D人员分布情况看，规上企业占比约为73.9%，大中型工业企业占比约为62.6%，高校和科研机构占比约为17.9%，已经实现了企业占主体地位，但在规上企业中有R&D活动的企业占比为9.07%，大中型工业中占比为24.41%。这种分布状况在一定程度上决定了科技创新成效。调查表明，真正在企业一线、能够带动产业提速发展的人才十分稀缺。在调研中，有些企业反映与他们合作的院士年事已高，后续发展急需同专业同事业年龄较小一点的人才，但至今仍无法实现。企业对急需的影像识别和模式识别类及嵌入式软件人才更是难以得到，就连一些实力较强的大中型公司、企业仍然存在同样的问题，他们对创新型人才求贤若渴，却苦于无门。

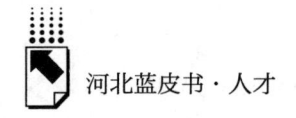

（三）创新型人才缺乏整体自主创新活力

研究表明，河北省科技人才活力综合指数不高，近几年排在全国各省份（不含港澳台）的第20位左右。据样本调查，某科研单位创新人才能力发挥80%以上的占20%，发挥70%以上、80%以下的占20%，发挥60%以上、70%以下的占30%，发挥50%以下的占30%。相当一部分科技人员创新积极性、主动性不够，创新潜力未完全释放。2017年河北省的科技进步贡献率为53%，低于全国平均水平4.5个百分点，近三年来综合科技进步水平指数约居全国第25位。以上表明，除创新人才短缺外，其创新潜力、活力尚未充分发挥出来，人才活力压抑问题一定程度上仍然存在。

（四）科技创新投入水平过低

对于科技创新投入，仅从研发投入、技术获取和技术改造经费投入即可窥见一斑。近年来河北省科技研发投入不断增长，年均增幅在10%左右，但与河北省经济总量排名相比，研发投入强度并不高，2016年排名全国第18位，不如经济总量相当的四川、湖北、湖南、福建等省份；2017年研发投入指数为1.25%，低于全国2.12%的平均水平，约为北京的1/6、天津的1/3。在全省地方性财政科技支出占财政支出比例上，河北省仅为1.04%，同比下降0.17个百分点，也远低于全国水平。规上企业研发投入占主营业务收入比不足1%，高新技术企业总量仅占全国的2.3%。在技术获取和技术改造投入方面，大中型企业和规上企业在引进境外技术、引进技术消化吸收、购买境内技术、技术改造四项经费支出方面，近两年有下降趋势，如大中型企业在引进技术消化吸收经费支出方面，2014年为28820.6万元，2015年则为15876.6万元；规上企业2014年技术改造经费支出为1545645.4万元，而2015年减为1236017.5万元。科技投入不足、经费有限、科技发展空间狭窄等，在一定程度上影响了科技创新成效。

（五）本地教育难以培养出创新型科技人才

河北省科技创新需要的大量人才无外乎来自两个渠道，一个是通过本地（本省）培养，另一个是直接引进。高校培养方面问题比较突出。河北普通高校的数量虽在全国排名第7位，但层次和地位并不高。在全国112所"211"大学中，河北只有1所，与西藏、甘肃、宁夏、青海等同属全国较低层次，与排在前五位的北京、江苏、上海、湖北、陕西差距较大，河北的"名校"如燕山大学、河北工业大学、华北电力大学和河北大学，在全国名校资源中缺乏比较优势与区域竞争力。2014年，河北省除燕山大学排名居第79位外，其他三所大学在全国200个重点大学排名中均在百名之后，属中等偏下水平，既不能与沿海发达地区如位居全国前三的浙江大学相比，也不能与周边较发达的省份如位居国内前十的山东大学相比，更不能与不发达西北地区如位列C9联盟的西安交通大学相比。另外，河北现有的"211"院校只有一所，而"985"院校为空白，新进的双一流学校也只有一所。尽管近年来河北省不断进行专业调整，但效果都不是很好。在调研中，教育部门有关人员反映，河北省许多学校对科技创新的人才需求不太了解，反而是一些职业院校新设置的一些专业能为科技创新提供技能型人才。总体来讲，河北省的"名校"教育资源档次较低，无法吸纳高水平生源，很难培养出创新型科技人才。

（六）产学研结合不紧密导致高校和科研单位的创新成果转化率较低

推动科技创新，不仅需要创新型人才的研发成果，更需要将产出的成果进行转化，实现科技与经济对接、成果与产业对接、项目与生产力对接。目前，河北省的科技成果转化能力总体上较"弱"，科技成果转化率低于全国平均水平近10个百分点。企业研发机构的产品基本能用于产业发展，但高校与科研机构在技术创新中并没有起到骨干与引领作用，产学研结合并不紧密。如在保定的调研中，立中集团反映他们虽然与河北大学对面毗邻，但没有产业合作,并不是学校专业设置不对口,而是缺乏联系。某些高校也反映,他们的教师和科研人员主观上并不愿意将他们的科研成果进行产业转化,而是人为将其"束之高阁",原因是他们只想将其作为评聘职称和考核之用。近几年,尽管京津冀走上了协同发展之路,也围绕构建京津冀协同创新共同体做了不少文章,但京津成果在河北的转化率仍然没有超过10%,加快形成"京津研发、河北转化"的创新链条仍然任重而道远。

(七)科技创新人才政策"红利"释放不足

自全国和河北省科技创新大会召开以来,深化科技创新人才体制机制改革的浪潮不断翻涌,科研管理、成果转化、收入分配、人才评价、"放管服"等方面的系列"新政",营造了崇尚科技创新、支持科技创新的良好氛围。但从调研情况看,束缚科研人员创新创造的"绳索"还没有完全解开,特别是在科研经费管理、科技成果转化、收入分配机制的落实方面还需要不断"松绑"。如大部分高校和科研部门反映,对引进人才所给予的安家费、科研经费产生的个税还不能减免,政府对支持包括企业在内的科技人才的经费使用方面的管理"事无巨细"。习近平总书记在中国科学院第十九次院士大会、中国工程院第十四次院士大会中专门指出,对科技人才评价、激励中限制过多、过死的弊端,如人才评价制度中的唯论文、唯职称、唯学历现象,以静态评价结果给人才贴上"永久牌"标签的做法,片面将论文、专利、资金数量作为人才评价标准的做法等,仍然严重影响科技创新人才的积极性和活力。这些问题使人才管理制度无法适应科技创新的要求。

三 船破重浪:实施特殊化人才战略的几点建议

(一)由"创新优惠政策"向"创新发展环境"转变

当今之日,人才发展呈现"无序竞争"之势,各省份大打人才"价格"

战,"人才混战"特征明显,"千人计划""院士"等尖端人才游离于各省之间,不断追寻自己的发展空间和满足自己的利益诉求。为吸引人才,河北省也不断抛出"价格"橄榄枝。总体来看,河北省仍处于以优惠政策吸引人才的较低层次阶段,这一阶段的典型特征是相对降低"外来人才"的进入成本,并不太注重发展环境的建设投入,加之财力用于人才方面的"短缺",仅通过"价格"为主的政策导向,其结果是真正的"高精尖缺"人才引不来,中低层人才和技术含量相对较低的"假高新产业"进入河北省,这种做法还无法完成以人才优势推动科技创新的重大任务。因此,在人才发展总体战略思路上必须放弃在"价格战"上做文章,而是要把注意力转移到创新发展环境上,通过持续改善软硬环境从而加快发展速度,实现"在发展中解决发展中出现的问题",通过"持续关注"和"持续支持"人才发展,建立"一对一"人才服务等方式吸引激励各类人才推动河北省科技创新。从这个意义上讲,影响未来人才推动科技创新的核心问题就是营造良好的发展环境问题。

(二)以新工科建设为契机深化教育改革

特别是注重河北工大、燕山大学、铁道大学等以理工科见长、创新潜力较大的高校建设,解决这些高校教师在科研创新中的"机制弊端"。目前国家十分重视"新工科"的建设,从"复旦共识"到"天大行动",再到"北京指南",已经走完"三部曲",后续行动还会不断展开,直至触及工程教育改革。为此,一定要抓住国家大力发展"新工科"的契机,争取教育部支持,在以上院校设立有利于推动河北科技创新的"新工科",摸索出一条符合河北省情的工程教育道路。同时可通过职称制度改革和成果应用转化评价制度改革不断加大校企合作力度,以此提升教育支持产业发展的水平,努力形成有利于创新人才成长和服务产业发展的育人体制机制。

(三)推进产学研协同创新

通过产学研的协同创新,既能为催生新技术、新产品提供条件,又能够

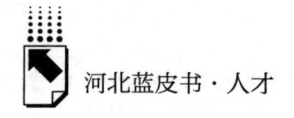

使企业、产业及时将新产品新技术应用到实践领域促进产业发展。为此，提出以下建议。

1. 强化产学研用合作信息交流

加大产学研合作重点项目扶持计划力度，在支持沙河玻璃、承德尾矿综合利用、廊坊电子信息、石家庄卫星导航等20个产学研合作创新示范基地建设的基础上，以河北省科技厅为主搭建产学研用信息网络交流平台，用以强化产学研用合作信息交流。

2. 组建产业技术创新战略联盟和协同创新共同体

以河北省科技厅为主，引导和支持一批规上和大中型科技企业、战略性新兴产业积极与高等学校、科研院所组建以技术标准和专利许可为纽带的产业技术创新战略联盟，加快构建以国家重点实验室为核心的科研体系。同时要注重发挥京津及国家驻冀科研机构优势，推广"河北为主+提升能力"模式，构建大量的协同创新共同体，以协同提升创新的产出率和成功率。

3. 加大京津成果向河北省转移转化力度

围绕河北省重点发展的钢铁、生物医药、新能源装备、汽车等优势产业，借助京津冀协同发展契机，把京津科技创新资源与河北省应用研发和产业基础相结合，以河北省科技厅为主导，依托新型工业化产业示范基地、产业集群，与京津冀及国内高等学校和科研单位建立各类工业（产业）技术研究院。推广"京津研发+河北转化"模式，吸引京津创新成果向河北省加速聚集，促进京津科技成果在河北省加速转化。建议以本次机构改革为契机，在河北省科技厅成立科技成果转移转化专门机构，不断完善技术转移体系，加强对京津科技成果转化示范园区、基地的建立、督促、考核，构建起完整的"京津研发、河北转化"的创新链条。

（四）以培育和发展核心产业和产业集群造就大批科技精英

核心关键技术产业及产业集群的形成能为培养和引进大批科技精英奠定坚实的基础。

1. 大力实施"工业强基工程"

重点加强对智能数控、在线远程诊断、数字化设计与仿真分析、工业控制系统等关键技术、共性技术的攻关，加强石墨烯、OLED显示材料、液晶材料、氮化硅、碳化硅晶片、集成电路制造与封装材料、特种陶瓷、高强度合金钢等高性能材料技术攻关。通过大力支持工业强基重大项目和实施重大科技专项等方面的努力，在核心技术、关键技术及高端产品研发、设计、生产和应用技术等方面不断攻关的过程和实践中培养和引进大批科技精英。

2. 科学规划和发展产业集聚

产业集聚与人才集聚是一种双向互动的关系，产业集群的形成与发展可以促进人才集聚的形成与发展，反之亦然。因此，应大力发展适合本地区环境和条件的产业集群，并制定科学的规划，培育有本地区特色的产业，尤其是高新技术产业。高新技术产业由于其较高的技术含量和较高的附加价值可以迅速推动当地的经济发展，成为各个区域规划的重点，其较好的发展潜力会吸引大批科技人才的集聚。因此要科学规划，合理发展高新区产业集聚，进而推动人才集聚。

3. 构筑"产业之巢"

在产业的选择上，要立足本地区的资源优势和产业实际。要引进符合产业发展需要的高层次人才，不能盲目跟风，在发展产业群方面要有明确目的。其中政府要明确定位，在产业政策引导、公共服务方面唱主角，通过培育产业群发展所需要的多种要素和环境，提供全方位的公共服务。以壮大战略性新兴产业和创新型产业集群为目的，聚焦大数据与物联网、高端装备制造、新能源与智能电网、新能源汽车与智能网联汽车、新材料、节能环保等重点领域，对现有3个国家级、14个省级创新型产业集群实施产业（园区）提档升级工程，推动打造雄安新区创新驱动发展引领区，从基础设施等硬件建设投入到管理等软环境建设方面加大力度，将其作为集聚人才的主要承载地，为引进科技人才和人才推动科技创新筑好"产业之巢"和"温暖之巢"。

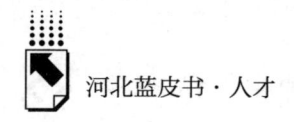

（五）以"柔性引才"避免相互之间引才的恶意竞争，以合作多赢共享人才智力成果

广泛开辟"柔性流动"的绿色通道，吸引大批高层次人才。在省际竞争日趋激烈的大环境下，要特别注重柔性引才的途径，特别是在京津冀协同发展的大背景下，要整体考虑京津冀三地的人才合作共享，在相同产业的引进人才方面不能进行恶意竞争。要通过产业的区分、宽松的创业环境和良好的发展机遇来吸引人才，建立汇集人才的区域产业优势，保证和促进产业本身对人才的集聚作用。

（六）改革科研体制为科技创新人才"松绑"

进一步落实以增加知识价值为导向的收入分配制度，对高等院校、科研院所引进的急需高层次人才，推行协议工资、项目工资和年薪制，所需要经费在单位绩效工资总量中单列，相应增加单位当年绩效工资总量。对科研人员做出重大贡献实行重奖，提高最高科学技术奖金额度，引导科研人员获得积极向上、崇尚科研的成就感和荣誉感，特别是从事社会科学研究的科研人员，其智库作用将更加明显，而其智力报偿也大部分来自工资收入。

建议由项目立项单位和人才管理单位对于政府支持人才创新创业的经费使用管理办法进行清理，进一步扩大科研项目自主权，实行项目负责人制。审计、财政、纪检监察部门要审慎审核和检查科研活动的经费审计，实行能宽则宽制度，尽量为科技人才营造鼓励创新、宽容失败的氛围，营造潜心研究、追求卓越的科研环境。把科技人才的创造性活动从不合理的经费管理、人才评价等体制中解放出来，真正把创新人才从繁文缛节和无穷的报表及审批中解放出来。

完善科技成果价值评估体系，大力推广建立科技成果拍卖制度。建议在对科技成果的新颖性、可行性、应用价值及经济效益进行评价与预测，对科技成果潜在的应用前景、技术和市场风险及预期价值等进行评估的基础上，大力发展和强制推介成果拍卖，以此来实现成果所有权的转移，让有意转让成果的人与潜在的受让人都受益,以此调动科研人员成果转化的积极性,为科技人才"松绑加油",让科技人才这些"千里马"竞相奔腾、让创新的源泉充分涌流。

参考文献

《河北经济年鉴2016》,中国统计出版社,2016。

《河北省人民政府办公厅关于推动企业增加研发投入提升企业技术创新能力的实施意见》,河北省人民政府网站,2014年11月5日,http://info.hebei.gov.cn/hbszfxxgk/329975/329988/330047/6351725/index.html。

《河北省人民政府关于支持企业技术创新的指导意见》,河北省工信厅网站,2016年8月17日,http://www.smehb.gov.cn/cms/news/100000/2016/91a3d5821607488b991905eb3ab8826e.shtml。

《〈河北省人民政府关于支持企业技术创新的指导意见〉解读》,河北省人民政府网站,2016年8月8日,http://www.hebei.gov.cn/hebei/13172779/13172783/13523064/index.html。

区域篇
Regional Reports

B.8 创建雄安国家级人才管理改革试验区的构想与路径研究

周爱军*

摘　要： 《河北雄安新区规划纲要》提出要"建立人才特区"。本报告紧紧围绕这一主题进行前瞻性研究，首先回顾我国人才管理改革试验区的发展历程，挖掘雄安新区创建国家级人才管理改革试验区的重大意义和既有优势，提出其远景构想和设计思路，旨在将雄安新区建成以"人才疏解高地、原创人才高地、数字人才高地、人才生态高地"为内涵的新时代世界人才高地，并从八个方面提出具体的对策。

---

* 周爱军，河北省社会科学院人力资源研究所副研究员，研究方向为宏观人才学。

关键词： 雄安新区　人才管理改革　人才引进　试验区

雄安新区在万众瞩目中走过一年的征程，交通、生态与高端高新产业正逐步完成优先布局，人才需求也开始向多层次、多类别过渡，系统解决当前和今后一个时期内雄安的人才供给问题就变得十分迫切。回顾深圳特区、浦东新区的发展历程，建立人才管理改革试验区（人才特区）是两者解决这一问题的一致选择。值此《河北雄安新区规划纲要》出台和深化落实之际，在雄安新区创建与之国家战略定位相匹配的国家级人才管理改革试验区应尽早提上日程。

一　我国人才管理改革试验区的发展缩影

人才管理改革试验区是指在人才工作的体制机制创新、特殊政策支持、专项资金保障、综合环境营造等方面打破常规、先行先试，能够迅速集聚起一批海内外高层次人才，带动地区、产业高质量发展的特殊区域。

我国人才管理改革试验区（也称为人才特区）建设缘起于深圳的"特区"思想。2001年，深圳市率先提出"人才特区"概念，并围绕打破人才引进中的行政壁垒进行了政策创新，出台实施了取消下达人才引进指标、取消人才地区限制等六项引才新政。此后，江苏、湖北等地也先后开展了人才特区建设试点。但这一时期的改革本质上是地方政府职能部门进行的局部性竞争式改革尝试，尚无国家层面的重量级改革文件支撑。2010年，《国家中长期人才发展规划纲要（2010—2020年）》正式发布，首次从国家政策层面提出建立人才管理改革试验区。中关村随之提出创建首个"国家级人才特区"，并于2011年5月由15个相关部委联合制定签署指导意见，特区建设不断推进。事实上，人才管理改革试验区形成的集聚人才与释放人才活力的强大势能有力地推动了中关村的快速发展。截至2017年底，除港澳台外，全国所有的省（区、市）都提出了人才管理改革试

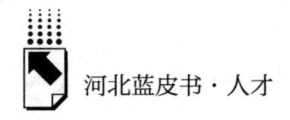

验区建设战略，国内已建、在建、筹建的人才管理改革试验区已超过100个。其中，北京中关村人才特区、粤港澳人才合作示范区被确定为国家级人才管理改革试验区。

二 雄安新区创建国家级人才管理改革试验区的重大意义

国家级人才管理改革试验区，从规模和层级上考量，其规格更高、范围更广、规模更大，由中共中央和国务院及国家部委牵头，更有利于实现人才政策和体制机制创新，更有利于营造国内国际人才干事创业的环境，进而形成"人才智力高度集中、科技创新高度活跃"的区域。现行国家级人才管理改革试验区的发展实践表明，它已成为中央和地方政府普遍认同的充满改革红利的创新之举。在雄安新区建立与之相匹配的国家级人才管理改革试验区，是统筹雄安人才工作、抢占人才红利的必然选择。

（一）创建国家级人才管理改革试验区是落实习近平总书记"聚天下英才而用之"重要人才论述的生动实践

十八大以来，习近平总书记在讲话中多次强调，聚天下英才而用之。这一战略思想，蕴涵了聚才用才的哲学智慧，对雄安新区做好人才工作具有重要的指导意义。创建雄安新区国家级人才管理改革试验区，会聚全球精英，不拘一格用人才，与习近平总书记"聚天下英才而用之"的人才思想深度契合，能够使习近平总书记关于人才战略的重要论述在雄安新区的重大实践中"落地"。

（二）创建国家级人才管理改革试验区是集中承载非首都功能疏解中北京外溢人才的战略选择

承接北京非首都功能疏解是雄安新区建设的首要任务，与厂房、驻地等硬件搬迁相比，对随迁首都人才的集中承载是最具价值也是最为困难的。从某种程度上说，人才承载的成效，直接决定着非首都功能疏解任务的成败。当前，河北对北京随迁人才的承接总体上处于较低层次，呈现"落差巨大，接不到；力小肩重，接不住；供需错位，接不准；环境不优，接不好"的阶段性特征，与京津冀协同发展的阶段性目标不相适应，亟须在打造首都外迁人才集中承载地上实现新突破。而创建雄安国家级人才管理试验区，赋予其人才疏解高地职能，是当前和今后一个时期有效、有序落实首都外迁人才集中承载任务的重大战略选择。

（三）创建国家级人才管理改革试验区是打造雄安新区国际国内人才竞争优势的有效途径

习近平总书记在2018年两会上指出，发展是第一要务，人才是第一资源，创新是第一动力。在新一轮国际竞争中，谁留住了人才，谁就能掌握未来发展的话语权。雄安新区要雄起于世界，必先成为世界人才高地。与深圳特区和浦东新区相比，雄安新区目前正处在新的历史节点上，面临的发展路径和战略方向截然不同。深圳特区起步于中国改革开放的初期，通过引进海外资金、发展劳动密集型产业，完成早期的积累；而浦东新区处于中国扩大开放的节点，它依靠深化体制改革、升级资本和技术密集型产业，带动了整个长三角经济的腾飞。没有深圳毗邻港澳、浦东靠近上海的区位优势以及利用外资、发展外贸的先天条件，对处身华北内陆地区的雄安新区而言，创新引领是最佳选择。创建雄安国家级人才管理改革试验区是雄安新区探索创新驱动发展模式的天然载体和历史选择。无论是美国的硅谷、英国的伦敦金融城，还是日本的筑波科技城、印度的班加罗尔，这些世界著名的人才聚集区实质上都是非命名的"国家级人才管理改革试验区"的"典范"，而这些区域也都具有国际人才竞争优势，如硅谷国际人才比例已超过50%。国内的中关村、粤港澳已经显现其巨大的人才竞争优势，其中中关村已成为北京市创新驱动发展的龙头。国际国内人才管理改革试验区的经验表明，在雄安新区创建国家级人才管理改革试验区是大势所趋，是顺应国际国内人才竞争态势的必然选择。

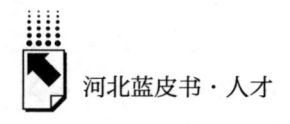

（四）创建国家级人才管理改革试验区是培育雄安新区高质量发展的动力引擎

创新是高质量发展的第一动力，人才是推动高质量发展的第一资源，创新驱动的实质是人才驱动。雄安新区要贯彻落实高质量发展要求，创造"雄安质量"的全国样板，不能单纯依靠北京的技术辐射和中关村的政策延伸，更应立足自身内涵式发展的特点，培育自己的创新动力引擎。创建雄安新区国家级人才管理改革试验区，可以聚集起大批高端创新型人才，进而推动雄安新区不断向高质量发展目标迈进。

（五）创建雄安国家级人才管理改革试验区是开创新时代全面建设经济强省、美丽河北新局面的现实需要

京津冀协同发展和规划建设雄安新区是河北的发展机遇，但京津冀断崖式的人才落差却成为制约河北抢抓机遇的最大拦路虎，同时，由于京津和国内发达地区的"虹吸"效应，河北人才流失已到了"流无可流"的地步，损伤了河北的人才根基。有专家认为，人才流失就是资源流失，也是未来创造力的流失。在规划建设雄安新区的宏大历史背景下，创建雄安国家级人才管理改革试验区，是打破长期以来河北人才洼地困境，实现人才净流入，从而推进新时代经济强省、美丽河北建设新征程的现实选择。

三 雄安新区创建国家级人才管理改革试验区的"既有优势"

（一）创建雄安国家级人才管理改革试验区具有国家战略的政策优势

"80年代看深圳，90年代看浦东，新时代看雄安。"毫不夸张地说，雄安新区甫一设立，就被赋予了等同于深圳、浦东的重大战略地位。规划建设雄安新区，是以习近平同志为核心的党中央对深化京津冀协同发展战略做出的重大决策部署，确定了坚持世界眼光、国际标准、中国特色、高点定位的建设要求，提出了打造绿色生态宜居区、创新驱动引领区、协调发展示范区、开放发展先行区和七个方面的具体任务。雄安新区的战略定位，为创建雄安国家级人才管理改革试验区规定了发展方向和建设内容，也为其后续发展提供了良好的制度保障。

（二）创建雄安国家级人才管理改革试验区具有央地合作的政治优势

规划建设雄安新区，是承接北京非首都功能疏解的重大任务安排，是调整优化京津冀空间结构的历史性攻坚工程，是京津冀协同发展战略大棋盘的关键落子，需要河北落实主体责任，也需要中央和京津冀三地政府，甚至举全国之力协作配合、共同推进。相应的，创建雄安新区国家级人才管理改革试验区将尽享中央与京津冀三地的政策红利，借助央地合作优势获得长足发展。

（三）创建雄安国家级人才管理改革试验区具有经验借鉴的后发优势

早在2001年，深圳特区在初期的经济政策势能逐步弱化后，明确提出打造人才特区，人才特区建设由此拉开序幕。作为我国拟建的第三个国家级人才管理改革试验区，无论是在发展目标、发展模式、建设阶段、建设路径方面，还是在规模、层级方面，都有超百个已建、在建的人才管理改革试验区（人才特区）成熟的经验借鉴与实例参考，对高标准高起点建设试验区具有显著的后发优势。

（四）创建雄安国家级人才管理改革试验区具有得天独厚的生态优势

雄安新区位于太行山东麓、冀中平原中部、南拒马河下游南岸，全境为缓倾平原,土层深厚,地形开阔,"华北之肾"白洋淀与漕河、南瀑河、萍河、南拒马河等多条河流在区域内交汇,水资源丰富,整个区域生态环境优良,资源环境承载能力较强。未来的雄安将被打造成蓝绿交织、清新明亮、水城共融的生态城市,这将成为雄安国家级人才管理改革试验区吸引和留住人才的巨大优势。

正式出台的《河北雄安新区规划纲要》专门在"创新体制机制与政策"部分提出"建立人才特区"的内容,为在雄安新区创建国家级人才管理改革试验区提供了国家层面的政策支持。要贯彻落实好雄安规划,打造千秋之城,实现创新引领,必须要把创建雄安国家级人才管理改革试验区作为重大基础性项目来优先布局、精心谋划,并以试验区建设为统领,统筹解决雄安当前和今后面临的一系列人才瓶颈和攻坚难题,为新时代新阶段推进雄安新区建设提供系统性人才智力支撑。

四 雄安新区建设国家级人才管理改革试验区的远景构想与设计思路

打造雄安新区国家级人才管理改革试验区,是高质量建设雄安的动力之源、发展之基,是千年大计、国家大事,必须与雄安的发展定位相匹配,高标准、严要求,整体规划,科学设计。

(一)总体构想

要着眼全面深入推进京津冀协同发展和雄安新区规划建设,围绕打造作为千秋之城标配的人才之城,充分借鉴国内外发展实践和发挥雄安后发优势,遵循"高质化要求、国际化目标、特色化政策、原创化环境、系统化保障"的原则,中央和地方上下互动、协同推进,将人才链、产业链和创新创业链紧密结合,努力构建"蓬勃内生、自信开放"的世界人才逐梦和圆梦之地。

（二）战略定位

聚天下英才，建东方智谷。雄安国家级人才管理改革试验区的建设，要展现"聚天下英才而用之"的大国风范和气派，树立构建人类命运共同体的共有理念，传递东方智慧、中国声音，打造"蓬勃内生、自信开放"的世界人才逐梦和圆梦之地。重点突出四个定位，即价值实现之地、财富获取之地、舒适宜居之地、心灵归属之地。

价值实现之地。通过完备的平台建设和精细的岗位设置，让每一个到雄安创新创业的追梦人都能找到自己的位置，实现自己的人生价值。

财富获取之地。通过构建具有国际竞争力的收入分配机制，让每一个到雄安的智力淘金者都能超值收获。

舒适宜居之地。依托"绿色生态宜居新城区"建设，塑造"舒适宜居、开放多元、和谐共进"的国际人才社区，让每一个身处雄安的人都爱上雄安，愿意留在雄安。

心灵归属之地。秉承构建人类命运共同体理念，竖起"自由、平等、开放、协作"的人才文化地标，让全球人才都能在雄安找到心灵归宿。

（三）建设原则

1. 把高质量作为试验区建设的本质要求

有创新才有未来，有质量才有生命。建设人才管理改革试验区，要树立大质量观，遵循高质量发展的本质要求，突出"国家级别"和高质量要素，聚集各类高端科技与产业资源和发展要素，打造试验区高质量标准的全国样板。

2. 把国际化作为试验区建设的目标方向

摒弃单纯提供"优惠政策"的旧有模式，树立与国际接轨的先进理念，通过打造国际高水平人才智力承载平台，着力集聚全球顶尖创新资源，致力于把试验区打造成跨国界的人才高地和彰显人才工作开放度的国家标杆。

3. 把"有特色"作为试验区建设的根本属性

人才管理改革试验区是一个一切以人才为中心的特殊区域，与之有关的各项政策也必须围绕人才的本质属性与特点来谋划。具体而言，所有的人才政策必须适应本地区人才工作的发展阶段，有利于提升地方人才队伍建设水平，能聚焦并有助于解决当前人才工作中存在的重点难点问题，同时，要避免与其他试验区的同质化竞争，以突出自身特色。

4. 把创新作为试验区建设的第一动力

核心技术只能靠自力更生。人才管理改革试验区建设的关键任务之一是推动基础创新和原始创新，通过原创优势掌握别人难以模仿的关键核心技术，从而在未来的国际科技竞争中争取更多话语权。为此，需要在试验区重塑"鼓励创新、宽容失败"的社会文化环境，为雄安发展提供持续有力的原创支持。

5. 把系统化作为试验区建设的重要保障

人才管理改革试验区建设是一项复杂的系统工程，涉及中央、地方、部门等多个层面，以及众多业务环节，要搞好试验区建设，就必须站在战略的高度上去系统思考、综合谋划。既要与城市建设、产业发展紧密结合、有效匹配，防止人才开发与区域发展"两张皮"、人才引进与使用"两条线"的现象发生，也要增强纵向和横向层面工作的系统性，确保不同职能部门之间目标一致、各司其职、形成合力。

（四）发展目标

1. 战略目标

通过构建具有国际竞争力的人才政策体系，塑造"舒适宜居、开放多元、和谐共进"的国际人才社区和"自由、平等、开放、协作"的人才文化地标，全面展现"聚天下英才而用之"的大国风范和气派，向世界传递东方智慧、中国声音，打造全球人才的价值实现之地、财富获取之地、舒适宜居之地、心灵归属之地，使雄安成为"国际精英高度集聚、研发氛围高度自由、中西文化高度融合、公共服务高度发达"的新时代世界人才高地。

2. 具体目标

按照雄安新区发展定位和建设要求，承接一批随央企、高校迁入的首都优质人才智力，引进一批世界顶尖的战略科学家和产业精英，研发一批自主知识产权的关键核心技术，掌握一批世界重要学科和产业话语权，重点突出四个"高地"建设。

（1）人才疏解高地

围绕打造北京非首都功能疏解外溢人才集中承载地，实行"京人京策"，人才与待遇捆绑迁移，消除随迁人才的"离京恐慌"心理，实现随迁人才的"软着陆"。同时，要处理好首都"空降"人才与本地人才的关系，打消本地人才的"取代忧虑"心态，坚持两地人才并重，同等对待，使两地人才、两种优势相得益彰。

（2）原创人才高地

吸引会聚全球科创精英，研发出具有我国独立知识产权的关键核心技术，科研导向从应用技术创新向基础技术创新转变，从跟随模仿创新向原始创新跃升，推动与河北·京南国家科技成果转移转化示范区的即时互通与转移转化实践，把雄安打造成国际重要的原创人才会聚地和原创技术发源地。

（3）数字人才高地

围绕打造数字城市和智能新区，集聚一批互联网、大数据、人工智能、前沿信息技术、生物技术、现代金融、总部经济等创新型、示范性重点项目，引进和培育一批数字经济产业和数字人才，推进北斗卫星定位、卫星遥感、区块链、物联网、智能终端等技术应用，在城市基础设施、城市服务、环境保护等方面提供数字化支撑，全力打造智慧城市。

（4）人才生态高地

围绕建设"一淀、三带、九片、多廊"的生态城市和京雄基本公共服务均等化这"一硬一软"两大目标，一方面，要坚持生态优先、绿色发展，划定好开发边界和生态红线；另一方面，要引进一批国内外优质教育资源、医疗资源和人才中介机构，建设一批国际人才社区和人才公寓，塑造林城相依、水城共融、舒适宜居的城市风貌。

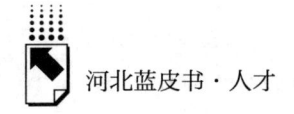

（五）建设阶段和主要任务

1. 起步阶段（2017~2020年，打基础，建设人才政策创新先行区）

按照雄安国家级人才管理改革试验区定位，采取央地合作的发展模式，构建起中央、京津冀、雄安相互协调的三级人才政策体系。在中央层面，要在户籍与住房政策、科技经费管理政策、个税优惠政策、居留与出入境政策、高等教育入雄等政策上做出实质性突破；在省级层面，要在干部挂职任职常态化、京津冀人才一体化、京津冀教育和医疗协同发展、人才跨区域流动资格互认、人才创业扶持和薪酬激励等方面提出大力度举措；在雄安层面，要在国际人才地标建设、知识产权政策、人才中介服务、人才生态与基本公共服务建设等方面交出满意答卷。通过制度建设，形成雄安世界人才政策高地感召力，走出一条依靠人才支撑和引领的内涵式发展道路。

2. 蓄力阶段（2021~2035年，塑品牌，打造世界人才最向往城市）

依托雄厚的人才政策红利，建立一系列具有国际比较优势的高端人才承载平台，构建起符合国际惯例和国际标准的人才服务体系，营造高品质的国际人才发展环境，聚焦新一代信息产业、现代生命科学和生物技术产业、新材料产业、高端现代服务业、绿色生态农业，做好国际高端产业精英和创客的靶向引进，结合央企和事业单位入驻，全面实现非首都功能疏解中北京随迁外溢人才的平稳着陆，实现"国际才智会聚"，打响雄安世界人才最向往城市品牌。

3. 腾飞阶段（到21世纪中叶，现成效，建成世界人才新高地）

雄安新区世界瞩目，具有天然的"天时""地利"之优势，"人和"（雄安国家级人才管理改革试验区）的短板一旦补齐，雄安国际智谷必将成为世界顶尖人才创新创业、逐梦居留的首选之地。这一阶段，雄安将形成以高新技术产业和现代服务业为主导的新型现代化经济体系，形成国际优质教育、医疗资源和世界顶尖研发机构云集的良好态势，成为我国建设创新型国家的心脏区域和北方内陆地区实现人才支撑内涵式发展的典型示范区，成为新时代世界人才新高地。

五 打造雄安国家级人才管理改革试验区的政策建议

政策优势是雄安最大的发展优势。要实现雄安新区创建国家级人才管理改革试验区的战略构想，需要在以下八个方面体现政策支持。

（一）做好试验区的管理机构配备和人员、资金保障工作

雄安人才管理改革试验区的建设应符合国家战略的定位，由国家自上而下给予政策和资源支持。

1. 积极争取中央批复同意设立雄安新区国家级人才管理改革试验区

由中央有关部门和雄安新区党工委共同组建"试验区"建设指导委员会，由雄安新区管委会进行具体筹备，河北省直有关部门和有关地市协作配合。

2. 成立中国雄安人才工作集团

仿照中国雄安建设投资集团有限公司成立模式，探索由河北省政府批准成立中国雄安人才工作集团，作为区属一级国有独资企业，围绕"人才引进与服务、人才创新平台建设、人才创业与投资、人才公寓建设、人才教育与培训"五大功能板块，为人才提供全链条一站式服务。

3. 人员和资金投入不仅需要河北落实主体责任，也要中央协调各地予以支持

鉴于雄安的发展定位，其配套国家级人才管理改革试验区的政策力度、层次也要超过国内既有任何发达区域和试验区的人才政策，因此，其人员、资金投入方面不能只考虑河北人力、财力状况，应积极运用国家力量，协调全国各地予以解决。

（二）打造"雄安国际智谷"标志性建筑和"才智雄安"云平台

借鉴硅谷的"人—境"系统和浦东"国际人才城"建设功能，打造雄安的国际人才地标式建筑。

1. 在雄安中心区域建设"雄安国际智谷"人才大楼

赋予其以下职能。一是世界人才之窗。向全球发布人才资讯，让各国有

志之士了解雄安的人才需求，进而了解雄安、了解中国。二是世界人才之门。针对不同人才群体，设立外籍专家服务专区、高层次人才服务专区、党员服务专区、港澳台同胞服务专区、人才项目申报服务专区，专注面向海内外优秀人才提供人才政策讯息、项目受理和互动咨询服务。三是世界人才之家。引入国际先进的人才服务平台和高端的人才服务项目，为入区人才提供国际一流的高品质生活服务。

2. 建设"才智雄安"数字服务云平台

开发雄安人才服务云，提供多语种界面，基础云实现人才的基本服务线上线下一体式操作，精英之家云实现高端人才的有效集聚和人才之间的跨界跨时空交流协作，开放政策云实现人才政策实时推送和意见建议即时收集，自我开发云实现人才的知识积累和精准培训。

（三）推进试验区国际原创基地建设

世界经验表明，高校和科研院所是区域创新的源头和动力。

1. 推动形成雄安新区高质量的高等教育集群

一是争取北京大学、清华大学等首都高校在雄安设立分校区，加快河北工业大学在雄安创办分校的进程，吸引国际国内知名高校和科研机构落户雄安。二是对标国际百强高校，在雄安谋划建立一所全新的综合性大学，即雄安大学，吸引、集聚国际一流的顶尖学者，夯实雄安的高等教育根基。三是利用慕课（大规模开放在线课程）技术推动全国优质教育资源向雄安开放。

2. 推动成立雄安创新发展研究院

通过事业建制引聚海内外高端研发人才参与创新。

3. 建设世界人才公园

借鉴深圳人才公园"人才赋予公园灵魂，公园彰显城市精神"的建设理念，在雄安高端人才集聚区附近建设以人才为主题的世界人才公园，展现世界人才成长经历和各国创新文化，为人才打造集学习交流和休闲健身于一体的"第三空间"，在全社会形成尊重人才、倡导创新的社会文化氛围。

（四）依托京津冀人才一体化推动京津人才入雄进程

深入推进实施《京津冀人才一体化发展规划（2017—2030年）》，不仅要承接好非首都功能疏解中北京人才智力的被动外溢，更要主动吸引京津高端人才和尖端技术向雄安辐射。

1. 干部入雄安

推进京津雄三地间干部挂职深度合作，实现三地干部直接跨区域任职，吸引京津优秀干部到雄安服务。

2. 人才入雄安

立足雄安"四区"定位和地方优势产业，吸引京津产业、人才、服务捆绑方式进驻雄安，加速京津人才落地雄安进程。

3. 成果入雄安

主动承接和吸引京津技术向雄安转移转化是当前共享京津人才红利的最佳途径。深圳科技崛起的重要原因之一就在于其与北京结成伙伴城市，北京最新的科研成果总是优先选择在深圳落地转化。为此，可通过重构河北科技成果转移转化人才链贯通创新链与产业链，从而大幅提升京津技术在雄安的落地转化率，实现成果转化带动人才流动的目的。

（五）创新人才合作新模式引进海内外顶尖精英

遵循产业发展规律和人才流动规律，构建人才合作新模式，有效引进海内外高端人才。

一是聚焦"一带一路"通道，设立雄安国际人才引进项目，以项目带动引进海外高端人才及团队。

二是探索与美国硅谷、印度班加罗尔、日本筑波科技城等国际一流高科技园区建立跨国人才交流合作机制，柔性引进海外人才智力。

三是设立雄安国际留学奖学金和合作研究基金，资助新区优秀人才出国深造，积极参与国际人才合作与竞争。

四是依托已入驻企业引进产业精英。充分激发首批入驻的48家高端

高新企业引才积极性，大力引进高端数字人才、金融人才和管理服务类人才。

（六）推进试验区人才管理服务市场化改革

坚持市场在人才资源配置中起决定性作用的原则，推动人才市场化发展。

1. 实现雄安人才跨国跨区域自由流动

对照"河北人才绿卡管理办法"，制定实施力度更大的雄安"人才绿卡"制度，细化人才分类和功能设置，尤其是在海外人才签证居留、出入境、入中国籍、落户、子女教育等方面给予重点关切，打造国际人才集散枢纽。

2. 加速培育雄安人力资源服务产业

引进国际著名人才中介服务机构，培育新区自营人才中介服务机构，推动新区人才中介服务机构的产业化发展。

3. 探索建立线上国际交流大市场

依托"才智雄安"数字服务平台，推进国际教育、医疗、社会保障及人事人才服务与发达国家实现有效对接，促进国际人才智力双向交流共享。

（七）为试验区营造良好的公共服务环境

1. 实施人才安居工程

建设多层次的人才公寓，让廉租、低房价成为新区的核心竞争力。一是探索实施廉租房制度。对来雄安创新创业的人才提供廉租房，在节省落地成本的同时，实现快速安居目标。二是完善住房补贴货币化政策。根据"房租水平、物价水平、居民收入水平"三结合的原则，持续发放人才过渡住房租金补贴。三是探索实施积分落户和居住证制度。

2. 引入京津优质医疗教育资源

一是高起点建设新区医疗服务体系。新区内引入京津高端医疗机构，或在远程会诊、学术交流、人员互派、双向转诊转院等方面与京津医疗机构建立长效合作机制。适时引进国际知名医疗机构落户雄安。二是合理配置多层次教育资源。对于国内教育，除高等教育外，还要为新区打造从幼儿园到中学的立体式教育网络。对于国际教育，针对外籍人才子女就学需求，可在外籍人士和海外人才较为集中的区域，引入国际知名教育机构，或支持区内有条件的中小学校探索弹性学制和国际化课程。

3. 营造人才科研交流和休闲娱乐的"第三空间"

通过建立河北省高层次人才联谊会、创建同业专家交流云、举办京津冀人才国情研修班等方式，满足驻雄人才同业交流与人际交往需求。围绕高标准布局建设博物馆、图书馆、美术馆、剧院、酒吧、咖啡馆等，为人才休闲娱乐提供理想的"第三空间"。

（八）提高新区党政领导干部的人才战略意识和决策素质

实施千年大计，办好国家大事，作为首要执行者的党政领导干部至关重要，同时对其能力素质提出了历史性要求。

1. 强化对新区党政领导干部人才战略意识和人才工作相关知识的系统培训

通过开设人才工作培训班、外出考察学习、网络课程自学等方式，使新区各级党政领导干部树立"珍惜人才、善待人才是最大的政绩，怠慢人才、荒废人才是最大的失职"的理念，对人才工作真正做到入脑、入心、入手，让人才工作成为真正的"一把手"工程。

2. 发挥目标责任制考核的导向作用

深入实施《河北省人才工作目标责任制》，重点围绕新区人才工作职责落实、人才体制机制改革创新、人才队伍建设、人才环境营造等方面进行考核，考核结果纳入干部考核体系。

参考文献

范周主编《雄安新区发展研究报告》（第四卷），知识产权出版社，2017。

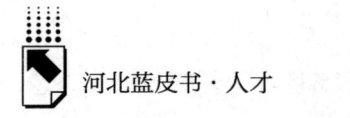

苗月霞：《人才特区建设研究》，中国人事出版社，2012。

吴江主编《深圳前海人才特区建设研究》，党建读物出版社，2017。

潘晨光、陈学强：《建设人才管理改革试验区的实践经验及建议》，《第一资源》2011年第3期。

苗月霞：《关于地方建议人才管理"试验区"研究——以江苏省无锡市为例》，《中国人才》2011年第2期。

陈丽君、姚昕辰：《人才管理改革试验区的理论、模式及发展对策研究——以中关村、无锡和东湖人才特区为例》，《第一资源》2012年第4期。

余莱花、刘军：《发达国家"人才特区"建设研究》，《中国国情国力》2012年第8期。

吴帅、刘军仪、李学明：《加强理论研究 深入推进人才管理改革试验区建设——"人才管理改革试验区政策创新专题研讨会"综述》，《中国人才》2013年第1期。

王通讯：《世界人才高地观察报告》，《中国人才》2013年第3期。

丁艳丽：《从中关村到粤港澳——人才管理改革试验区蓬勃发展》，《中国人才》2013年第5期。

孙锐：《制度创新是人才管理改革试验区的灵魂》，《中国组织人事报》2013年1月30日。

沈荣华、市场化：《人才管理改革试验区的发展方向》，《中国组织人事报》2013年2月21日。

朱嘉俊：《宁波国家高新区："四措并举"打造人才管理改革试验区》，《中国企业报》2015年3月24日。

金松、朱考金：《人才管理改革试验区绩效评价指标体系研究》，《南京社会科学》2015年第2期。

李辉、姜海珍：《济宁高新区打造人才管理改革试验区》，《中国高新技术产业导报》2016年3月14日。

刘洋：《人才体制机制创新：以人才管理改革试验区为例》，《行政管理改革》2017年第10期。

任月红、赵全军：《我国人才特区建设研究》，《中国劳动》2014年第4期。

李璐、王刚、刘珉：《雄安新区生态安全现状及远期预测研究》，《林业经济》2017年第12期。

孙锐：《打造创新创业人才战略高地》，《光明日报》2015年4月10日。

B.9 雄安新区人才机制构建研究

刘京晶　曹鹏　邢明强*

摘　要： 人才建设是雄安新区建设的基础。根据雄安新区经济、社会、政治等特点，本文选取了硅谷、深圳和天津经济技术开发区三个地区作为数据样本，用实证分析的方式得出了三个地区人才机制对经济发展的促进作用，证明了不同发展阶段人才机制的促进作用不同。本文提出雄安新区人才体制机制构建要发挥市场在人才资源配置中的主导作用，充分激发企业在人才机制构建中的积极性，发挥政府在人才机制构建中的重要作用，实施柔性引才政策，搭建人才创新平台，加大区域人才合作，开展国际人才交流；在人才引进方面要建立多元化的人才发展经费筹集机制，搭建高端人才工作创业平台，提高人才资源开发能力；在人才培育方面要加大职业教育和继续教育在人才培养体系中的比重，注重实施人才的分类培养，重点培养科技人才；在人才使用方面要深化机关、事业单位以及国有企业分配制度改革，实施创新人才评价机制，构建大数据和人才机制相结合的人才供需系统，加速推进本地农业人力资源转型。

关键词： 雄安新区　人才机制　人才创新平台

---

* 刘京晶，河北省人力资源社会保障科学研究所助理研究员，研究方向为人力资源、社会保障；曹鹏，河北师范大学讲师，研究方向为人力资源管理；邢明强，河北省人力资源社会保障科学研究所副研究员，研究方向为人力资源、社会保障。

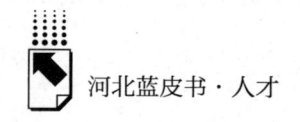

习近平总书记指出，规划建设雄安新区是千年大计、国家大事。雄安新区作为承接北京疏解的行政事业单位、企业总部、金融机构、高等院校、科研院所的承载地，发挥试点示范带动作用，培育全国创新驱动发展新引擎，关键是用好人才智力资源，打造人才优先发展的示范区。探索人才机制构建的新路径，要借鉴国内外先进经验，同时要走出一条适合自身特色发展的人才之路。

一 先进地区人才发展机制对雄安新区人才发展的借鉴

本文选取硅谷、深圳和天津先行先试的经验，利用统计分析方法证明人才机制对地区快速发展有极为重要的作用。

（一）数据说明

本部分主要分析人才机制对地区发展的作用，将人才机制分解为引才、育才、用才三种机制，并将每种机制进行指标量化。在地区发展的效应指标上采用每个地区的GDP作为衡量标准，能够从一定程度上反映地区经济和社会发展的程度。采用主成分分析方法对选取的多项样本指标进行降维处理，使之整合为引才、育才、用才三项主成分指标。然后使用线性回归分析构建三项主成分指标与地区GDP发展之间的相关关系，并构建回归模型，得出引才、育才、用才三种不同机制对GDP的影响大小。

在地区数据来源方面，选取的三个样本数据来源城市和地区，分别为美国硅谷、深圳经济特区和天津经济技术开发区。

美国硅谷是世界著名的高科技产业基地，包括英特尔、苹果、谷歌、Facebook、雅虎、思科、英伟达、特斯拉等世界知名高科技公司，并且依托周围世界著名高校和科研机构，形成科学、技术、生产为一体的产业结构。从产业发展历史来说，硅谷在形成高科技产业基地之前基本以农业产业为主，雄安新区未来主要产业定位为高科技产业，而设立之初也是以农业产业为主。从区域城市结构来看，硅谷临近旧金山，但是区别于旧金山的大城市发展模式；雄安新区毗邻北京天津，但是其发展模式也与两座大城市有所区别。从集群模式来说，硅谷以周围具有世界顶尖科研能力的美国高校为依托，主要包括斯坦福大学和加州大学伯克利分校，构建了产学研一体的产业集群模式。雄安新区定位为建设世界一流研究型大学，建设一批特色学院和高精尖研究中心，面向国家重大战略需求，打造知识溢出效应明显的大学园区。从这几个方面来说，硅谷的发展模式对雄安新区具有一定的借鉴意义，因此选取硅谷作为数据来源地区之一。

深圳经济特区是我国设立的第一个经济特区，经过40年的发展，已经由一个小渔村发展为国际化大都市，成为以工业为重点，工、商、农、住宅、旅游等多种行业共同发展的综合性特区。从地理区位来说，深圳位于广东省南部沿海区域，毗邻广州市和香港特别行政区，尤其是与香港的贸易往来较为密切。而雄安新区担负着非首都功能承载地的任务，毗邻北京和天津，新区建成后与京津两市的经济关系优于深圳之于香港。从政治背景来说，深圳市是我国实行改革开放的对外窗口，肩负着改革开放试验区的重任。雄安新区则是非首都功能集中承载地的角色，同时带动和促进京津冀区域协同发展，成为京津冀协同发展战略布局的推动引擎。从产业发展来说，深圳经济特区由最初以农业为主的产业结构发展为以服务业、高技术产业等新兴产业为主的产业结构。而雄安新区产业的最终定位为高端高新产业，成为未来京津冀区域乃至全国和全球高新技术产业基地。从这几个方面来说，深圳经济特区与雄安新区有较多的相似性。

天津经济技术开发区为天津市滨海新区的重要组成部分，是国家综合配套改革试验区、中国首批国家级经济技术开发区之一。鉴于天津经济技术开发区在国内乃至国际范围内具有较强的实力和较好的发展经验，尤其在地理位置上相对其他经济特区和新区，距离雄安新区的位置最近，社会、人文等方面较为相近，因此选取天津经济技术开发区作为地方层次的分析对象。

由于每个城市和地区发布的统计数据不同，因此在每类数据指标的选取中略有差异，采用相近指标进行分析，并且由于统计机构发布时间问题，个别年份数据会有缺失，在分析时已经对缺失值进行了处理。

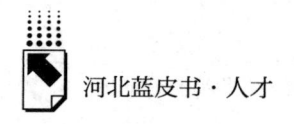

（二）主成分分析

本部分从硅谷、深圳和天津经济技术开发区分别选取与人才机制相关的十个数据指标，并采用主成分分析法对指标进行降维处理，使数据指标降至三个维度，分别对应引才机制、育才机制和用才机制。因此，在因子数量选取中没有使用特征值指标，而是采用固定值为3的因子提取数。虽然这种方法会使提取的主成分对数据变异的解释程度降低，但是为明确三种机制的作用，笔者依然将主成分固定值为3。

1. 硅谷人才机制主成分分析

硅谷是世界知名科技人才聚集地，也是高科技产业集中的区域，因此，本文在人才机制指标的选取中大多数采用科技产业相关数据作为分析依据，指标包括创新与高科技就业增长率、人均收入、风险投资额、太阳能设备发电量、科学工程类学位授予数、员工人均附加值、天使投资额、人均GDP、就业增长率、注册专利数量，分别选取2008~2017年数据作为样本。由于部分样本有缺失值，在数据分析时已经进行了处理（见表1）。

表1 硅谷主成分得分系数矩阵

	主成分 1	主成分 2	主成分 3
创新与高科技就业增长率	-0.219	-0.091	0.593
人均收入	0.200	0.124	-0.149
风险投资额	-0.164	-0.231	0.665
太阳能设备发电量	0.316	-0.135	-0.038
科学工程类学位授予数	0.453	-0.246	-0.129
员工人均附加值	-0.056	0.057	0.261
天使投资额	-0.012	0.485	-0.291
人均GDP	0.266	-0.050	-0.059
就业增长率	-0.324	0.528	0.058
注册专利数量	0.171	0.237	-0.240

资料来源：2009~2018年硅谷指数报告（Silicon Valley Index）和美国经济分析局（U.S. Bureau of Economic Analysis）。

从表 1 分析可知，主成分 1 中的人均收入、太阳能设备发电量、科学工程类学位授予数、人均 GDP 分数较高，主成分对原始变量的解释力较强。其中，人均收入代表地区收入水平，太阳能设备发电量代表地区环境质量，科学工程类学位授予数代表地区教育水平，人均 GDP 代表地区经济发展水平，这些都是地区吸引人才的重要条件，因此将主成分 1 标注为引才机制，用 F1 表示。主成分 2 中的天使投资额、就业增长率分数较高，对原始变量的解释力较强，且代表使用人才的指标，因此将主成分 2 标注为用才机制，用 F2 表示。主成分 3 中的创新与高科技就业增长率、风险投资额分数较高，对原始变量解释力较强，代表培育人才的指标，因此将主成分 3 标注为育才机制，用 F3 表示。根据成分得分系数构造主成分得分表达式：

$F1 = -0.219X1 + 0.200X2 - 0.164X3 + 0.316X4 + 0.453X5 - 0.056X6 - 0.012X7 + 0.266X8 - 0.324X9 + 0.171X10$

$F2 = -0.091X1 + 0.124X2 - 0.231X3 - 0.135X4 - 0.246X5 + 0.057X6 + 0.485X7 - 0.050X8 + 0.528X9 + 0.237X10$

$F3 = 0.593X1 - 0.149X2 + 0.665X3 - 0.038X4 - 0.129X5 + 0.261X6 - 0.291X7 - 0.059X8 + 0.058X9 - 0.24X10$

2. 深圳人才机制主成分分析

深圳经济特区是我国最早的经济特区，是世界上发展最快的城市之一，经过几十年的发展，已经具备较为完善的人才机制。因此，本文选取 R&D 人员数量、R&D 经费支出、人均工资、绿化覆盖面积、国家级科研机构数、高校毕业生数、参加科技项目人员数、人均 GDP、城镇就业率、授予专利数量作为数据指标。选取 2007~2016 年数据作为样本，由于部分样本有缺失值，在数据分析时已经进行处理（见表2）。

表2　深圳主成分得分系数矩阵

	主成分		
	1	2	3
R&D 人员数量	-0.166	0.337	-0.083
R&D 经费支出	0.166	0.016	0.010
人均工资	0.039	0.140	0.094
绿化覆盖面积	0.824	-0.661	-0.465

续表

	主成分		
	1	2	3
国家级科研机构数	0.041	0.127	0.204
高校毕业生数	0.195	-0.030	0.137
参加科技项目人员数	-0.277	0.421	-0.154
人均GDP	0.122	0.059	0.047
城镇就业率	-0.208	0.182	0.734
授予专利数量	-0.160	0.338	0.102

资料来源：2007~2016年《深圳统计年鉴》。

从表2分析可知，主成分1中的R&D经费支出、绿化覆盖面积、国家级科研机构数、高校毕业生数、人均GDP得分较高，对原始变量的解释力较强，并且分别代表吸引人才的不同方面，因此将主成分1用引才机制来标注，用F1来表示。主成分2中的R&D人员数量、参加科技项目人员数、授予专利数量得分较高，对原始变量的解释力较强，代表培育人才的指标，因此将主成分2用育才机制来标注，用F2来表示。主成分3中只有城镇就业率得分较高，代表使用人才的指标，这主要是由于主成分3特征值较低，因此将主成分3用用才机制来标注，用F3来表示。根据成分得分系数构造主成分得分表达式：

$F1 = -0.166X1 + 0.166X2 + 0.039X3 + 0.824X4 + 0.041X5 + 0.195X6 - 0.277X7 + 0.122X8 - 0.208X9 - 0.160X10$

$F2 = 0.337X1 + 0.016X2 + 0.140X3 - 0.661X4 + 0.127X5 - 0.030X6 + 0.421X7 + 0.059X8 + 0.182X9 + 0.338X10$

$F3 = -0.083X1 + 0.01X2 + 0.094X3 - 0.465X4 + 0.204X5 + 0.137X6 - 0.154X7 + 0.047X8 + 0.734X9 + 0.102X10$

3. 天津经济技术开发区人才机制主成分分析

天津经济技术开发区是我国区域性开发区中发展较好的一个，不仅集聚了大量世界知名企业，同时集聚了来自世界各地的优秀人才，构建了较为完备的区域性人才机制。因此，本文选取科技发展资金投入、国家级高新技术企业数、从业人员人均报酬、绿地面积、孵化器企业数、高校在校生数、各类培训人数、人均 GDP、全员劳动生产率、科技成果鉴定数作为数据指标。选取 2012~2016 年数据为样本（见表3）。

表3　天津经济技术开发区主成分得分系数矩阵

	主成分 1	主成分 2	主成分 3
科技发展资金投入	0.287	-0.235	0.533
国家级高新技术企业数	0.151	-0.013	-0.059
从业人员人均报酬	0.089	0.123	-0.203
绿地面积	0.013	0.311	-0.126
孵化器企业数	0.202	-0.128	0.064
高校在校生数	0.087	0.172	0.215
各类培训人数	0.261	-0.286	0.248
人均 GDP	-0.206	0.591	-0.323
全员劳动生产率	0.014	0.244	-0.463
科技成果鉴定数	0.103	-0.092	0.883

资料来源：2012~2016 年天津经济技术开发区统计公报。

从表3分析可知，主成分1中的科技发展资金投入、国家级高新技术企业数、从业人员人均报酬、孵化器企业数、各类培训人数、全员劳动生产率得分较高，对原始标量的解释力较强，且多数变量代表了培育人才的指标，因此将主成分1用育才机制来标注，用 F1 来表示。主成分2中绿地面积、高校在校生人数、人均 GDP 分数较高，且代表了引进人才的指标，因此将主成分2用引才机制来标注，用 F2 来表示。主成分3中只有科技成果鉴定数分数较高，且代表了使用人才的指标，这主要是因为主成分3特征值较低，因此，将主成分3用用才机制来标注，用 F3 来表示。根据成分得分系数构造主成分得分表达式：

$$F1 = 0.287X1 + 0.151X2 + 0.089X3 + 0.013X4 + 0.202X5 + 0.087X6 + 0.261X7 - 0.206X8 + 0.014X9 + 0.103X10$$

$$F2 = -0.235X1 - 0.013X2 + 0.123X3 + 0.311X4 - 0.128X5 + 0.172X6 - 0.286X7 + 0.591X8 + 0.244X9 - 0.092X10$$

$$F3 = 0.533X1 - 0.059X2 - 0.203X3 - 0.126X4 + 0.064X5 + 0.215X6 + 0.248X7 - 0.323X8 - 0.463X9 + 0.883X10$$

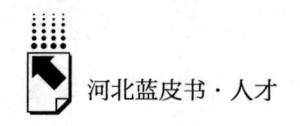

（三）回归分析

用主成分分析的结果对硅谷、深圳、天津经济技术开发区进行回归分析，得出三地主成分与 GDP 之间的线性回归关系。表4至表6为三地人才机制主成分与 GDP 之间的线性回归分析结果。

（1）硅谷回归分析调整后的 R^2 为 0.972，解释变量与因变量之间有较好的拟合度，适合进行回归分析。通过表4的分析结果，构建硅谷人才机制与 GDP 之间的线性回归方程：

$$GDP = 2296.307 + 254.996 \times 引才机制 + 134.723 \times 育才机制 + 88.597 \times 用才机制$$

表4　硅谷人才机制主成分与 GDP 回归分析结果

模型	非标准化系数 B	标准误差	标准系数 试用版	t	Sig.
（常量）	2296.307	20.676	—	111.062	0.000
引才机制	254.996	22.649	0.840	11.258	0.008
用才机制	88.597	22.649	0.292	3.912	0.040
育才机制	134.723	22.649	0.444	5.948	0.027

由硅谷人才机制与 GDP 之间的线性回归方程可知，硅谷人才机制权重顺序为：引才机制>育才机制>用才机制。

（2）深圳回归分析调整后的 R^2 为1，由于已经用主成分分析排除了多重共线性的问题，说明解释变量与因变量完全拟合。通过表5的分析结果，构建深圳人才机制与 GDP 之间的线性回归方程：

$$GDP = 12208.327 + 1491.535 \times 引才机制 + 1380.401 \times 育才机制 + 252.171 \times 用才机制$$

表5　深圳人才机制主成分与 GDP 回归分析结果

模型	非标准化系数 B	标准误差	标准系数 试用版	t	Sig.
（常量）	12208.327	0.000	—	—	—
引才机制	1491.535	0.000	0.728	—	—
育才机制	1380.401	0.000	0.674	—	—
用才机制	252.171	0.000	0.123	—	—

由深圳人才机制与 GDP 之间的线性回归方程可知，深圳人才机制权重顺序为：引才机制>育才机制>用才机制。

（3）天津经济技术开发区回归分析调整后的 R^2 为 0.996，解释变量与因变量之间有较好的拟合度，适合进行回归分析。通过表 6 的分析结果，构建天津经济技术开发区人才机制与 GDP 之间的线性回归方程：

GDP = 2692.016 + 278.190 × 育才机制 + 185.503 × 引才机制 + 60.446 × 用才机制

表 6　天津经济技术开发区人才机制主成分与 GDP 回归分析结果

模型	非标准化系数 B	标准误差	标准系数 试用版	t	Sig
（常量）	2692.016	9.291		289.746	0.002
育才机制	278.190	10.388	0.818	26.781	0.024
引才机制	185.503	10.388	0.546	17.858	0.036
用才机制	60.446	10.388	0.178	5.819	0.048

由天津经济技术开发区人才机制与 GDP 之间的线性回归方程可知，天津经济技术开发区人才机制权重顺序为：育才机制>引才机制>用才机制。

（四）结论

第一，在区域性经济技术开发区或自由贸易区等规模和区域面积较小的人才机制构建中，直接引入高端人才的方法并不适用，而适用于间接引入人才，并培育本地区现有人才以促进地区经济和社会发展。因为区域性的经济开发区面积较小，一般基于国家政策导向建立，对企业吸引力强，但是基础设施、生活生态环境、科研机构等并不十分成熟，对个人的吸引力较弱。

比如天津经济技术开发区，吸引了国内外众多知名企业落户，因为有充分的政策保障，这些企业在本区域内发展得非常好。但是因为条件限制，天津经济技术开发区不可能直接引入两院院士或国际知名学者，由于没有世界顶尖的高校和科研机构作为平台，这些专家直接引入后没有用武之地。而通过引入世界知名企业，这些企业会带来高技术的研发团队，以企业为载体，这些高技术研发团队和专家可以很好地为地区发展服务。同时以企业为平台，培养研发、管理等各方面人才，即使无法直接引入顶尖科研和管理人才，但是通过企业平台的培养，依然能够构建较为科学合理的人才机制为地区经济发展服务。雄安新区在发展初期，尚未形成区域经济的规模效应，但有一定的政府各项优惠政策支持，其状况和天津经济技术开发区较为类似，因此这一时期应引入高质量企业，以企业引入人才，采用间接引入人才的方式较为合适。

第二，对于达到一定规模的经济特区及对国内人才和部分国际人才具有吸引力的区域或城市，引进人才机制和培育人才机制同等重要。在引入全球范围内人才的同时，因为还没有具备吸引国际顶尖人才的能力，还需要依托自身平台培育本区域内的人才以推动地区经济社会发展。

以深圳经济特区为例，由于政策倾向，以及拥有部分具备国际竞争力的企业和国际水平的实验室，深圳已经引入多个诺奖级专家团队入驻。并且经过几十年的发展，深圳已经拥有多所大学和科研机构，包括自身建设的深圳大学和南方科技大学，已经发展成为极具科研能力的国内知名高校，依托这些平台培育自有人才队伍，通过引才和育才并举，推动人才机制为地区经济发展服务。雄安新区经过一段时间的发展之后，将具备一定的国际影响力，同时对区域经济和社会发展将产生一定的影响，这一阶段将与深圳经济特区的发展状况非常相似。因此，这一时期应采用引进人才和培育人才共同发展的方法，推进人才机制的完善以促进地区经济发展。由于具有一定的国际影响力，并且集聚了一批国内极具实力的企业和部分具备国际竞争力的企业，同时具备比较优质的生活生态环境、科研及高校平台，通过新区的政策倾向，可以直接引入部分世界级专家和技术人员，并且已经形成高校和科研平台，可以同时培育自有人才，为促进地区经济发展服务。

第三，对于已经达到国际顶尖科研水平且集聚了世界顶尖企业的地区和城市，由于已经有很好的科研技术平台及企业平台，科学合理地构建引进人才机制便能够充分发挥整体人才机制的作用，使人才机制推动人才集聚效应的充分发挥。

如美国硅谷不仅拥有英特尔、苹果、谷歌、脸书、特斯拉等全球顶尖科技企业，还拥有斯坦福大学、加州大学伯克利分校等世界顶尖高校，可以为硅谷培养世界级顶尖人才，同时由于硅谷成熟的产业结构和科研平台，可以很好地留用人才。因此，硅谷利用自身优势，吸引全世界范围内的科技人才聚集到硅谷，为企业和地区服务，推动区域经济的发展。截至2018年，硅谷GDP已经占美国最富裕的加利福尼亚州GDP的10.4%。在雄安新区发展成熟之后，将拥有世界顶尖企业和顶尖大学及科研机构，科技能力和管理能力居全球前列，完全有能力培育本地区人才并且很好地留用人才。为集聚更多的全球顶尖人才，利用自身优势产业及科研机构平台来吸引人才就成为促进经济和社会发展最主要的手段。

二　雄安新区人才机制构建的总体规划

（一）实施柔性引才政策

在不改变区外人才的人事、档案、户籍、社保等关系的前提下，坚持"不求所有、但求所用"，吸引区外高层次人才通过挂职、兼职、周末工程师等形式在新区创业，鼓励各类专家通过项目合作、技术咨询、智力入股等方式为新区经济社会发展提供智力支持；坚持"引进来"和"走出去"相结合，定期组织海外高层次人才雄安行、重大项目全球路演等活动，搭建用人单位与海外人才之间的对接平台；以"外专百人计划"为牵引，完善符合留学人员特点的引才措施，支持企业招揽聘用海外人才；探索试行外籍人才长期居留和技术移民制度，积极争取人才落地签证和开放绿卡政策。

（二）搭建人才创新平台

依据新区主导产业发展需求，建立高端产业公共研发平台，进行科技项目创新，培养产业急需人才，实施特殊人才储备；鼓励京津各类人才利用先进科学技术、设备和资金等条件，与雄安新区高等院校、科研院所、企业单位开展合作研究，建立合作研究开发基地；鼓励和支持新区企事业单位建立"院士工作站""专家工作站""技能大师工作室"等，促使优秀人才向新区聚集；加强留学人员创业园、博士后科研流动站、工作站、博士后创新实践基地和高新技术示范区建设，鼓励海外人才到雄安新区创办高新技术企业，转化科研成果。

（三）加大区域人才合作

积极推进京津冀区域人才合作，定期举办京津高层次人才雄安行、创业周活动，使京津人才和高科技成果，与新区创新载体、创业资本等要素进行对接；加强环渤海区域人才合作，积极推进雄安新区与环渤海区域人才智力交流，探索与环渤海省市实行相对统一的人才政策措施，为吸引高层次人才跨地区智力服务、科研合作、投资创业创造宽松环境；引导支持各类科技园区、科研院所、大企业集团、高等院校通过共建科技创新平台、合作开展教育、共同实施重大项目等方式，培养高层次人才和创新团队；实施优秀人才创新项目择优资助计划，对新区高层次人才发起举办全国性或国际性重大学术交流活动及创新型人才和团队参加高端培训、海外深造等予以经费资助；实行"人才+项目"培养模式，健全重点科研课题、重大项目与重点人才对接机制，促进学科链、产业链和人才链的有机融合。

（四）开展国际人才交流

加大新区利用国外优质教育、科技等资源培养创新型人才的力度，积极探索与国外高水平大学、科研机构和跨国公司合作培养创新型人才的有效途径，努力在较短时间内培养一批跻身世界科技前沿的创新型人才；积极开发各类国际学术交流和合作项目，鼓励新区开展国际科研项目合作，支持高层次创新人才参与"国际科技合作重点项目"、国际科技合作计划，参加国际学术交流活动；探索建立新区与科技领先国家之间长效人才交流机制，有计划地支持高层次创新型人才参与重要的国际和区域组织，支持高层次创新人才担任国际科学组织领导职务；鼓励雄安新区举办重要的国际学术会议和专题研讨会，为高层次创新人才与国际一流人才对话交流搭建有益平台。

三 雄安新区人才机制构建的对策建议

（一）雄安新区人才机制构建原则

1. 构建市场主导的人才机制

充分发挥市场在人才资源配置中的基础性作用，营造尊重人才、公平对待人才的社会氛围，构建有利于人才成长的综合载体，以高新产业项目为引领培育人才，形成多层次、多方位的教育培训体系。整合人才资源，调整人才结构，平衡人才需求。

2. 发挥政府在人才机制构建中的重要作用

政府是人才资源配置的重要力量，在引才、育才、用才方面，政府的政策起到直接构建人才机制的作用。除直接依靠政策引进并培育使用人才外，政府还要通过产业规划和政策扶持，引进大量高质量企业，再把构建人才机制的各项政策和资源分配给企业，由企业引入、培育和使用人才，起到构建人才机制的作用。

3. 激发企业在人才机制构建中的积极性

企业需要增强人才机制构建的意识，明确科学的人才机制对企业发展的重要意义，使企业积极主动地推动人才机制的构建。以薪酬为基础性手段构建引才机制，规模型企业以优势资源吸引并培育人才，在企业运行中提高现有人力资源使用效率、提高科研成果转化率等，充分发挥企业人才使用机制的作用。

（二）引才机制构建的建议

1. 建立多元化的人才发展经费筹集机制

经济基础决定上层建筑，人才机制的构建、人才的发展，尤其是高端人才的引进、培养需要经费的支持。建立多元化的人才发展经费筹集机制，有利于从多方面筹集资金，支撑人才机制的构建和发展，为人才建设提供保障。雄安新区的人才机制建设是创新性的建设，在人才发展经费筹集上也需要进行创新。政府要改变以往直接以财政拨款来推动人才引进和培养的方式，通过设立人才发展基金，由政府主导，由社会机构或企业进行运作，鼓励社会各方面积极投入人才引进和培养资金，形成以政府为主，企业、事业、个人捐助等多元化的人才经费筹集机制，为雄安新区人才机制提供强有力的资金保障。另外，充分发挥企业和民间基金的作用，借鉴国外高校校友捐助的模式，以政府为引导，发挥其他形式的资金作用。在雄安新区人才机制建设初期，政府可以起到主导作用，人才机制构建以政府资金为主。新区人才建设发展到一定程度，就需要发挥企业和有资金实力的个人及民间团体的作用，充分发挥市场在资源配置当中的作用，以政府为引导，设立多种形式的民间人才基金，多方位促进雄安新区人才发展经费筹集机制的形成。

2. 搭建高端人才工作创业平台

高端人才对雄安新区整体的发展至关重要，引入和培养高端人才到雄安新区工作和创业，构建高端人才工作创业平台是雄安新区人才机制的重要内容。在具体实施当中，首先要从规划之初就构建新型产业体系，逐步培育高端高新技术企业，以政府政策和资金支持企业建立高新技术研发中心和实验室等机构，不断强化企业在引入人才和培育人才方面的主体地位；其次要创建海外留学归国人员创新创业园区，在不同机构和单位设立博士后科研流动站，以优质的平台资源吸引更多的博士后到新区从事科研工作；再次要设立并不断优化国内研究生及以上学历人员的社会实践基地建设，将国内高等院校研究生实践基地作为引入和培养科研人员和高技术人员的资源平台，组建不同行业协作基地，提升新区产业竞争力；最后要加强科技企业孵化器建设，通过借鉴国内外其他高新区的经验，结合雄安新区自身产业特点，通过孵化器为创业企业和创业人才提供优质的环境和服务，帮助创业企业加快成功步伐，加速将科研成果和专利转化为生产力，并依托孵化器企业鼓励国内外高端人才到雄安新区创业或进行科研合作。

3. 提高人才资源开发能力

21世纪是知识经济的时代，而人才是知识经济时代的第一资源。雄安新区要建设未来之城，成为未来城市建设的典范，人才是关键要素。培养较强的人才资源开发能力是人才机制构建的重点，在规划之初就要认识到加强人才机制创新和实施人才战略的重要性，坚持把人才资源开发任务放在政府主要部门。雄安新区各级行政机构要设立专门的人才资源开发领导小组，负责人才的引进、培养和使用等工作，将人才开发战略放在最重要的位置上。相关部门要制定切实可行的政策法规，结合雄安新区经济、社会发展需要和产业特色，定期发布人才资源需求说明书和重点产业人才需求说明书，对整体人才资源的供需状况进行调控，以企业为主要载体，充分提高人才资源的开发能力，形成以政府为调控主体、以企业为实施主体、以社会为实践主体的人才资源开发结构。

（三）育才机制构建的建议

1. 提高职业教育和继续教育在人才培养体系中的比重

雄安新区产业发展的重点是高端高新产业，所需人才也是相应的高端人才，但高端人才既包括具备高学历和相关理论知识的科研人员，也包括高新技术产业中工作在实际操作岗位的技术人员。由于我国职业教育比较滞后，近年来技术工人尤其是熟练技术工人奇缺，很多工科类职业院校的毕业生供不应求。雄安新区为推进高新技术产业的发展，应大力发展职业教育和继续教育，为本地发展培养人才。在这方面，雄安新区可以借鉴美国的经验。美国有实力雄厚且发展非常成熟的职业教育体系，早在1963年美国政府就颁布了《职业教育法》，通过法律的形式规定联邦政府每年要向各州提供数以亿（美元）计的专项职业教育补助经费，同时完善职业教育资格证书和资格鉴定制度。目前我国也逐步建立起各职业的资格证书制度，需要在今后更加完善。在雄安新区职业教育体系建设中，中央对雄安新区的教育补助经费应有所侧重，重点扶持建设一些急需人才的专业，并增加对职业技术教育的经费支持。

美国人口不到我国的四分之一，GDP却是全球第一，人均GDP要远高于我国，而人均GDP直接反映了国民素质。国民素质的整体提升不能仅依靠高等教育，还需要依靠继续教育。美国之所以整体国民素质较高，就在于美国政府十分重视继续教育，每年用于继续教育的经费支出可以达到1000亿美元，每年有超过2300万人接受继续教育。因此，雄安新区作为引领未来人才发展模式的新城，在整体人员素质提升上要重视继续教育的投入，不论何种起点，经过继续教育的培养都能够从整体上提升新区内人员素质。除经费投入外，必要的立法对继续教育也至关重要，美国在1996年就颁布了《成人教育法》，将继续教育法律化，要求企业每年至少以其全部工资总额的1%用于员工继续教育和培训，并逐年递增，如果不能达标，企业就需要向政府上交工资总额的1%用于国家的继续教育资金投入。雄安新区可以仿照美国的做法，结合自身发展的实际，制定相关的法律法规来保障继续教育的大面积实施。

2. 注重实施人才的分类培养

为满足雄安新区不同类型的人才需求，需要在人才培养机制中实施分类培养。首先要在专业技术人才当中培养一批不同层次、不同专业类型的学术和科技带头人，并且每年组织他们到全国乃至全球知名高校和科研机构及著名企业进行学习培训，培养具有世界眼光的学术和技术带头人。其次要对政府管理和社会管理人员进行在职分类培训，在公共管理队伍中培养一批具有硕士及以上学位、掌握多年社会管理经验的骨干，并定期委派到国外进行培训，学习国外先进的社会管理经验和技术，回国后培训、指导其他人员。最后要对新区各类企业领导人进行分类培训，让已经成型且具有一定规模的企业领导人，进入各高校的商学院进行学习，取得MBA或学历文凭，提升管理技能。在具体构建人才分类培养体系中，应根据社会经济发展的需要，有计划地培养不同类别的各层次人才，要加大对政府中高级领导干部、优秀企业家和创业者及各领域专家等高层次、高技能和复合型人才的培养力度，特别是各领域领军人物的培养力度。

3. 重点培养科技人才

雄安新区发展的重点产业主要有新一代信息技术产业、现代生命科学和生物技术产业、新材料产业等，大多数属于高科技产业，未来产业发展的方向也是以科技产业为主。因此，科技人才的培养至关重要，要放在人才培养体系中非常重要的位置。科技产业是未来全球的发展趋势，科技人才决定了一个地区或一个国家人才的综合实力。本文在实证研究部分中采用的两个样本美国硅谷和深圳就是典型的例子。美国硅谷拥有全球顶尖科技人才，是全球科技企业的聚集地，在硅谷中集聚了一大批科技创新人才和创业人才。深圳从特区发展之初就不断推动科技产业的发展，已经集聚了国内顶尖的科技企业，并且逐步具备国际竞争优势，如华为、腾讯、中兴等大型科技企业。2015年深圳每万人拥有R&D人才257.86人，比北京总体多出近100人，而同期上海和天津每万人拥有R&D人才分别是100.5和114.89人，只有深圳的39%和45%。集聚了大量科技人才是深圳高速发展的最重要原因。雄安新区作为我国的第三个新区，其规划目标要远高于深圳和上海浦东，因此科技产业发展的规模和速度也要高于深圳，也就是说，雄安新区要将人才培养重点放在科技产业人才上，推动科技产业快速发展，才能尽快成为具有国际竞争力和领导力的产业新区。

（四）用才机制构建的建议

1. 深化机关、事业单位以及国有企业分配制度改革

雄安新区的事业单位人事制度改革将走在全国前列，而机关事业单位分配制度改革也是事业单位改革的重要组成部分。在具体实施中，要继续推进以按劳分配为主体、多种分配方式相结合的收入分配制度，要使技术管理、生产资本等要素参与收入分配的改革，不断探索收入分配的新形式，使新的收入分配制度能够最大限度发挥人才的积极性，推动新区的经济发展。在事业单位分配制度改革中，要进一步扩大事业单位分配的自主权，充分调动各方面积极性，使内部分配发挥最大的活力。雄安新区在分配制度改革中，要走在全国的前列，敢于探索和试验，不断发现收入分配改革的新形式。要加

紧修改与新的分配制度不相适应的政策和法规，从根本上放开制度改革的束缚。尽快推出人才引进、培养和使用的新政策，尤其是收入分配方式的规范化政策和文件，健全新区人才体系。在具体工作中，要将和人才相关的职称评定、聘用、工资、奖励等尽快和新的收入分配法规相适应，构建完整的人才体系。尤其在职称评定上，要遵守"个人申报、社会评审、单位聘任"的办法，对于科研型人才，改变以往只重著作论文的评定方式，注重工作的实效和业绩，从多角度多方位进行评定，不漏掉一个合格人才。在人才收入问题上，要遵循市场规律，逐步推行以市场供需为主的收入分配方式，人才收入按市场机制调节。对于高新技术产业发展急需的高端人才和领军人物，要按照国际通行标准支付报酬，必要时政府要给予适当支持。在人才贡献激励上，可以设立各类人才奖励基金，筹集社会各方面资源，对有突出贡献的人才实施重奖，对新区整体人才起到激励作用，着重发挥人才的创新能力，以创新能力为重要指标构造新的分配制度。

2. 实施创新人才评价机制

在用人机制的构建方面，创新型人才的定义较为模糊，对创新型人才进行评价就比较困难。但是评价机制是用人机制的重要组成部分，没有很好的评价机制，人才使用效率就没有保障。雄安新区要保障高质量发展，确保在人才机制实施当中的"雄安质量"，就必须构建符合雄安新区特点的人才评价机制。首先，要突出人才品德和潜力的评价维度。对创新型人才而言，评价的高低不仅体现在素质和能力方面，还包括品德和潜力。对人才以往的评价，即选拔性评价，主要针对人才的品德，衡量人才对工作的责任心等。对于人才未来的评价，即激励性评价，主要针对人才的潜力，衡量人才未来能够做出贡献的增值度。其次，要构建差异化的人才评价体系。对基础型研究的人才，要以研究成果和创新性为评价的主要指标；对创业型的人才，要以创业的营利性、成果的可行性和产业化的实现性为主要评价指标。再次，要根据不同类型、不同层级的人才特点采用书面评审、现场答辩、考核认定等不同的评价方式，促进评价方式方法与人才的专业属性、职业特点和岗位要求相匹配。例如，对于科研理论性创新人才，要对其科研成果、成果的影响力进行评价，而对于创新创业型人才，要实地考察其创业项目、绩效认定等情况。最后，要加强创新人才评审队伍建设。评审队伍质量的高低直接决定了创新型人才队伍质量的高低。评审队伍要坚持多元化原则，由各专业各领域的不同专家组成，对人才评审时尽量做到全面、细致、专业。另外，还可以引入第三方评价机构，由专业的评审公司来对人才的引入、培育和使用进行专业性评价，提高评价效率。

3. 构建大数据和人才机制相结合的人才供需系统

雄安新区的发展需要以人才为推动力，而人才的结构决定了雄安新区发展的质量。任何一个区域，人才赘余则会拖累社会的发展和经济的增长，人才不足则导致经济发展缺乏动力。人才结构还要适应新区产业结构的变化，根据产业结构的发展变化进行动态调整，这就需要构建大数据和精准数据相结合的人才供需监测系统。雄安新区以发展高端高新产业为主要方向，大数据也是其产业发展的重点，因此，构建大数据人才供需监测系统也较为便利。系统的主要作用是集成人才各项信息，包括个人专业类型、潜在意愿、所在区域和职业意愿等，同时整合用人企业和单位的各项用人信息和要求，为人才和用人单位进行信息匹配。整个系统整合了人才和单位的海量信息，甚至可以设置人才性格、个性特征、个人情绪等细节模块，方便人才和企业更好地匹配。另外，在大数据监测系统中还将提供产业变化趋势信息及区域内人才专业变化信息，较为完整地描述雄安新区内人才结构与产业结构变化的情况，实时反映人才流动的情况。

4. 加速推进本地农业人力资源转型

雄安新区发展的一个重要组成部分就是本地人的参与和推动，雄安新区的发展离不开也不可能离开雄安人的发展和进步。一个地区的人口结构、就业结构和城乡结构能够反映一个地区或城市发展的速度和潜力。例如，我国设立的第一个经济特区深圳，最初只是一个以农业为主的小城镇，现在农业人口占比已非常低。人口结构的转型成功是深圳成功的一个非常重要的因素。当前，雄安新区农业人口约有100万人，组成雄安新区的容城县、安新县和雄县及周边区域产业大多以农业为主，正是如此，雄安新区才具备现有开发程度低、可开发潜力大的优势。但在新区发展中，农业人口的转型尤为重要。一方面，要加快农业人口向城镇人口转换的速度，随着新区产业的发展，在妥善安置生活保障的前提下，吸引一部分农业人口向城镇流动、就业；另一方面，依据雄安新区发展现代生态农业产业，加快本地农业产业生产模式的转型，推动传统农业尽快转型为新型生态农业，提高人均生产率和生产质量，提升新区内整体产业的水平，促进新区整体人力资源水平的提升。

参考文献

张同全：《人才集聚效应评价指标体系研究》，《现代管理科学》2008 年第 8 期。

张同全、王乐杰：《我国制造业基地人才集聚效应评价——基于三大制造业基地的比较分析》，《中国软科学》2009 年第 11 期。

任月红、赵全军：《我国人才特区建设研究》，《中国劳动》2014 年第 4 期。

萧鸣政、韩溪：《改革开放 30 年中国人才政策回顾与分析》，《中国人才》2009 年第 1 期。

陈颖、朱柳萍：《北部湾经济区人才政策体系的平衡观探析》，《市场论坛》2009 年第 4 期。

杨蕾、郭鑫：《基于混沌粒子群算法的陕西省企业人才政策系统优化》，《西北大学学报》（自然科学版）2017 年第 4 期。

瞿晓理：《"大众创业，万众创新"时代背景下我国创新创业人才政策分析》，《科技管理研究》2016 年第 17 期。

胡威：《我国地方政府人才政策创新动因研究——基于北京、上海和浙江的分析》，《行政论坛》2018 年第 1 期。

黄海刚、曲越：《中国高端人才政策的生成逻辑与战略转型：1978～2017》，《华中师范大学学报》（人文社会科学版）2018 年第 4 期。

刘忠艳、赵永乐、王斌：《1978～2017 年中国科技人才政策变迁研究》，《中国科技论坛》2018 年第 2 期。

付晓东：《城市"抢人"的区域视角透视》，《新经济导刊》2018 年第 7 期。

赵国钦、张战、沈展西、洪倩：《新一轮"人才争夺战"的工具导向和价值反思：基于政策文本分析的视角》，《中国人力资源开发》2018 年第 6 期。

人民论坛"特别策划组"：《2018：爆发原因、参展类型、争夺目标、战略差异　本轮"人才争夺战"》,《人民论坛》2018年第15期。

李家福:《城市人才争夺标准的共性与差异》,《人民论坛》2018年第15期。

林宝:《2018：各地都在争夺什么样的人才——人才争夺目标群体的趋势分析》,《人民论坛》2018年第15期。

张国玉:《为什么会爆发"人才争夺战"》,《人民论坛》2018年第15期。

孙健敏:《警惕"人才争夺战"可能引发的后患》,《人民论坛》2018年第15期。

赵永乐、王斌:《谨防陷入人才争夺的误区》,《人民论坛》2018年第15期。

穆光宗:《引才与用才何以并举》,《人民论坛》2018年第15期。

Elisabeth J. H. Spelt, Harm J. A. Biemans, Hilde Tobi, Pieternel A. Luning, Martin Mulder, "Teaching and Learning in Interdisciplinary Higher Education: A Systematic Review", *Educational Psychology Review*, 2009 (13).

B.10
非首都功能疏解中雄安新区承接北京随迁人员问题研究

周爱军*

摘　要： 做好首都随迁人员的集中承接是加快首都人口疏解和充实雄安人口根基的双赢之举。当前，非首都功能及随迁人员向雄安的小疏解已成常态，大疏解的序幕正逐步拉开，但在推进过程中也存在外部竞争力不强、北京随迁人员入雄内驱力不足、雄安自身人才承载力偏弱、协同发展机制不健全、三类人员共处融合难等实际困难。对此，本研究提出强化外部竞争力、提升内在吸引力、凸显政策亲和力、优化机构协同力、突出机制牵引力、完善配套支撑力的破解思路。

关键词： 非首都功能疏解　雄安新区　随迁人员

集中承载北京非首都功能，是雄安新区的首要定位；对功能疏解中随迁人员的承接，是雄安新区起步阶段最大的人才共享红利。雄安当前的发展，不仅是交通、生态等基础设施的建设，人口的流入、人才的引进显得更为重要。人口人才流入的首要来源就是北京非首都功能疏解的随迁人员大军，这是雄安新区起步期得以快速发展壮大的人口人才根基。河北省委常委、副省

---

* 周爱军，河北省社会科学院人力资源研究所副研究员，主要研究方向为宏观人才学。

长，雄安新区党工委书记、管委会主任陈刚在接受媒体采访时表示，雄安新区的建设将紧紧围绕"人"这个核心谋篇布局，大力提高基本公共服务水平，发展社会事业，配套优质教育医疗资源，不断增强对疏解北京非首都功能高端人才的吸引力。因此，主动做好功能疏解中随迁人员的有序有效承接，充分用好用足这一红利，是当前和今后一个时期雄安必须要纳入视野的重大问题。

一 需要厘清的基本概念和逻辑关系

（一）首都随迁人员的界定

1. 内涵

有序疏解北京非首都功能是京津冀协同发展重大战略的核心内容，其中疏解区域分为域内疏解和域外疏解，疏解方式分为分散疏解和集中疏解。雄安新区是北京非首都功能域外疏解的集中承载地。按照《京津冀协同发展规划纲要》和以此为基础的系列落实意见、决议等文件，以及雄安新区的五大功能区定位，雄安新区承接的非首都功能主要包括三个方面：一是教育、医疗、培训等社会公共服务功能，二是行政性、事业性服务机构和企业总部等，三是包括高端金融服务业和现代服务业在内的高端高新产业。基于上述的承接功能定位，首都随迁人员的范围可以界定为纳入功能疏解名单的央企总部、高端高新产业、重点高校和科研院所、知名医院和社会培训机构的在职人员及需要随同迁移的家庭成员，如老人、配偶、子女等。另外，与上述疏解单位长期合作为其提供各项生活服务的企业及其从业人员也在其列。

2. 流动特征

基于对首都部分高校、科研机构和企业的抽样调研，首都随迁人员的流动呈现抗拒、中立和接受三个显著特征。一是抗拒。代表性人群多为身居要职、功成名就之人，如企事业单位高管、领军人才等，带有明显的离京恐慌心理。二是中立。代表性人群多为有稳定岗位、工作时间较长、对外部变化不敏感的人员，带有明显的观望心理。三是接受。代表性人群以企事为单位青年骨干、新入职大学生为主，敢于冒险一搏。

（二）非首都功能疏解、雄安新区与首都随迁人员之间的逻辑关系透视

1. 首都随迁人员是非首都功能疏解与雄安新区之间的天然联系纽带

第一层次，集中承接非首都功能疏解是雄安新区的首要政治任务，雄安新区由于内生禀赋的短板也需要依靠承接北京的优质人才资源来借力发展。第二层次，承接首都随迁人员不仅可以为雄安千年大计提供雄厚的人口基础和有力的人才支撑，也可以通过人口人才的集中疏解反向拉动非首都功能疏解的进程。

2. 人员疏解是推动非首都功能疏解的新动力和新路径

从人才流动的一般规律上来讲，人才是随着产业、平台、资金流动而迁移的，因此，非首都功能疏解必然会带动北京人才的挤出式、外溢式疏解。同时，根据羊群效应原理，处于领头羊地位的人才群体流动必然带动服务群体的跟随，从而反向拉动非首都功能的疏解。

3. 人员疏解为雄安新区带来机遇与挑战

集中承载北京优质疏解资源，尤其是人才资源，是河北弥补京冀断崖式发展落差、打造雄安发展极的重大机遇。同时，人员疏解的周期性与竞争性也给承接任务带来严峻挑战。人员疏解自有规律，其疏解频率与强度取决于北京自有引力和雄安内向拉力之间的博弈，注定具有长周期性。此外，首都高端人才的对外疏解并非定向雄安，而是全国范围内的竞争，面对国内成熟特区和发达省份的人才争夺，雄安的压力可想而知。

综上，集中承载非首都功能疏解是雄安新区的首要任务，不仅需要中央的政策支持和北京的实质性帮助，更需要加重雄安自身吸引力的砝码，其中对优质资源尤其是人才资源的承接是重中之重，也是撬动非首都功能疏解的有力支点。

二 首都随迁人员向雄安疏解的现状

(一)国际人口人才疏解方式与借鉴

1. 以产业转移拉动人口迁移

目前,国际上较为主流的人员疏解方式主要有两种,一种为郊区化策略,即把人口和产业从城市的中心迁移到周边郊区。比如,纽约政府采取差别地价和税价,需外迁人口的中心城区地价和税率高,作为迁入地和发展地的郊区等外围区域地价和税率低,以鼓励企业和机构外迁,人口随之迁移。巴黎政府通过给予财政补贴引导中心区产业迁往周边,同时负担一定的搬迁费用,用以实现产业外迁和人口外迁的目标。另一种为卫星城策略,即在中心城市周边合理通勤距离的区域建设新城,以作为中心城市过剩产业或不适合产业的迁移地,不仅从大区域上调整了产业结构,也能带动部分人口外流,从而缓解中心城区的人口压力。东京新宿和伦敦都市圈依托与中心城市的短距离通勤和雄厚的产业传统,实现了生产要素的低成本流动和人口人才的迁移目标。

2. 以低价住房吸引人口外迁

香港通过在城市周边建设新市镇,并提供大量的保障性公共住房,吸引了超过70%的新增人口,为缓解市中心人口压力做出了重要贡献。纽约推出极为优惠的郊区购房、租房和建房优惠政策,有力地拉动了中低收入人群和一部分高收入人群向郊区流动。

3. 以完善的基础设施和公共服务配套吸引中心区人口向外迁移

纽约对郊区基础设施进行了大力度投资建设,在居住环境和教育、医疗条件上同步中心城区,也成为吸引人口向郊区流动的重要条件。东京在郊区的公共设施和服务方面也不遗余力,除原有工农业功能外,丰富充实其社会和文化功能,致力于打造与中心城区无差别的公共服务环境。首尔更是重视卫星城的公共资源配置,其生活质量甚至高于首尔市区。

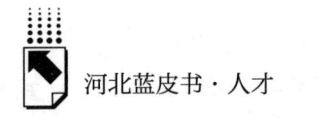

4.通过行政手段和法律手段引导人口疏解

伦敦和纽约通过出台城市发展规划，界定土地功能，实现区域人口合理布局。东京、首尔通过立法来推动迁都、迁行政机构，从而最终实现人口疏解的政策意图。

（二）现有方式下首都随迁人员疏解的效果

近年来，北京市综合采取以业引人、以房控人等政策调控手段，一方面控制外来流动人口的增速，另一方面旨在拉动中心区人口外流。但从实际政策效果来看，不容乐观。

1."以业引人"策略

这一策略遵循的是以产业转移带动人口迁移的思路。在执行过程中，核心区市场的拆除、企业的迁移是顺利且高效的，但实际带动迁移的核心区人口却是极少的。因此，产业转移带动人口迁移并不总是可靠的，还受到迁移地的承接环境及其人口的偏好等综合因素的影响。

2."以房控人"策略

北京先后出台住房引导新政，先是推出3000套共有产权住房，并强调人才优先，以解决刚需为主；后是出台公积金个人贷款新政，将贷款与缴存年限挂钩，收紧城中心区住房政策，同时对郊区购房提高公积金贷款上限，旨在消灭刚需，推动中心区人口向周边疏解，具体政策效果值得期待。

3.卫星城策略

雄安新区的设立是北京在人员疏解方面对卫星城策略的重大创新，它采用了一种跳出北京去解决城市问题的思路，既避免成为燕郊一样的"睡城"，也避免了"摊大饼式"发展固有的困境。截至2018年，北京已在教育、医疗、交通、金融、总部经济方面都与雄安进行了合作和对口援助，部分挂牌央企和落地民企开始大规模招聘，点状疏解全面开花。从非首都功能和随迁人员向雄安集中疏解的发展趋势上看，这将是一个渐进的过程，目前能真正迁出的大部分是行政动员能力可以覆盖的公有制机构及所属人员，还有一部分出于土地成本考虑的民营企业及其从业者，但在北京和雄安的共同努力下，京雄两地的干部人才交流越来越深入，北京高端高新产业等优质资源的输入与承接也在积极磋商，全面疏解的序幕正缓缓拉开。

值得重点提出的是，为打牢承接基础，雄安在水土环境、绿化覆盖率、数字化城区和社会治理等方面反复打磨，深耕细作、夯实根基，力求厚积薄发，为随迁人员和天下英才创造一个最优的城市环境。雄安的未来可期。

三 雄安新区集中承载首都随迁人员需破解的几个难题

承接疏解北京随迁人员，涉及央属机构、北京、河北、雄安多个主体，还有来自其他省份的竞争。因此，雄安对首都随迁人员的承接不是一接了之那么简单，需要破解能否接到、能否接住、能否接好等诸多难题。

（一）外部竞争实力不强：国内发达省市长期以来对北京外溢人才垄断式吸纳的固有格局不易打破

长期以来，河北的人才竞争总态势呈现"净流出高于净流入，高质量流出、低水平流入"的特点，人才基础持续积弱。因此，无论是改革开放初期的"孔雀东南飞"，还是进入21世纪后的"进军北上广"，抑或现在的"回归新一线"，几乎听不到河北与雄安的声音。实际上，首都人才引用问题是河北多年来一直在努力求解的"老大难"问题，近年来，尽管河北对首都人才，特别是智力引用不断取得进展，但总的来说，河北对首都人才、智力引用的规模、数量、成效还很不理想，特别是对高层次创新智力资源的引用还只是"冰山一角"，微不足道。当前，来自全国发达省份和成熟特区的竞争再一次给河北和雄安带来严峻挑战。作为中央明确的非首都功能集中承载地，雄安能否把握机会，共享首都人才红利，极为考验河北和雄安的政治智慧。

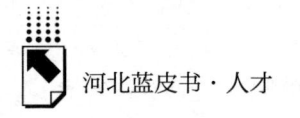

（二）北京随迁人员入雄的内生动力不足：京雄断崖式发展落差与"孔雀东南飞"的惯性依赖成为人员流动的思维天堑

北京外迁人才能否落地雄安，关键取决于随迁人员的自我决策，其决策依据就在于对留京还是入雄的优劣势分析以及在此基础上的选择偏好。从人才个人决策角度来看，雄安具备优势的一面包括：①新的事业平台和无限潜力；②摆脱北京的高生活成本和交通、子女上学等大城市病的负面效应。体现劣势的一面包括：①北京人天生对河北的优越感；②从繁华都市发配到落后地区的失落感；③短期内无法享受北京原有完善社会服务的不适感。对部分首都高校和科研机构在职人员的抽样调研结果显示，当前阶段，多数人不愿意在雄安起步期来吃苦创业，有小部分人会主动逃离竞争残酷的北京来雄寻找大放异彩的机会，还有一部分中立者在放手一搏和建成后来"摘桃子"之间徘徊不定。

（三）雄安自身人才承载力偏弱：以人才特区建设为标志的硬环境建设与以人才政策为主体的软环境建设尚处于规划阶段

当前，北京以产业搬迁拉动中心区人口人才向周边迁移的政策意图并未实现，刚刚实施的"以房控人"的政策效果也远未显现。这更加需要雄安自身提高"以业引人""以策引人"的力度，以推动首都随迁人员向雄安集中疏解进程。但现实情况是，雄安以人才特区建设为标志的硬环境建设与以人才政策为主体的软环境建设尚处于规划阶段。一是人才特区的建设。雄安新区要承接北京随迁人口人才，必须打造与北京平行甚至更高的人才发展平台，建立人才特区是有经验可循的可靠选择，也是贯彻落实好《河北雄安新区规划纲要》的必然要求。但从雄安的人才工作实际来看，人才特区建设仅停留在理论研究阶段，具体的可行性研究亦没有展开。二是人才政策的出台。目前，雄安正在积极谋划全球引才举措，也委托河北省政协和人社厅开展了雄安引才的调研和文件起草工作。实际上，从雄安当前的建设需求来看，谋划制定人才政策是非常必要的，也符合人才优先发展和人才引领发展的宗旨和规律。但从工作的操作性层面来看，雄安人才政策是大而全，还是专而精，是注重高投入，还是注重精产出，是以承接首都人才为主，还是以对外招聘为主，这些关键性的问题不界定清楚，备受世界瞩目的雄安人才政策的含金量就会大打折扣，起不到聚天下英才而用之的"招贤"作用。

（四）协同发展机制不健全：难以打破的"一亩三分地"思维和不同政策诉求

承接非首都功能转移是雄安新区的首要政治任务，需要央属机构和北京、河北在政府层面达成有效共识。但在实际推进过程中，虽然共同出台了以《关于共同推进河北雄安新区规划建设战略合作协议》为中心的政策集，明确了交通、生态、产业、公共服务和干部人才交流等七个方面的合作任务，也在交通、生态等基础设施建设和干部人才交流方面取得了重要进展，但在随迁人才最为关心的高端高新产业转移、基本公共服务一体化等核心功能方面，尤其是央企、央属高校的搬迁和北京中关村的技术转移等仍进展缓慢，给不了随迁人员跟随落地雄安的信心。究其原因，也不难理解，虽然中央要求摒弃"一亩三分地"的狭隘思路，但各方主体仍避免不了优先考虑自身的诉求。央属机构和北京旨在留住高端、让渡外围职能，而雄安的目光则聚焦在北京的高端科研、教育、医疗和金融产业，三方的关注点在短期内并没有达成一致，协同进程进展缓慢。

（五）三类人员共处融合难：北京随迁人员、外聘人才、本地人才之间的诉求冲突

中国社会科学院的一篇报告指出，雄安新区初始人口规模在100万人左右，远期控制在500万人左右。那么，除雄安三县现有的100万人口外，其他的人从哪来？非首都功能疏解而来的北京随迁人员是重要的组成部分，另外就是从全球延揽优秀人才。因此，未来雄安的人才构成按来源可划分为三类：一是北京随迁人员，二是外聘人才，三是本地人才。三类人员能否和谐相处是必须面对而且必须妥善解决的一个重要问题。人与人之间关系的和谐与否更多体现为人的心理状态。从心理因素来分析，无论是北京随迁人员的"离京恐慌"，或是外聘人才的"客居心态"，还是本地人才的"取代忧虑"，都映射出三类人才对未来生存状态的不安。在这样的心理状态下，三类人才之间的待遇差距和文化差异往往会造成相互间身份认同的困难和随之产生的阶层对立。长此以往，这将为未来的雄安新区埋下不稳定的种子。因此，正确梳理三类人才的不同诉求，处理好他们之间的关系，从而从根本上杜绝这一隐患十分必要。

四 雄安新区集中承载首都随迁人员的现实路径与推进举措

集中承载北京优质疏解资源是河北弥补京冀断崖式发展落差、打造雄安发展极的重大机遇，其中，对首都随迁人员的集中承载是最具价值也是最为困难的。尤其是雄安建设初期，要承接用好北京随迁人员，必须树立主动吸引的思路，坚持"靠事业聚人、靠公平选人、靠机制用人、靠服务留人"的总要求，用好用足雄安的人才政策红利，赢得随迁人员的认同感、激发随迁人员的归属感、给予随迁人员更多的获得感，打破长期以来京才蛙跳式外飞的格局，让首都随迁人员真正在雄安落地扎根。

（一）强化外部竞争力：向世界推介不一样的雄安

继续做好雄安的宣传推介工作，给全世界一个崭新的雄安印象：雄安不是河北的简单翻版升级，而是一个全新的城市，是一个超出人们心理预期的城市。

1. 做好雄安形象和人才政策的深度宣传

城市形象是人才对雄安的第一印象。城市形象的好坏，对人才能否落地起着先导作用。要集中拍摄如"北京8分钟"（中国申奥专题片）"青之岛友朋来"（青岛迎接上合组织会议专题宣传片）之类具有鲜明主题和较大影响力的电视专题片，主动参与世博会、文博会等具有国内和国际影响力的文化交流盛会，将雄安向省外推介、向世界推介，用燕赵大地的历史积淀、文化底蕴与雄安千年大计的全新发展理念征服世界、感召志同道合的人才前来共求发展。具体而言，在政策宣传上，雄安不能按部就班，更不能藏着掖着，而要别出心裁，直击人才需求痛点，让雄安的人才政策关键词在人才群体中耳熟能详、扎根留痕。

2. 开展雄安风采宣传月活动

届时邀请列入疏解名单的首都行政、企事业单位主要负责人和相关随迁人员代表参加宣传月活动，同时携部分宣传月资料赴有关单位进行巡展，向随迁人员宣传展示不一样的雄安印象，未来雄安的主要功能定位是承载着人民新生活、科技新成就和商业新模式的试验田和孵化园。不仅有"生产、生活、生态"的科学空间布局，也有可以锁住乡愁的"城市—组团—社区"三级公共服务网络，更有以住房和税收政策改革为核心的人才创新创业政策体系。另外，综合运用主流媒体和新媒体进行30天集中宣传，并责任到机构、责任到人，做到黄金时段推送、头条推送、个人手机终端推送，持续跟进、及时更新，打好雄安宣传的阵地战。

（二）提升内在吸引力：谋划创建雄安国家级人才管理改革试验区

未来的雄安新区国家级人才管理改革试验区，是雄安有效承接北京随迁人员、面向全球引才的一面旗帜和一艘旗舰。

1. 编制好《雄安国家级人才管理改革试验区建设规划》

按照《河北雄安新区规划纲要》"建设人才特区"的要求，突出人才引领是创新雄安、高质量雄安的核心要义，围绕建立一系列具有国际比较优势的高端人才承载平台，构建起符合国际惯例和国际标准的人才服务体系，营造高品质的国际人才发展环境等内容编制好《雄安国家级人才管理改革试验区建设规划》，打造雄安旗舰式人才平台。

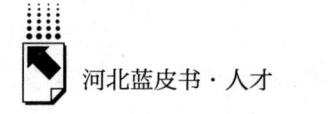

2. 在雄安国家级人才管理改革试验区建设中实现政策创新突破

一是在人员和资金投入方面争取中央、京津乃至全国的大力度支持；二是借鉴浦东国际人才城建设与发展经验，打造雄安的地标式人才建筑——雄安国际智谷，以及配套的数字化人才服务平台；三是推动建立雄安的高等教育集群和创新资源集聚区，吸引全国和世界著名高校在雄安设立分支机构；四是加大创新创业扶持力度，明确科技成果转化收益比例、试点股权激励、设立创业扶持基金和建立"风投广场"等；五是畅通人才国际交流，引进和建立高端人才中介服务机构，打造人力资源服务业产业园区；六是建设国际人才公寓，提供与国际接轨的教育和医疗服务；七是依托白洋淀水系和地面绿化，打造舒适宜居的自然生态环境。

（三）凸显政策亲和力：实现北京随迁人员、外聘高端人才和本地人才的社会融合

要想达到人适其岗、人尽其才的理想状态，协调好不同阶层人才之间的关系尤为重要。要在今后一个长周期内，用好北京随迁人员，推进其与外聘人才和本地人才的和谐共处、融合发展是必然选择。

1. 在身份认同上，要以平等为融合基础

在具体的政策条款中，要明确三类人员的身份平等（雄安居民）、机会平等（创新创业同等对待），提升新移民与原居民对新区发展的归属感与认同感。如在教育方面，无论是本地居民还是外来人员，其子女上学和升学机会平等；在就业方面，无论是岗位招聘还是薪酬待遇，对本地居民和外来人员都按同一标准公平竞争。

2. 在岗位配置上，要以错位分工为融合形式

雄安新区新移民与原住居民间的社会融合要体现错位分工的政策思路，在具体的条款中，要根据三类人员的个人禀赋给予不同的岗位和待遇，实现人才的优化配置。具体而言，对随迁人员和外聘人员，要尽快适应新环境，完成从"北京人""空降兵"向"雄安人"的过渡；对新区原住居民而言，要大力发展高端教育培训服务产业，对他们进行职业技能和

新知识、新技术的系统培训，加速其新市民化进程，以适应未来雄安的智慧城市生活。

（四）优化机构协同力：推进央属机构、北京和河北在人员疏解方面的深度协同

1. 尽快议定非首都功能和随迁人员的落地时序

在具体承接时序上，应首先承接首都行政性、事业性服务机构和企业总部等，向社会展示政府建设雄安新区的决心。首先，对于已落地央企，推进其职能的尽快落地；对随迁人员实行自愿政策，不足部分树立"存量不足增量补"的思路，面向全球招募业界精英。其次，承接来自北京的教育、医疗、培训等社会公共服务机构。以其产业和事业双重属性，吸引北京居民的迁入和外来人口的集聚。最后，承接包括金融服务业、科技服务业等在内的高端生产性服务业和现代服务业。

2. 探索创新非首都功能和随迁人员的落地方式

一是在教育、医疗与科研创新方面，积极向中央和国家有关部门寻求政策支持。借鉴日本筑波科技城、韩国科技城成功疏解首都功能的历史经验，在有序推进品牌公共机构办分支机构的同时，推进部分在京名校和三甲医院及在职人员整建制迁入雄安的计划，充实新区基本公共服务发展基础和人口基础。对于其所属高端人才，可探索建立人才共享模式，在雄安建立如欧美的 Upwork、Freelancer、Toptal，以及国内的 CODING 码市和 Designup 等类型的等多领域人才共享平台，不求所有，但求所用。二是在产业迁移对接方面，建立京雄产业对接协作机制。雄安新区管委会要与北京市政府共同组建产业对接协调机构，共同制定产业迁移的引导政策，列出差异清单，可落实的就地落实，当前没有条件实现的可允许以"产业＋人才＋服务"的捆绑方式进驻雄安，避免出现单位和人才落地的"水土不服"问题。北京方面应加强对疏解单位随迁人员的教育引导，大力弘扬爱国奉献精神，激励他们的爱国之情、报国之志，响应非首都功能疏解的国家号召。

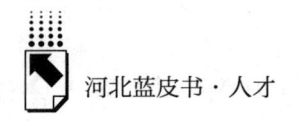

（五）突出机制牵引力：面向首都随迁人员推出强吸引力的综合配套政策组合

1. 以职住平衡来吸引

借鉴伦敦卫星城"职住平衡"的建设思路，结合"房子是用来住的，不是用来炒的"的要求，推进雄安廉租房和共有产权房建设；同时，借鉴首尔的"1公里地铁圈"和东京的多元直达公共交通模式，建好京津雄公路、铁路、城市轨道立体交通大动脉和区内1公里通勤，形成"小聚居、大融合"格局。

2. 以无差别公共服务来吸引

教育方面，雄安新区应当优先发展高等教育，优质发展基础教育。创新驱动发展引领区、开放发展先行区需要整建制引进高等院校、科研院所；居住区积极对接北京"交钥匙"工程，在雄安新区建设高水平幼儿园、小学、完全中学等优质基础教育。医疗方面，适时引进大型综合三甲医院的分院，并积极筹建本地三甲医院，提升区域基本医疗水平。

3. 以生态雄安来吸引

一方面，雄安新区要明确湖泊、耕地、生态等基础红线，确保生态安全。另一方面，要完善旅游休闲服务体系。依托白洋淀、宋辽古战道、温泉等现有生态旅游资源，打造具有丰富景致与文化内涵的高端旅游地。

围绕上述政策制定出台《雄安新区承接北京随迁人员管理办法》，确保随迁人员同时享受北京和雄安"双重福利"。适时召开新闻发布会，同时通过微信、微博、政府官方网站和人才网站实时推送政策内容，用好用足雄安的政策优势，形成雄安世界人才政策高地的感召力。

五 结语与思考

人才区位决定发展区位，是引领地区创新发展、繁荣兴盛的核心基础。首都向雄安迁移的随迁人员大军，是雄安新区起步期高素质人口快速集聚的重要来源，也是京津冀协同发展国家战略给予河北的最大人才红利。本文厘清了首都随迁人员的基本概念和非首都功能疏解、雄安新区、首都随迁人员三者之间的逻辑关系，并在此理论基础上，重点剖析首都随迁人员向雄安迁移落地面临的种种困难，同时给出五个方面的发展思路和具体政策建议。另外，需要着重指出的是，本文提出的以行政推动为主的思路与举措具有明显的阶段性特征，这是雄安建设初期的客观条件所限定的。可以肯定并乐观畅想的是，一旦雄安千年大计的建设目标与构想逐步实现，包括北京在内的天下英才齐聚雄安的场景将华丽呈现。

参考文献

康振海主编《雄安新区经济社会发展研究》，河北人民出版社，2018。

刘楷：《京津冀协同发展与雄安新区引领作用》，《财经智库》2018年第1期。

叶中华、魏玉君：《雄安新区承接人口疏解的策略分析——基于首尔和东京的经验》，《当代经济管理》2017年第12期。

叶振宇：《雄安新区高水平城镇化的现实思考》，《河北师范大学学报》（哲学社会科学版）2018年第2期。

李国平、宋昌耀：《雄安新区高质量发展的战略选择》，《改革》2018年第4期。

刘兵等：《雄安新区引进高端人才的博弈分析》，《经济与管理》2018年第2期。

李兰冰等：《雄安新区与京津冀世界级城市群建设》，《南开学报》（哲学社会科学版）2017年第4期。

司林波、聂晓云：《雄安新区原住居民与新移民社会融合的探讨》，《行政管理改革》2018年第7期。

王昊等：《雄安新区"集聚性、共生性、永续性"创新产业体系构建及其"反磁效应"培育》，《工业经济论坛》2018年第1期。

叶振宇：《雄安新区产业跨越发展研究》，《天津师范大学学报》（社会科学版）2018年第3期。

杨开忠：《雄安新区规划建设要处理好的几个重要关系》，《经济学动态》2017年第7期。

曾红颖：《雄安新区人才发展战略思考》，《前线》2018年第5期。

姜鹏飞、唐少清：《首都人口疏解的制约因素与突破思路—基于国外城市人口疏解的经验》，《河北大学学报》（哲学社会科学版）2017年第4期。

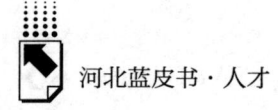

杨舸：《国际大都市与北京市人口疏解政策评述及借鉴》，《西北人口》2013年第3期。

侯慧丽：《产业疏解能带动人口疏解吗——基于北京市流动人口定居意愿的视角》，《北京社会科学》2016年第7期。

周慧：《雄安新区2017印记：未来之城创新资源汇聚》，《21世纪经济报道》2017年12月29日。

李国平、文爱平：《区域协同　发展周边就是发展自己》，《北京规划建设》2018年第2期。

王若丞、蔡林、陈卫：《北京市人口调控的模拟分析》，《人口学刊》2018年第5期。

B.11 构建环京津健康养老产业圈的人才困境及对策研究

王艳霞*

> **摘　要：** 构建环京津健康养老产业圈，是京津冀养老工作协同发展的重要内容，也是河北省主动承接北京养老产业转移的重大举措。环京津健康养老产业的发展，需要强大的人才支撑。本文对环京津健康养老产业圈建设进展进行调研，在此基础上分析养老服务人才的供需状况，针对养老服务人才队伍建设中的政策扶持、人才培养、使用、评价、激励等层面的突出问题，从完善养老服务人才扶持激励政策、制定养老护理员职业能力评价认定办法、建立多层次培训机制、加大养老服务专业扶持力度、打破医保限制、创新志愿者助老模式等方面，提出破解养老服务人才困境的对策。
>
> **关键词：** 环京津　健康养老　养老服务人才　养老产业

人口老龄化是我国21世纪的基本国情，党的十九大报告提出"积极应对人口老龄化，构建养老、孝老、敬老政策体系和社会环境，推进医养结合，加快老龄事业和产业发展"，为我国养老事业发展指明了方向。京津冀

---

* 王艳霞，河北省社会科学院人力资源研究所研究员，研究方向为区域人才开发。

是我国老龄化程度最严重的区域之一，北京、天津老龄化比例居全国第二位和第三位，提前进入中度老龄化社会，河北省老龄化率也已超过全国平均水平。数量庞大的失能失智老人、空巢老人、高龄老人群体，对专业化、个性化养老服务的强劲需求，使健康养老服务业成为京津冀具有巨大发展潜力的朝阳产业。构建环京津健康养老产业圈，是京津冀养老工作协同发展的重要内容，也是河北省主动承接北京养老产业转移的重大举措，对满足京津冀人民日益增长的健康养老服务需求，缓解京津养老服务供给压力，促进河北省产业结构转型升级和经济发展、增进社会和谐具有重要现实意义。构建环京津健康养老服务圈，需要大批专业化养老服务人才提供服务支持。因此，研究解决构建环京津健康养老圈的人才困境，加快建设职业化、专业化的养老服务人才队伍，成为有效应对京津冀人口老龄化，促进区域养老事业协同发展的紧迫问题。

一 环京津健康养老产业圈建设现状

2015年，北京市决定不再新增大型养老机构，鼓励北京养老企业在周边的河北、天津建设大型养老中心供北京老人养老。2016年，京津冀三地民政部门共同签署《京津冀养老工作协同发展合作协议（2016—2020年）》，明确三地将共同推动养老服务业融合发展，构建环京津健康养老产业圈，依托石家庄、张家口、承德、唐山、秦皇岛，分别打造医疗保健养老聚集区，候鸟式养老服务区，休闲、养生、娱乐、旅游一体化养老服务片区。与此同时，《河北省"大健康、新医疗"产业发展规划（2016—2020年）》提出，河北省将重点布局环京津健康养老产业圈，着力打造面向京津的养老产业基地。2018年，河北省政府颁布《关于进一步扩大服务业重点领域对外开放的实施方案》，把建设环京津健康养老产业圈作为重点任务。近年来，河北省环京津市县按照京津冀及河北省有关部署，抓紧规划、建设各具特色的养老服务区。石家庄明确了到2020年建设成为国内一流的健康产业名城、京津冀健康养老休闲产业基地的健康产业发展目标。其中，栾城区实施"健康栾城"行动，大力发展"东方园林万亩森林公园"生态养生产业、以知名药企为龙头的中医药健康产业；鹿泉区西部山前，以首都医科大学、省二院、省四院等名院为依托，着力打造医养产业聚集区。保定市、廊坊市发挥紧邻京津的区位优势，利用三河市燕郊镇等地的养老资源打造养老产业，涿州码头国际健康产业园、高碑店市嘉乐汇养生苑正在兴建，京津冀最大的养老项目涞水阅唐山水开始动工；廊坊三河市燕达金色年华健康养护中心一期已开始运营，二期8000张床位也已完工。张家口确定了打造"一线三片区"的养老空间布局，即京张高铁沿线养老产业以承接北京等外地老人养老为主，崇礼、赤城片区，蔚县、阳原片区，坝上片区依托各自的自然资源禀赋发展特色养老产业。承德市精心打造休闲旅游康养基地，丰宁怀特生态观光养老养生产业园、兴隆县将军国际健康城、雾灵山养生谷、承德县旅游文化养生中心等一批养老项目正在积极推进，部分主体工程已完成。唐山市曹妃甸区乐家老年公寓、滦南县京东养老集团朝阳老年养老公寓，为京津冀老人打造医养结合型高品质服务项目，吸引了一批天津老人入住。

随着环京津健康养老项目建设的推进，京津冀跨区域养老优惠政策对接及时跟进。2016年9月，三地联合印发了《京津冀养老服务协同发展试点方案》，确定以三河燕达国际健康城、高碑店嘉乐汇养生苑、天津武清区养老护理中心为试点，推动北京市养老政策外延。2017年9月，试点机构由3家扩展到9家，其中8家在河北。试点机构接收京、津籍老人入驻，可以叠加享受京、津两地针对户籍老年人的床位运营补贴政策。目前，河北省8家试点机构已接收一批京津地区老人异地养老，如三河市燕达金色年华健康养护中心一期收驻2254位北京老人；泊头市福星园老年公寓、任丘矿区养老康复中心、青县康泰养老护理中心分别收驻京津地区老人126位、70位和38位；另外有500多位北京老人到张家口常住养老或旅居养老。2017年底，京津冀三地民政部门发布《京津冀区域养老工作协同发展实施方案》（以下简称《方案》），《方案》实施以后，协同发展区域所有养老机构接收区域内老人异地养老，都将叠加享受老人户籍所在地的养老优惠政策。

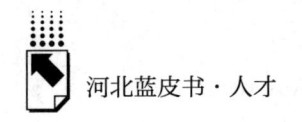

二 环京津健康养老产业圈人才需求与供给分析

建设环京津健康养老产业圈，是《河北省"大健康、新医疗"产业发展规划（2016—2020年）》中的重点产业发展布局，也是河北省《关于进一步扩大服务业重点领域对外开放的实施方案》中的重点任务，其发展目标是"瞄准京津老年高端消费人群"，"着力打造国际化、高档化、信息化的绿色生态医疗健康和老年养护基地"。随着环京津高端养老项目"井喷式"发展，必将需要大批养老服务人才提供高质量的管理和服务支持。然而，目前河北省养老服务人才无论数量还是质量，都无法满足专业化养老服务的需要。

（一）管理人才严重匮乏

环京津高端养老项目的运营管理，需要全方位的复合型人才，管理人才除了爱心、耐心和专业技能，还要具备较高的综合素质：既要懂老人，又要懂政策，还要懂管理、营销、风险和成本控制等。而目前河北省养老机构的管理者，大多是在各级政府的政策鼓励和引导下，从建筑、餐饮、家政等其他行业跨界而来的投资者，由于缺乏对养老行业的认知了解，既不熟悉养老行业法律法规、养老服务机构的运维模式，也不懂养老服务企业的营销策略、风险控制，在很大程度上制约了养老服务机构的服务质量提升、可持续发展。

（二）专业技术人才不足

环京津健康养老市场刚需主要集中在失能失智、半失能老年群体，其"七分保命三分开心"的需求特征，决定了养老服务人才体系必然是偏重于医疗、康复、护理、健康监测管理等专业照护服务，其次是心理疏导、法律咨询、休闲娱乐等精神服务和营养调配、生活照护等生活服务。但目前养老服务机构的专业人才严重缺乏,据调查统计,河北省公办养老机构中,在职职工取得养老护理、心理咨询、社会工作、康复医疗等职业资格的比例不到20%,这一比例在民办养老机构更低。多数养老机构的人才配置无法达到河北省规定的专业人才配备标准,尤其是心理咨询、康复理疗、营养调配等专业人才更是稀缺,大多数养老机构无法提供相关服务。这与京津高端老年群体高质量、个性化、多样化的服务要求,还有很大差距。

(三)护理人才缺口巨大

据全国老龄办公布的数据,截至2017年底,河北省老年人口1332万人,养老床位41.2万张(每千名老人30.9张)。入住养老机构的多数为失能、半失能老人,按照河北省规定的每3名失能老人配备1名护理人员的标准计算,需要养老护理员13.7万名。而目前全省养老护理员只有2万人,缺口达11万多人。随着环京津健康养老项目的运营,越来越多的京津老人到河北养老,河北省各类养老人才的供需矛盾必将进一步加剧,成为养老产业未来发展的巨大障碍。只有破解人才难题,才能保障环京津健康养老产业高质量发展。

三 构建环京津健康养老产业圈面临的人才困境

(一)养老服务人才招不来、留不住

随着养老企业数量快速增加,养老服务人才供不应求,"招聘难"成为困扰养老企业的普遍问题。特别是一线专业护理人才难招,给养老企业造成了很大压力。很多家长受传统观念影响不愿意让孩子从事"侍候人"的养老服务工作,大城市下岗职工,宁可在家吃低保,也不愿当养老护理员,青壮年更是不愿意进入这个行业,尤其是一些专业对口的大中专毕业生,找工作时宁愿转行,也不入职养老机构。调查显示,河北省养老服务与管理专业

的毕业生选择到养老机构就业的比例不到三成。农村人力资源较充沛，但愿意从事养老护理工作的也是少数。2016年，河北省老年产业协会在涞水县针对贫困农村待业人员开展养老护理员免费培训，承诺解决就业。原本计划招生500人，但经过多方动员，只有17人报名。养老护理员后备人才严重短缺，许多养老院虽多方招聘，却无人问津。有的养老院因招不到护理员，不敢接收老人，导致床位空置。从走访的养老机构看，养老护理员主要是进城务工的农村妇女和城镇下岗女工，呈现年龄偏大、文化水平偏低的特征。养老护理员中50~60岁的占80%以上，初中、小学文化程度的占85%左右。低学历、缺专业技能的护理已严重影响服务质量，无法适应环京津养老产业医养结合的护理需要。

人才留不住是养老机构面临的第二大难题。一是医养结合机构高层次医生留不住。目前，一些养老机构开办了老年康复等医院，但老年人住院医保报销问题没有得到根本解决，入住老人很少，大部分医院亏损较为严重，无法留住高层次人才。如华北油田矿区养老康复中心招聘了4名退休主任医师，目前已全部流失。二是高层次养老护理员流失率高。调查显示，每年养老护理员的流失率约在40%左右，能够长期在养老院工作的极少，尤其是获得职业资格证书的护理人员流失率更高。由于养老护理岗位没有设立入职门槛，缺乏明确的等级划分，护理人员的工作内容和工资收入差别不大，高层次专业护理员因无法实现自身价值而纷纷离职，养老服务市场出现"劣币驱逐良币"现象。三是专业对口的毕业生流失率高。唐山市某养老院招聘了4名养老专业毕业生，两年后全部离职。据新华社报道，全国职业院校养老专业毕业生，入职养老机构第一年的流失率达到30%，第二年达50%，第三年达70%，甚至更高，养老机构留不住年轻的专业人才。

（二）养老服务人才薪酬待遇低、劳动强度大

养老服务人才薪酬待遇低、劳动强度大是养老机构普遍存在问题。据调查统计，在河北省公办养老机构中，养老护理员工资收入执行全省最低工资标准，每月只有1380~1650元，加上夜班费不超过2000元。合同聘用制护

理员能够享受养老保险、失业保险、医疗保险，临时工只享受意外伤害险。民办养老机构护理员工资收入为1500~2500元，大多只享有意外伤害险，个别经营效益好的养老机构为年轻护理员（女性35岁以下，男性40岁以下）提供三险，但绝大多数护理员都超过了规定年龄，其合法权益得不到全面保障。

养老护理员的劳动强度与工资收入严重失衡。养老护理员与服务对象的国际配比标准是1:3，《河北省养老机构星级评定管理办法（试行）》规定的配比标准为服务对象生活能自理的，不低于1:8；需要半护理的，不低于1:5；需要全护理的，不低于1:3。调研中发现，养老机构护理员人均照护老人的数量大都在10个以上，其中包括失能、半失能老人，远远大于规定的标准。每天工作时间不低于12小时，没有固定节假日。因经常抬抱老人，许多护理员患上了腰椎间盘突出等"职业病"。高强度的工作量与过低的劳动收入严重失衡，导致养老护理员招不来、留不住，结构性就业矛盾突出。

养老机构医生、护士等专业技术人员的薪酬与医院同行相比也有较大差距。据调查，石家庄市医养结合养老机构及其护理院、康复院的助理医师、护士，月收入只有3000元左右，而当地医院的同级别医师、护士薪酬均在5000元以上。

（三）开设养老服务专业的院校少，招生难

我国养老服务专业设立时间较短，目前全国开设老年服务与管理专业的院校有80多所，其中，河北省只有4所。调查发现，该专业招生情况很不乐观，如河北工程技术学院2016年计划招生50人，结果只招录到7人，2017年停止招生。河北女子职业技术学院2017年招录了7人，远远低于44人的招生计划。承德护理职业学院因招不到学生，该专业设置不了了之。由于招生困难，邢台医学高等专科学校不断减少招生计划，2014年招生49人，2017年减少到30人。目前，全省养老服务与管理专业在校生不到100人。学历教育杯水车薪，与快速增长的养老社会需求相去甚远，制约了环京津健康养老产业的发展。

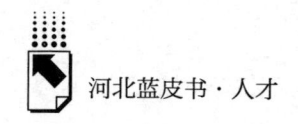

护理专业毕业生是养老产业专业人才的主要来源，2017年河北省共有31所院校开设了护理专业，但其中涉及老年护理的仅有河北省中医学院、沧州医学高等专业学校和秦皇岛卫生学校。其他院校的专业课程中，大多缺乏与老年护理相关的内容，大学生的就业目标大多定位在医院、医疗卫生保健服务机构等，养老机构尚未进入毕业生的择业范围。

（四）在职人员培训严重不足，职业资格培训断档

在专业人才供给严重不足的情况下，在职培训成为有效提升养老护理员队伍技能水平的主要途径。目前河北省养老服务培训基地仅有7家，面向在职养老护理员开展免费职业资格培训及鉴定工作，大部分市、县没有培训基地。政府主导的培训规模小，每年培训人数只有200多人。养老护理员参加培训的机会很少，特别是基层养老院及小型民办养老机构基本上得不到培训名额。调查显示，参加培训并获得初级职业资格证的养老护理员比例较低，除石家庄市老年公寓、泊头福星园老年公寓等几个养老机构达到50%外，一般的养老机构只有20%，有的甚至一个都没有。走访中发现，民办养老机构及护理员对提高护理技能的愿望都非常强烈，一些养老机构试图委托当地职业学校进行培训，但苦于无力承担培训费用，养老机构自主组织的培训得不到相关政府部门的补贴。

民政部门组织的在职培训对规范护理员操作、提升养老服务质量起到了积极作用。然而，2017年9月，人力资源和社会保障部发布《国家职业资格目录》，取消了一批国家职业资格认定，其中包括养老护理员职业资格。至今，全省各级民政部门的培训大都处于停滞状态。河北省《关于加快发展养老服务业的实施意见》和《河北省养老机构星级评定管理办法（试行）》都对养老机构护理员持证上岗率做出明确规定，取消养老护理员在职培训，让基层养老机构左右为难。

（五）医保报销受限，"医养结合"养不起医疗人才

"有病治病，无病疗养"，医养结合养老模式是近年来国家重点培育的养老服务新方向,也是环京津健康养老产业的发展模式。目前河北省医养结合养老模式正在加快推进,已有一大批养老机构内设医务室、护理站,或自建护理院、康复院、临终关怀院等。这些医疗主体均遭遇医保报销限制问题,其中大部分没有医保报销资质,不能提供医保报销服务。如入住老人在卫生室购药不能使用医保卡,需要服务人员到定点医院购买,卫生室形成虚设,几乎没有赢利。即使有医保报销资质的护理院、康复院,政府部门规定的医保报销配额也很有限,基本上在一两个月内用完。需要住院治疗的老人因不能使用医保报销,只能转到其他医院,给老人及家属造成很多麻烦,有违"有病治病,无病疗养"的初衷。住院老人的流失也切断了养老机构医疗服务的主要收入来源。养老机构提供医疗服务的成本比提供养老服务的成本要高很多,加之医疗服务只能针对机构内部的老人,不能对外开放,因此,医疗服务本身养活不了自己,养老机构要以养老的收入来养着这个医疗团队和医疗服务。医生、护士的收入无法与当地医院的同行相比,费心竭力招聘来的专家、主任医师等专业人才又纷纷跳槽。

医保账户互联互通是河北省环京津地区养老产业发展的基础条件之一,但目前北京老人异地养老就医实现即时报销的只有高碑店养老项目和三河燕达金色年华健康养护中心两家养老机构,其他环京津健康养老机构均未开通医保异地结算系统,入住的京津参保老人为报销医药费只能两地奔波,很大程度上影响了京津老人的入住率。

(六)养老服务人才扶持政策范围窄、力度小

为有效应对养老服务人才缺口大、招不来、留不住等问题,各地加大扶持力度,一些利好政策相继出台。如江苏、浙江、广东、辽宁、湖北等省份及多个地市,相继出台了养老服务人才扶持政策,如大学生入职奖补、助学贷款代偿和学费补偿,养老护理员津贴、补贴、最低工资标准等。除此之外,北京还实施积分落户政策,天津市对人才输出院校、机构给予奖励。与这些省市相比,河北省对养老服务人才的扶持力度显得微不足道。近年来河北省出台了《关于加快发展养老服务业的实施意见》《河北省健康养老服

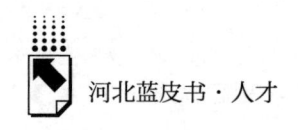

业发展三年行动计划（2015—2017年）》等多项关于老龄事业发展的政策文件，其中不乏政府"购买养老培训和评估服务""提高养老护理从业人员工资福利待遇"等内容，但缺乏相应的实施方案和实施细则。2017年11月，河北省财政厅、民政厅联合下发的《关于深化财政支持养老服务体系建设改革的实施意见》，首次提出给予养老护理人员一次性补贴：与养老机构签订5年以上劳动合同的本、专科毕业生，从业满2年的，省级财政一次性补助2000元；取得国家职业资格证书，从业3年以上的一次性补助3000元。政策颁布至今，还没有具体实施。由于国家取消了养老护理员职业资格，职业资格补助如何落实还有待研究。总体来看，河北省的扶持政策范围窄、力度小，远未达到靠政策吸引人才、留住人才的目标。

四 破解环京津健康养老产业圈人才困境的对策

环京津健康养老产业的良性运行和健康发展，必须依靠充足的人才资源提供服务支持。加强养老服务人才队伍建设，需要政府和社会各界的共同努力。通过制定、落实养老优惠政策，建立完善人才培养、选用、评价和激励机制，优化人才成长环境，才能实现养老服务人才数量和质量的"双提升"，确保养老服务人才"招得来、干得好、留得住"。

（一）完善养老服务人才扶持激励政策，提高行业吸引力

养老产业是微利行业，养老机构特别是民办养老机构，目前没有足够的实力用于人才建设，亟须政府出台相关政策，加大扶持力度，提高养老服务人才的薪酬待遇，增强行业吸引力，稳定人才队伍。

1. 设立养老护理员工资指导价

人社部门会同河北省老年健康产业协会研究制定河北省养老护理员工资指导价，可参考广州市的规定，工资指导价不低于当年当地最低工资标准的1.5倍。人社部门和民政部门应加强对养老服务机构工资支付情况的监督检查，把工资支付情况与政府财政给予的养老机构运营资助挂钩。可先在环京

津市县进行试点，以缩小与京津养老护理员的收入差距，留住养老护理人才。

2. 制定实施养老护理员补贴、津贴制度

各地要抓紧落实河北省《关于深化财政支持养老服务体系建设改革的实施意见》，对符合条件的大中专毕业生和持有国家职业资格证书的养老护理员按规定发放补贴。在此基础上，研究制定养老护理员岗位津贴、工龄补贴、大学生入职奖补等政策，对持不同等级资格证书（培训证书）的人员，每月给予数额不等的岗位津贴；对长期从事养老护理工作的养老护理员，给予一次性工龄补贴。对于入职养老机构的本科、大中专毕业生，给予一次性入职补贴，吸引大学生从事养老护理工作。

3. 设立养老服务企业社会保险补贴

鼓励养老服务企业为员工交纳社会保险，符合条件的养老服务企业可为签订劳动合同、缴纳社会保险的员工申请社保补贴。

4. 对养老机构增添智能化养老设施给予配套支持

鼓励养老机构探索智能化的服务方式，如实时监测、生活照料辅助、护理服务辅助技术等智能技术与设施，让老年人享受到高品质的服务，同时有效降低服务人员的劳动强度，提升养老护理员的工作满意度。目前这些设施、设备非常昂贵，政府应出台鼓励扶持政策，对养老机构增添智能化养老设施给予配套支持，或在购买有关设施设备时减免相关税收。

5. 举办养老护理员技能大赛和优秀护理员评选活动

定期举办全省养老护理员职业技能竞赛，推选优秀选手参加京津冀区域和全国比赛，同时开展"最美护理员"推选活动。对省级、京津冀、国家级大赛获奖者和评选出的最美护理员，进行表彰和重奖，授予相应的技能等级，聘请作为实训基地教师，按相关规定申请建立"国家技能大师工作室"，以此激发护理员学技术、练技能的热情，提高他们的职业认同感。《河北日报》、河北电视台等主流媒体，要及时跟踪报道比赛项目和评选活动，并大力宣传获奖者和最美护理员的先进事迹，让公众逐渐认识到养老护理工作的重要性，提高对养老护理工作的信任和认同，形成尊重劳动者、尊重护理人员的社会氛围。

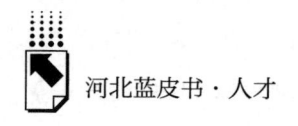

（二）制定养老护理员职业能力评价认定办法，适时把养老护理员纳入国家职业资格目录

取消职业资格认定，不是取消职业和职业标准，而是由职业资格认定方式向职业能力水平评价认定方式转变。因此，河北省与京、津人力资源和社会保障部门，应会同养老服务行业协会、养老企业等，抓紧研究制定京津冀统一的养老护理员职业能力评价认定办法，做好与原养老护理员国家职业资格对应衔接工作。

1. 将职业技能等级认定作为养老护理员职业能力水平评价的主要方式

职业技能等级可设置五级、四级、三级、二级四个等级，与原国家职业资格初级、中级、高级、技师一一对应。近期可按照人力资源和社会保障部2011年修订的《养老护理员国家职业技能标准》，开展护理员职业培训和职业技能等级评价工作，核发全省统一的职业技能等级证书。取得原职业资格证书等级的，可直接对应技能等级继续晋升。医养结合养老服务模式的推进，对养老护理员提出了更高要求，京津冀三地应根据养老服务业发展的需要，建立和完善三地统一的养老护理员培训和职业能力评价标准，为全国开展养老护理员职业能力评价探路。

2. 建立多样化、层次化评价体系

建立养老机构内部评价、社会化鉴定、院校认证、职业技能竞赛选拔等多种评价方式、多层次的养老护理员职业技能等级评价体系。对于高校及职业院校毕业生、技能大赛获奖者、星级养老护理员等优秀人才，可直接评定相应技能等级。建立养老护理员的薪酬待遇与职业技能等级挂钩机制，拉开收入档次，快速引进和留住高素质养老护理人才。

3. 恢复养老护理员职业资格

《中华人民共和国职业教育法》规定，从事特种作业的职工，必须经过培训并取得特种作业资格才能上岗。养老护理是一项知识与技能相结合的职业，应该按照法律规定，通过培训并取得养老护理资格后，才能上岗。为养老护理员设置职业准入是国际通行做法。英国、日本、美国等国家的养老护理员上岗前都必须按规定课时完成培训，获得资格证书。我国取消养老护理员资格认定，与建设专业化、职业化养老服务人才队伍的要求相背离。因此，国家人社部应加强调查研究，适时将养老护理员重新纳入《国家职业资格目录》，统一养老护理员的职业标准，统一培训，统一鉴定。

（三）建立多层次培训机制，推进养老护理员培训常态化、制度化

在养老服务行业人才供需矛盾突出，短期内无法实现人才队伍年轻化、专业化的情况下，只有健全养老护理员多层次培训机制，加大培训力度，推进培训常态化、制度化，不断提高养老护理员专业技能，才能满足京津冀老年人个性化、多元化的养老服务需求，提升他们的幸福指数。

1. 建立多层次护理员培训基地，恢复养老护理员在职培训

目前，河北省、市、县三级养老服务培训体系尚不健全，县级培训基地数量严重不足。各市、县应依托职业院校，建立养老服务培训基地，尽快恢复养老护理员在职培训工作。河北省民政部门应根据养老服务业的发展需要，制订养老护理员培训计划，并分解落实具体指标。省级培训基地主要组织中级、高级护理员培训，增加培训次数，扩大培训规模，培训名额向县乡基层养老机构及中小型民办养老机构倾斜。各市、县培训基地以初级护理员培训为主，对无证的在职护理员分期、分批进行培训。在京津冀区域养老护理员培训标准出台之前，河北省仍以2011年民政部颁布的《养老护理员国家职业标准》规定的内容和等级（初级、中级、高级）进行培训和考核，考试合格者可获得相应等级培训证书。

2. 建立养老机构自主培训护理员政府补贴机制

应把养老机构委托培训机构开展护理员在职培训纳入政府培训补贴范围，通过政府购买服务方式有效降低养老机构经营成本，增强养老机构主动培训、按需培训的积极性。政府要加强对定点培训机构的监督管理，建立事前、事中、事后监督制度。

3. 整合社会培训力量，打造养老护理员供应基地

目前，政府开展的免费培训项目主要包括农村劳动力转移就业技能培

训、农村未升学应届初高中毕业生劳动预备制培训、下岗再就业培训、就业扶贫培训等。应在各项培训项目中增加养老护理员技能培训并进行重点推介，大力宣传养老护理员的职业前景和扶持政策，引导公众参加护理员培训并入职养老机构。积极组织养老护理培训机构开展送培训"下乡进村"活动，培训地点尽可能贴近农村，方便农民参加培训。环京津市、县，要把养老护理员作为培训重点，制定中、长期培训规划，加大扶持力度，为环京津健康养老产业圈的发展提供充足的人才储备。鼓励家政服务员培训输出基地、家政服务公司加大养老护理员的培训和供给，对输出达到一定市场规模，形成品牌或连锁经营的养老服务机构由财政给予资金和项目扶持。要大力发展"互联网＋在职教育"，充分利用远程培训没有时间、空间限制，学习门槛和经济成本低等优势，加强对在职养老护理员的在线培训。目前中国老龄事业发展基金会养老护理员远程培训平台、国家民政部培训中心的国家民政人才培训平台均已开展远程培训项目，河北省老龄委、民政厅、人社厅等养老相关部门，应加强与这些平台的联系，争取两个部门在环京津大型养老机构建立养老护理员远程培训基地，使养老护理员通过远程培训，不断提高护理技能和服务水平。

（四）加大养老服务专业扶持力度，扩大专业人才培养规模

增加养老服务专业的吸引力，增设高校专业点，从源头上保障专业人才的培养规模，是解决养老服务专业人才匮乏、服务水平低下等众多问题的根本出路。

1. 增强养老服务专业对学生的吸引力，解决招生难问题

一是参照河北省师范生的相关待遇，制定有关老年服务专业学生的优惠政策，让学生享受相关补贴，或者直接免去学生的学费。二是对报考职业院校养老服务专业的学生降低录取分数或注册免试入学、提高助学金、提供无息贷款等，规定学生毕业后必须在养老服务行业工作一定年限。对于无息贷款一项，可以借鉴日本的做法，连续在养老行业工作5年，免除所有贷款。三是增加贫困地区和环京津市、县养老服务专业的招生计划，实行定向培

养。四是建立大中专学生养老服务见习培训基地，为大中专院校毕业生提供见习岗位，并享受河北省现行的高校学生见习补贴政策。

2. 调动院校开设养老服务相关专业的积极性，增设专业点

参照政府对养老机构床位补贴的做法，对设立养老服务相关专业的院校，按专业招生人数进行资金补助。依据院校向养老机构输送实习生的人数及实习期限，给予院校奖补。鼓励和引导职业院校根据社会需求、办学条件，设置老年服务与管理、康复治疗、健康管理、应用心理学、康复辅助器具应用与服务、社会工作等养老服务相关专业，通过增加招生计划、实行单独招生等方式，逐步扩大养老服务专业人才培养规模。尽快有计划地在医学院校设立养老护理专业，增加老年保健与营养、老年医学、老年心理学、生命伦理学等课程，把养老服务机构纳入护理专业毕业生就业范围。支持养老企业对接职业院校，合作开展"订单式"人才培养，政府给予一定补贴或税收减免。

3. 加强京津冀联合办学，打造健康养老专业院校

一是联合招生，协同培养。京津聚集了多所较早开设养老服务专业的高职院校，在人才培养方面积累了丰富的经验，但大部分院校存在生源缺乏、招生困难的问题。尽管河北生源充足，却没有机会进入京津的职业院校学习。因此，京津冀有关部门要尽快研究出台相关政策，破除学校壁垒，加强京津冀养老服务专业联合招生，协同培养，打破需求困境，实现双赢。二是建立健康养老学院。目前，京津冀还没有专门的养老院校，人才培养规模和速度远不能满足养老产业发展的需要。河北省民政、教育等部门应积极推进与京津的协作，在河北省建立京津冀健康养老学院，学院由民政部门与职业院校合作共建，集人才培养、产品研发、政策咨询等功能于一体。根据民政部门的统筹安排，面向三地开展多层次养老人才培养，重点面向养老机构管理人员、服务人员、护理人员和家庭照护者等在职从业人员及进城务工人员提供技术技能培训，推进三地养老护理员交流。三是建立中国老年福祉大学。教育部、民政部应充分利用雄安新区建设和北京非首都功能疏解的有利契机，在雄安新区共同主导创办一所综合性中国老年福祉大学，在专业建

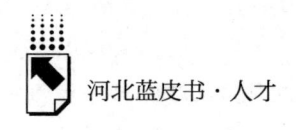

设、人才培养、教材建设、师资队伍建设、养老福祉政策和理论研究等方面发挥引领带动作用，破解养老专业人才教育的困境，填补我国养老本科教育空白。

（五）打破医保限制，促进医养结合医疗主体可持续发展

1. 建立养老保障协同工作机制

目前，养老机构由民政部门管理，医保机构由医保部门管理，医疗机构由卫生部门管理，从而导致养老机构医养结合的割裂。应建立由河北省发改部门牵头，医保、卫生、民政、财政等部门共同参与的养老保障协同工作机制。要尽快明确医养结合养老机构中，医疗主体能够享受医保报销政策的标准，并对其进行资质认证。同时加强监管，严查消费清单，避免养老费用混入医保报销，造成医保资金流失。

2. 增加医保定点养老医疗机构数量

积极支持养老机构设置的各类医疗机构申请医保定点，将符合条件的养老机构内设的医务室、护理院、康复院、临终关怀院等纳入医保定点范围。执行医疗物价，提高报销比例，允许设立一些特许收费项目，形成差异化的医养结合服务层次，满足不同群体的服务需求。放开对民办医养结合机构护理院、康复院等的限制，在医保配额、对外服务等方面，允许其与当地医院享有同等权利。

3. 打通京津冀医养结合养老机构医保异地结算通道

河北省8家京津冀养老服务协同发展试点机构中，只有高碑店养老项目和三河燕达金色年华健康养护中心开通了北京参保老人异地养老医保报销通道，北京老人在这里门诊住院可持卡直接结算。河北省民政、卫生、医保等相关部门应加强与北京、天津的协作，充分借鉴上述两家试点的成功经验，促进其他试点机构及符合条件的环京津医养结合医疗机构与北京市卫计委医疗网络的联通。在此基础上，尽快打通以上机构与天津市的医保异地结算通道。

（六）创新志愿者助老模式，增强养老服务志愿者积极性

我国志愿者队伍日益壮大，已成为推动公益慈善事业发展的主力军。志

愿服务在一定程度上弥补了社会保障在服务人员的数量、质量方面的不足，满足了社会群体对服务保障、精神保障需求，缓解了政府压力。目前，一些养老机构志愿者服务模式在发达国家和地区已取得成功，而我国养老服务志愿者还是稀缺资源，环京津健康养老机构应积极借鉴国内外先进经验，主动创新志愿者助老模式，广泛吸引志愿者参加助老活动，不断充实养老服务人才队伍。

1. 推进实施大学生助老——"跨代共居"模式

养老院在经营过程中普遍存在床位空置率高、老年人缺少陪伴的问题，为有效解决这一问题，荷兰一家养老院提出了"交换计划"，即让大学生免费入住养老院，以每个月为院内老年人提供一定时间的服务作为交换，服务内容包括陪伴老人吃饭、聊天、看电视，或者教给老人使用电脑、手机、上网聊天、购物，带老人上街、散步等。这种交换模式，不仅为养老院注入了生机与活力，丰富了老年人生活，有益于老年人的身心健康，而且为大学生减轻了经济负担，大学生在与老年人的交往中能够获得许多人生经验。这种"跨代共居"模式还在一定程度上弥补了养老院的护理人员不足问题，因此得以在荷兰多家养老院推广。石家庄、保定、廊坊、唐山、秦皇岛等地的健康养老机构，应充分利用当地大学聚集的优势，推行实施"跨代共居"模式，招聘大学生志愿者为老年人提供服务，以此吸引人才、聚集人才。

2. 推进实施以老助老——"时间储蓄"模式

在我国香港地区及美国等发达国家，越来越多老年人把参与志愿服务活动发展成为一种生活习惯。河北省健康老年人数量庞大，但参与志愿服务的比例很低，要壮大老年志愿者队伍，政府应不断建立和完善退休老年人福利服务、权益保障与社会参与的政策与制度。推行实施"时间储蓄"养老模式，将有助于提高退休老年人社会参与的主动性和积极性。"时间储蓄"养老模式是指低龄老年人或志愿者照顾高龄老年人时，把服务时间储存起来，待自己需要照顾时，可以免费接受他人同等时间的服务。这种模式在美国、日本等地已得到广泛推行，一定程度上弥补了养老护理人员的不足。针对环京津健康养老产业圈存在的服务人才短缺问题，当地政府应大力倡导这一养老模式,鼓励引导低龄老人到养老机构、社区为高龄、失能老年人提供照护服务和精神慰藉。建议京津冀三地政府制定政策并立法,建立健全"时间储蓄"评估标准,通过政府购买等方式,组织专家团队对"时间储蓄"组织机构进行评估和准入。建立个人服务账号,随时记录和查询服务时间。为保障服务质量,政府要组织低龄老年志愿者参加培训,使其掌握养老服务知识和技能。

参考文献

周明明、冯喜良主编《北京养老产业发展报告》,社会科学文献出版社,2015。

邹文开、赵红岗、杨根来主编《中国养老产业和人才发展报告(2014—2015)》,北京师范大学出版社,2015。

邹文开、赵红岗、杨根来主编《全国健康养老保障政策法规和标准大全》,化学工业出版社,2017。

张雅桦、郁菁等:《我国养老服务专业人才建设的挑战与应对策略》,《社会政策研究》2017年第5期。

金华宝:《"用老服务":破解我国养老困境的一种新思路》,《中州学刊》2015年第11期。

张铁道、张晓:《人口老龄化背景下的养老教育发展研究》,《北京广播电视大学学报》2015年第2期。

吴琼、刘俊萍:《京津冀产业对接视角下河北省养老服务产业发展分析》,《唐山学院学报》2015年第5期。

王希晨、吕欣桐等:《医养结合视角下养老护理员培训相关研究进展》,《中国护理管理》2016年第10期。

李璟、韩晓虎:《京津冀协同发展背景下京津老人异地养老意愿调查》,《产业与经济论坛》2016年第7期。

政策篇
Policy Reports

B.12
河北省与发达区域高层次人才引进政策比较研究

王建强 苏宝宝*

摘 要： 高层次人才是河北经济由高速增长阶段转向高质量发展阶段中最为重要的战略资源，人才引进作为扩大高层次人才的重要手段，与人才引进政策息息相关。在当今省际竞争日益激烈、人才大战风起云涌的情况下，研究河北与发达区域人才引进政策的差异和差距，可以为河北省人才工作赶超先进省份提供可行性思路和实现路径。本文基于河北与北京、上海、广东、江苏四个发达省市引进高层次人才政策的梳理，对其引进人才的政策进行分析比较，并以此为据对河北引进高层

---

* 王建强，河北省社会科学院人力资源研究所研究员，研究方向为人才制度与人才开发；苏宝宝，河北省社会科学院人力资源研究所中级政工师，研究方向为人才制度与人才开发。

次人才政策提出相应的对策。

关键词： 发达区域　高层次人才　人才引进

国以才立，政以才治，业以才兴。高层次才是当今我国经济由高速增长阶段转向高质量发展阶段下最为重要的战略资源，推动经济高质量发展，转变发展方式、优化经济结构、转换增长动力，迫切需要大批高层次人才做后盾。河北作为我国东部大省，正处于产业转型升级、全面建成小康社会的关键时期，河北省委、省政府提出了新时代河北发展宏图、"三步走"战略和"三六八九"工作思路，强调要在解放思想中加快创新、绿色和高质量发展，把高质量发展贯穿经济社会发展各领域、全过程，让创新成为高质量发展的第一动力。这是河北对党的十九大提出我国经济正在向高质量发展阶段转变，需要转换发展方式和发展动力①的强烈回应和行动诠释。

发展是第一要务，创新是第一动力，人才是第一资源。实现河北省确定的宏伟目标，必须打造一支能够支撑产业高质量发展、规模宏大、结构合理的高层次人才。人才引进作为扩大高层次人才的重要手段，与人才引进政策息息相关，在当今省际竞争日益激烈、人才大战风起云涌的情况下，研究河北省与发达区域人才引进政策的差异和差距，可以为河北人才工作赶超先进省份提供可行性思路和实现路径。

人才引进政策与各省市的经济状况有十分密切的关系，根据国内经济发达省份情况，课题组选定北京、上海、江苏、广东作为与河北比较的省份，通过政策对比，进一步挖掘其可资借鉴之处。

一　河北省与发达省市引进高层次人才政策梳理

随着第一次全国人才工作会议的召开，国家高度重视人才工作，人才引

---

① 《党的十九大文件汇编》，党建读物出版社，2017，第20页。

进成为全国各地人才工作的重点，北京、上海、广东、江苏等省份作为国内经济发达区域，在人才引进方面不遗余力，出台许多引才政策，且其重点是面向高层次人才。2008年12月国家实施"千人计划"[①]以来，以上区域人才引进力度进一步加大，政策的优惠程度颇显。近年来，由于经济发展转型升级需要，创新成为引领经发展的第一动力，而"创新驱动的实质是人才驱动"的观念使发达省市的高层次人才更受关注，高层次人才引进政策愈益优惠。

（一）国内发达省市高层次人才引进政策概览

1. 北京市

（1）北京海外人才聚集工程。2009年4月8日，北京市委办公厅印发《关于实施北京海外人才聚集工程的意见》的通知，这是北京市为贯彻落实国家"千人计划"而出台的引进海外人才的政策文本，也就是业内通称的"北京海聚工程"，文件从引进海外人才的意义、实施对象、目标、基本原则、服务保障、加强组织领导几个方面进行规范，其背景是国家"千人计划"的实施需要北京做出回应，是北京市重点发展产业、行业、学科的建设目标和中关村科技园区建设国家自主创新示范区的要求，实施对象主要是那些专业素养高、海外工作经验丰富，能够带动技术创新的战略科学家、科技创新人才和产业领军人才；时间跨度定格为5~10年，重点在市级重点创新项目、重点学科和重点实验室、市属高等院校、科研院所、中关村科技园区、高新技术产业开发区聚集10个研发团队、50个左右高科技创业团队、200名左右海外高层次人才、一大批海外高层次创新创业人才和团队、上千名具有真才实学和发展潜力的优秀留学人员，目的是通过

---

① "海外高层次人才引进计划"的简称。2008年12月，中央决定实施引进海外高层次人才的计划，围绕国家发展战略目标，用5~10年时间，在国家重点创新项目、重点学科和重点实验室、中央企业和金融机构、以高新技术产业开发区为主的各类园区等，有重点地引进2000名人才并有重点地支持一批能够突破关键技术、发展高新产业、带动新兴学科的战略科学家和领军人才来华创新创业。

此项工程将北京打造成为全亚洲区域人才会聚之都。此项工程紧密结合北京经济发展需要,与国家"千人计划"协调推进,既要做好配合"千人计划",又要主动服务"千人计划",以吸引海外高层次人才为重点,兼顾普通留学人员,注重柔性引才,引才方式注重政府、市场、用人单位相互配合。

(2)《北京市鼓励海外高层次人才来京创业和工作暂行办法》。该办法是对海外高层次人才引进工作的具体要求,与《北京市促进留学人员来京创业和工作暂行办法》共同组成"北京海聚工程"的具体实施政策,对更好地推进海聚工程有重要意义。文件明确了海外高层次人才的界定范围、引进人才的方式、程序、待遇等,如在人才引进程序上主要由"北京海外学人中心"负责收集申报人员情况,报北京市海外学人工作联席会审批。待遇方面包括100万元人民币的奖励,在创业、土地利用、税收减免方面有优惠,同时能得到财政资助和项目资金、上市补助资金方面的支持,创办企业的,享受示范区税收优惠、产业及政府采购等政策优惠。海外高层次人才在发明专利补贴、编制职称放宽、项目经费支持、科研经费支持、技术入股、股权奖励、分红权等多种激励形式、弹性考核评价、出入境便利,以及户口、居留、住房、医疗、社保、子女入学、配偶就业等方面做出全面规定。

(3)引进海外高层次人才专项计划。根据"北京海聚工程"要求的任务和条件,北京市每年组织用人单位申报引才计划,并按计划引进海外高层次人才,2018年仍在持续进行。

(4)中关村高端领军人才聚集工程。2008年中央"千人计划"下发后,同年北京市制定了《中关村高端领军人才聚集工程方案》(以下简称"中关村高聚工程"),其主要目标在中关村科技创新之地聚集一批高端领军人才。具体目标是自2009年起,用2至3年时间,聚集3至5个研发团队、大约50个高科技创业团队、约20个创业服务团队;建成一些科学研究所(研究中心);将这些高端人才聚集起来。中关村高聚工程同时对战略科学家标准及扶持政策、科技创新人才标准及扶持政策、创业未来之星标准及扶持政策风险投资家和科技中介人才标准及扶持政策、中关村高端领军人才的认定程序等做了详细规定。中关村高聚工程范围较整个北京市小一些，只限定于中关村，但由于中关村的特殊地位，其作用和影响十分巨大。

（5）《北京市引进人才管理办法（试行）》。2018年2月由北京市人力资源和社会保障局发布，立足推进首都经济社会发展的多样化的人才需求进行引进。引进的标准是注重品德，强调政治站位，形式上不拘一格。设置"绿色通道"，对符合条件的特定人才可快速办理引进手续；注重对优秀创新创业团队人才的引进；对科技创新人才及其服务人才、文化创意、体育金融、教育科研人才及高技能人才要加大力度引进；要引进自由职业者，逐步拓展紧缺急需人才范围，同时规定对拟引进的人才应无刑事犯罪记录，应该在北京工作满2年，"年龄不能大于45周岁，三城一区可以到50周岁，特殊的可以再放宽。引进人才的配偶和未成年子女可随调随迁"。[①]

2. 上海市

作为我国改革开放前沿的特大城市和直辖市，上海经历了从计划经济向市场经济的过渡和转变，1990年浦东开发开放使上海成为对外开放的重要门户，特别是1992年小平南方谈话及党的十四大召开后，上海的经济发展迅猛，人才瓶颈突出。1994年上海提出"构筑上海人才高地"的构想，经过近10年的发展，上海人才高地生长迅速，而上海发展所需要的重量级人才就是靠引进，从20世纪90年代初的《鼓励出国留学人员来上海工作的若干规定》，到十年之后的《上海居住证》B证制度，上海的高层次人才引进政策发挥了极其重要的作用。可以说，21世纪初，上海已经基本建成国内人才高地，其开放程度、市场化、国际化程度都较国内其他区域高，人才特别是青年人才向上海流动的年均增长率约为12%。2001年，上海调整人才战略方向，开始向国际化人才高地进军，2004年

[①] 《北京市引进人才管理办法（试行）》，人民网，2018年3月22日，http://politics.people.com.cn/GB/n1/2018/0322/c1001-29883204.html。

提出"人才国际化"战略，2010年又将"建设国际人才高地"作为人才发展定位和方向，即由国内人才高地向国际人才高地转变，放眼国际人才市场，在国际上进行人才竞争，在全球层面聚揽人才。2015年和2016年又出台人才新政"20条"和"30条"，标志着上海的人才战略又进入一个新境界。其中，上海自贸实验区和张江自主创新示范区的"双联优势"对创建人才改革试验区，推进人才政策先行先试发挥了重要作用。2018年《上海市加快实施人才高峰工程行动方案》中重点列举了战略性新兴产业中的新材料、新能源等13个领域，并指出要在这13个领域中引进"高峰"人才。了解了上海人才发展趋势的演变，可以为我们梳理上海的引进高层次人才政策奠定基础，由于政策较多，本文根据其重要性、影响力和时效性简单介绍几个政策。

（1）《海外人才引进政策的实施办法（试行）》。2015年8月由上海市人社局、外专局、公安局联合出台，其特点是简单明了，不拖泥带水，便于操作。主要内容包括将外籍高层次人才分为四类；简化了办理永久居留证程序；试点为外籍高层次人才办理人才签证（R字签证）；按条件为外籍高层次人才办理2~5年期的《外国专家证》；开展外国留学生毕业后直接留沪就业试点；完善B证政策，向双创人才倾斜，延长B证的有限期限。①

（2）上海市"万名海外留学人才集聚工程"。2003年启动，计划用2~3年为海外留学人员提供1万个中高层次专业技术和管理岗位，聚集万名海外留学人才。上海有关部门向海外留学人才提供"一门式"办理《上海市居住证》、《外国专家证》、申办企业资格认定、海关通关、知识产权注册登记等服务。这些海外人才还享受法律政策咨询援助、使用外汇额度、租赁留学公寓、申请科研项目经费等，享受上海市医疗等社会保障，在购房、购车、银行信用等方面享受市民待遇等。为配合这一工程，上海做了四件事，

---

① 《关于印发〈关于服务具有全球影响力的科技创新中心建设 实施更加开放的海外人才引进政策的实施办法（试行）〉的通知》，上海市人社局网站，2015年8月5日，http://www.12333sh.gov.cn/201712333/xxgk/flfg/gfxwj/rsrc/01/201711/t20171103_1271296.shtml。

一是出台有关留学人员来沪规定，重点解决外籍留学人员加入上海社保及子女入学升学问题；二是实施浦江计划，对海外留学人才通过项目资助方式解决工作和创业资金缺乏问题；三是成立上海海外人才服务中心，使外籍留学人才有了人才通道和"据点"；四是通过办理《外国专家证》、《上海市居住证》B证，解决留学人员的入户问题。2005年第二轮启动，将人才引进对象从海外留学人员扩大到外国专家、港澳专才，涵盖所有海外人才。2007年第三轮启动，将引进人才的重点放在电子信息、新材料等八大领域，且第三轮集聚工程由政府为主导向市场引才渠道转换，促进引才工作由规模效应向市场化长效运行机制转化。

（3）上海落实国家深化人才体制机制改革实施意见中的引才政策。在海外人才引进方面，更加积极、更加开放，格外看重双创人才，并实施政策倾斜。该意见针对上海海外人才引进方面存在的显著弊端，进一步简化程序，放宽条件，拓展渠道。对市场化人才申请永久居留证，开辟了市场主导的简易渠道。如对认定的有关人才，不论其年龄是否超过60周岁都可签发5年期的工作类居留许可证，工作满3年后可直接申请在华永久居留，体现了市场机制下的优势。而在国内人才引进方面，不再以"唯学历、唯职称"等传统标准评价人才，而是更加注重双创人才，并在政策上实行倾斜。如对双创人才，具备文件中规定的条件（主要是市场能够检验的指标），即获得一定规模风险投资的且取得经过市场检验的显著业绩的人才及其核心团队、企业科技和技能人才、企业家人才、中介服务人才及其核心团队，予以直接入户引进。[①] 这一点同样体现了市场机制下的优势。

3. 江苏省

江苏省人才工作曾经一度领先全国，特别是人才引进方面力度较大。近几年，江苏针对人才"有高原""无高峰"问题，提出要树立全球视野，从全球招揽人才，对高层次人才实施"精准引进"。其主要政策如下。

[①] 《解读上海人才新政：让人才"来得了待得住用得好流得动"》，澎湃新闻，2015年7月5日，https://www.thepaper.cn/newsDetail_forward_1348879。

（1）江苏"双创引才计划"。2007年，江苏省实施"高层次创新创业人才引进计划"，简称"双创引才计划"，主要围绕江苏省优先发展的重点产业，在"十一五"期间，引进500名左右高层次人才和若干人才团队，每人可获得不少于100万元的资金支持；第二年又在资金倍增的基础上（原来是1亿元，后增至2亿元）计划将年引进人才增加到150名左右，2010年引才资金再次翻倍，增至4亿元，进一步加大了引才力度。同时全省13个省辖市全部出台引才计划，形成全方位、多层次、上下联动竞相引才的局面。

（2）无锡"530"计划。2006年江苏省无锡市制定的吸引海外留学人才创新创业计划，其主要内容为"5年内引进不少于30名领军型海外留学人才来无锡创业"。"530"计划主要由政府主导，由政府支持海外人才的优惠条件有100万元的资金支持，另有公寓和办公场所3年内免费用；如果资金仍不够用，可以由政府担保300万的商贷，还有300万元的风投资金。之后无锡市出台的"后530计划"和"泛530计划"进一步推进了无锡引进人才的规模效应。5年的实施期，无锡引进的人才远远超过了预期，引进的人才由原来计划的30人猛增到3500多名。

（3）《关于聚力创新深化改革打造具有国际竞争力人才发展环境的意见》。2017年1月由江苏省委印发，关于引进高层次人才方面，文中运用了"金字塔塔尖人才"和"顶尖人才"两个概念，在引进程序上实行简化，项目资助金最高达1亿元，体现了特事特办、一事一议的原则。深化"双创计划"，启动"凤还巢"计划，提出引进"工匠大师"。对引进的人才大力支持，在完善特级专家津贴制度基础上，对特殊人才按月支付上万元补贴。在引才方式上通过引才奖补制度激发用人单位引才活力，如对引进高层次人才的企事业单位，以多种方式给予支持。企业引进高层次人才的有关费用可实行税前扣除。在引进外国人才智力方面，强调"科技前沿""世界眼光""对华友好"等人才标准。出入境方面下放权限到县并缩短期限。在扩大人才签证范围方面进行尝试，在海外高层次人才居住证制度和各项待遇方面不断完善。

(4) 苏州"海鸥计划"。苏州的专项柔性引才计划,重点针对苏州主导和新兴产业领域的人才,通过资金资助形式实施,受资助人需要具备一定的条件,资助依据标准也有严格的规定,资助金额上规定最高不超过50万元的额度。

4. 广东省

广东省处于改革开放的前沿,是我国经济大省和经济强省,其经济发展依托人才支撑能力较强,因此引进人才力度也走在了国内前沿。

(1) 珠江人才计划。广东省从2009年开始,计划用5~8年引进500名高层次人才,特别是应用型创新创业领军人才。

(2) 广东省引进创新科研团队专项计划。2008年9月,广东出台《关于加快吸引培养高层次人才的意见》,将广东省引进创新科研团队专项计划列入其中。2009年由广东省委组织部牵头、广东省科技厅具体组织实施,该计划备受关注的是团队干事创业的资助额度较大,最高可达1亿元。在当时首批引进的12个团队中有100多个来自海内外的创新科研团队积极竞争。具体资助额度见表1。

表1 广东省引进创新科研团队专项计划

序号	团队水平	研究方向和项目目标	资助金额
1	世界一流	属国际重大科技、重大基础理论、重大应用研究问题前沿	8000万~1亿元
2	国内顶尖、国际先进	属国内重大科技、重大基础理论、重大应用研究问题前沿	3000万~5000万元
3	国内先进	属国内科技、基础理论、应用研究问题前沿	1000万~2000万元

资料来源:千人计划网,http://www.1000plan.org/qrjh/channel/218。

(3) 深圳市"孔雀计划"。深圳2010年提出的人才引进计划。主要围绕深圳经济特区发展目标,引进一批海外高层次人才团队。具体内容是从2010年起,用5年时间引进50个以上海外高层次人才团队、1000名以上海外高层次人才、10000名以上各类海外人才。通过每人80万~150万元的奖励补贴及居留、出入境、子女入学等方面的政策不断提高引进人才的待遇。在创业支持方面，给出了当时国内最高的8000万元的专项资助，受到引进人才的广泛关注。

（4）广东省落实《关于深化人才发展体制机制改革实施意见》中的人才引进政策。在"健全引才用才机制"一节中，主要有以下几项内容。一是方便人才出入境和停居留，落实公安部出入境政策。二是引才的支持力度加大。1亿元的资助引发"潮涌"现象；引进的高层次人才可以获得更加优惠的补贴；根据研究类别分别给予连续资助5年和10年的期限。实施海外专家来粤短期工作资助计划，根据来粤工作时间长短，分别给予最高不超过25万元和40万元生活补贴；实施海外青年人才引进计划；对特殊人才实行一事一议、特事特办。三是柔性使用海外人才。支持企业在国（境）外设立研发中心等引才载体，分档给予大额补贴资助。四是实施人才举荐制度。视具体情况分档给予举荐者5万元和10万元补贴。

4. 河北省

河北省历来高度重视高端人才引进，特别是《河北省中长期人才发展规划纲要（2010—2020年）》的制定使河北进一步增强了对高层次人才的吸引力，是回应国家"千人计划"的"百人计划"，是集聚海外高层次人才的常态政策。另外，河北根据实际需要出台了针对两院院士、海外留学人员的高层次人才引进政策，对高层次人才集聚河北发挥了重要作用，2016年《关于深化人才体制机制改革的实施意见》对于引进高层次人才政策又有了进一步的优化，《关于支持企业引进高层次人才的若干意见（试行）》对企业引进高层次人才做出规定，《关于加强新形势下引进外国人才工作的实施意见》《关于进一步做好院士智力引进工作的意见》《关于进一步加大高层次人才引进的若干政策措施（试行）》是在新形势下对过去已有政策的进一步深化，上述政策的出台有力地支持了河北高层次人才的引进。

（1）《关于加强新形势下引进外国人才工作的实施意见》。2017年出台，突出引进外国人才的重点在"高精尖缺"人才，组织实施"冬奥引智"等六大引智计划，聚焦河北生态环境建设、"大智移云"、节能环保领域引才引智，河北省财政厅每年以1亿元资金支出支持该项工作。将外国人才来冀工作的审批权下放到各设区市，进一步简化了外国人才办理手续的相关程序。

（2）《关于进一步做好院士智力引进工作的意见》。2017年出台，提出争取用5~10年时间，全职引进院士达到30名左右，到2025年河北省院士联谊会院士会员发展到500名左右。规定了对于落户河北工作、长期固定合作、单项任务合作的院士的科研经费补贴、安家费补贴，特殊生活补贴标准。对领衔课题获国家特等、一等、二等奖的或者由院士主导并牵头争取国家发改委、科技部设立国家级创新平台的，给予重奖。开展结对帮带，创办院士个人工作室，提供重大决策咨询，不断创新完善平台载体，实行河北省政府"院士特殊贡献奖"制度。

（3）《关于进一步加大高层次人才引进的若干政策措施（试行）》。2016年出台，分五类对引进人才的对象范围进行了界定，在支持政策方面，对科研经费补贴、安家费补贴、创新创业资金支持进行了详细规定，对住房、医疗、社保、子女教育、配偶就业等有关方面给予支持。规定了编制保障制度，省内事业单位引进高层次人才，不受岗位总量、结构比例等限制。规定了"人才绿卡"制度，引进人才在落户、关系接转、子女入学、社保医疗、住房乘车等方面持绿卡实现畅通无阻。

综上，河北省与发达省市人才引进政策（计划）概览见表2。

表2 河北省与发达省市人才引进政策（计划）概览

序号	省、市	人才引进政策、计划等
1	北京市	1. 北京市鼓励海外高层次人才来京创业和工作暂行办法 2. 北京海外人才聚集工程 3. 北京市引进海外高层次人才专项计划 4. 中关村高聚工程 5. 北京市引进人才管理办法（试行） 6. 关于优化人才服务促进科技创新推动高精尖产业发展的若干措施

续表

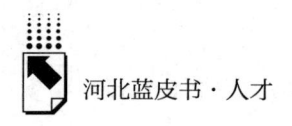

序号	省、市	人才引进政策、计划等
2	上海市	1. "雏鹰归巢计划" 2. 引进人才申办上海市常住户口试行办法 3. 鼓励留学人员来上海工作和创业的若干规定 4. 海聚工程 5. 浦江人才计划 6. 人才意见"20条" 7. 关于实施更加开放的海外人才引进政策的实施办法（试行） 8. 人才意见"30条" 9. 上海市加快实施人才高峰工程行动方案
3	广东省	1. 珠江人才计划 2. 深圳孔雀计划 3. 广东开发区海外高层次人才引进和培养"213工程" 4. 关于深化人才发展体制机制改革的实施意见
4	江苏省	1. 双创引才计划 2. 南京"三创百人计划" 3. 苏州海鸥计划 4. 关于聚力创新深化改革打造具有国际竞争力人才发展环境的意见
5	河北省	1. 关于深化人才体制机制改革的实施意见 2. 关于支持企业引进高层次人才的若干意见（试行） 3. 关于加强新形势下引进外国人才工作的实施意见 4. 关于进一步做好院士智力引进工作的意见 5. 关于进一步加大高层次人才引进的若干政策措施（试行）

二 河北省与发达区域高层次人才政策比较分析

河北省与发达区域的高层次人才引进政策大致体现在人才引进的标准、被引进人才的有关待遇、人才引进的方式、人才引进的程序、服务保障等几个方面。人才引进政策也有一个发展过程，通过梳理上述省市人才引进政策，我们可以了解其发展过程或发展脉络，但是如果需要比较分析，应该比较其最新政策。因此，我们以各省市最近出台的政策为准进行比较。

（一）高层次人才引进标准

按照河北近两年出台的政策，河北高层次人才引进的主要对象以列举方式标出，主要是国际国内大奖获得者，两院院士，各类重大、重点人才工程人选，国家重点学科、重点实验室学术技术带头人及具有某种特殊技能或专长的人才。在引进外国人才方面着重引进"高精尖缺"人才，强调"重大原始创新""重大技术革新""世界眼光""战略开拓""发展急需"等关键词。

江苏省对引才对象范围粗略界定为"世界一流的顶尖人才团队""金字塔塔尖人才""院士、国家最高科学技术奖获得者"。

广东省主要是引进领军人才和创新创业团队、企业家、金融人才及大量青年博士。

北京市主要针对"较高专业素养""丰富海外工作经验""掌握先进科学技术"等方面的人才；在海外高层次人才的界定范围方面要求55岁以下的海外博士，引进后每年在京工作时间不少于6个月；国内人才引进对象主要是北京实施的重大人才工程人选，国家级及本市主要奖项的主要获奖人及双创团队等，在年龄方面可根据不同条件放宽至超过50周岁。

上海市对海外人才主要关注知名奖项获得者和高层次人才计划入选者及知名专家、学者等。其中"知名奖项"包括"诺贝尔奖""图灵奖""菲尔兹奖"等，"高层次人才计划"包括"千人""杰青""长江""百人"等。上海市经过几轮的人才引进，最新政策是《上海市加快实施人才高峰工程行动方案》中的政策，这些政策是在原"20条""30条"政策基础上的深入，瞄准的是"关键少数"，主要针对那些具有全球影响力的"大家"，能够走在全国前头、走在世界前列的"宗师泰斗"。根据有关人员介绍，这些高峰人才的核心条件是"成就突出、位列国内前五或国际前20"，这是硬条件，软条件是"年富力强、活跃在创新创业一线，具有成为上述人员潜质的人才"。

（二）人才资金利益方面

无论是创新创业所获资金支持，还是生活方面的住房补贴等方面，都与人才的利益息息相关，这也是能否吸引人才的重要方面（见表3）。

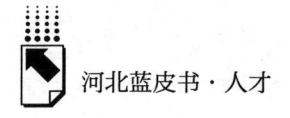

表3 河北省与发达区域高层次人才引进政策中的资金支持比较

序号	省份	资金支持
1	北京市	1. 作用突出人才,优选"海聚工程"获50万~100万元奖励 2. 常规引智项目1年≤50万元的资金支持,重点引智项目连续3年、每年≥50万元的资金支持 3. 创新创业团队≤1000万元的一次性奖励 4. 业绩贡献突出的个人可获每年≤200万元奖励 5. "特聘专家"可获100万元奖励 6. 优秀人才可享"市民待遇"
2	上海市	设立专项资金,以资金资助和发放补贴的方式支持高层次留学人员。专项资金的筹集、使用、管理办法,由既定的几个部门另行制定。按照国家规定进行资金筹措
3	广东省	1. 引进的人才,可分三个档次获得350万元、250万元和150万元的购房补贴 2. 根据引进区域和条件分别给予青年博士(35岁或40岁以下)每人≥10万和20万元生活补贴 3. 创新创业团队最高1亿元资助;对有关人才提供每年≤100万元的生活补贴。连续资助5年应用类人才;连续资助10年基础类人才 4. 来广东省工作30~60天的海外专家,可获≤25万元的生活补贴;工作61天及以上的,给予≤40万元生活补贴 5. 博士后每人60万元生活补贴,出站后留在广东工作的,再给40万元住房补贴
4	江苏省	1. 达到"世界一流"水平的"顶尖人才团队"可获1亿元项目资金资助 2. 院士、国家最高科学技术奖获得者等特殊人才每月可获1万元补贴
5	河北省	1. 世界知名奖项获得者和发达国家院士,1000万元科研经费、200万元安家费 2. 国家"外专千人计划"专家,200万~1000万元科研经费、100万元安家费 3. 外国顶级高层次人才团队,500万~2000万元资金 4. 引进的特殊人才和团队其科研经费上不封顶 5. 优秀外国人才,10万~20万元奖金

资料来源:《上海市人民政府关于印发修订后的〈鼓励留学人员来上海工作和创业的若干规定〉的通知》,中国政府网,2016年3月28日,http://www.gov.cn/zhengce/2016-03/28/content_5058923.htm;《加强新形势下引进外国人才工作》,《河北日报》2017年6月13日。

在人才资金支持方面，最高支持力度达到 1 亿元，广东和江苏都是如此，河北省是最高 1000 万元，但对特殊人才和团队科研支持经费补贴上不封顶。而北京和上海由于是特大城市且是直辖市，其户籍制度背后的利益非常之多，许多人才引进也是奔着户籍去的，所以这两个城市的直接资金支持并不明显，但对可以进行人才引进条件的规定较为详细。

（三）人才引进方式和程序方面

人才引进方式方面，这几个区域都拓展了引才方式，大部分都支持团队引进、个人引进、中介引进、企业引进、基地引进等，并且对引才有功单位和个人实行奖励，在引进程序方面也略有不同（见表4）。

表4　河北省与发达省份人才引进方式及程序比较

序号	省份	引才方式及程序
1	北京市	引进方式：核心人才引进、团队引进、岗位聘用、项目聘用多元化方式 以北京海外学人中心为主联系驻外使领馆等各类海内外机构 可以自荐、互荐、推荐，用人单位根据需要主动寻访 运用各类高科技手段探寻人才 对拟引进人才由北京海外学人中心报北京市海外学人工作联席会审批
2	上海市	不拘一格，一事一授权，没有具体规定 在上海人才大厦报名
3	广东省	一事一议、特事特办 通过海外人才离岸创新创业基地引才 支持企业在国（境）外设机构引才，并给予补贴资助
4	江苏省	引进世界一流的顶尖人才团队，简化程序、一事一议、特事特办
5	河北省	对特殊人才的"一事一议" 对企业引才实行奖励 对引进人才有功的机构、个人，给予不超过50万元奖励

在引进方式上，北京规定得较为详细，主要特点是以海外学人中心为核心进行引进和办理。

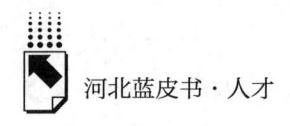

上海市的引进方式强调"量身定制、个性化",比较灵活,办理引进人才也以人才大厦为主。

广东省强调引进特殊人才可"一事一议、特事特办",对引进人才有重大作用的单位给予补贴。

江苏省对引进世界一流的顶尖人才团队,简化程序、一事一议、特事特办。

河北省强调引进特殊人才和团队,可采取"一事一议"方式给予特殊支持,并且对企业、其他机构和个人引进人才有重要作用的也给予奖励。

(四)其他方面

除以上几个方面外,引进高层次人才政策还有各自的特点。如北京市在设置特聘岗位时并非仅限于政府机关,而是包括事业单位、国有企业及新型研发机构在内,其中特聘岗位更加灵活,薪酬分配方式可突出市场化。在引进人才时不再以学历学位或职称评价引进人才,而是聚焦人才的能力业绩贡献。在办理引才手续方面"提速",最快5个工作日就能办理完毕。上海市更是大刀阔斧,提出高峰人才可打破行政级别、事业编制、岗位设置、工资总额限制;在人才的财务报销方面用事后监管代替事前备案,从而避免了突破性政策被操作性细节架空的现象。在工作机制方面赋予高峰人才人、财、物和技术路线、内部机构设置、出国自主等权限。最大限度地对人才进行放权、摘掉人才头上的"紧箍咒",这是上海引进人才的最大特点。江苏省在引进人才方面强调不受编制等限制,职称聘任有优惠,收入分配方面也可采用市场化的收入方式。

三 河北制定引进人才政策的对策

河北人才引进政策从出台年份来说并不久远,近三年来新政不断升级,从比较来看,其他几个发达省市的政策确实在某些方面值得借鉴,这些省市的政策也对河北今后引进人才有重大启示。为此,本着"取长补短"的原则,课题组对河北人才引进政策提出以下建议。

(一)坚持"高精尖缺",以更加开放的政策引进人才

紧紧围绕河北产业发展领域,突出高端引领,以质量求发展,"不唯多而唯精",分阶段制定人才引进政策。根据人才流动规律,北京、上海等建立国际人才高地时期,河北省还无法与其争锋,特别是北京、上海的户籍政策,河北无法比拟,国际人才也将北京、上海作为回国首选之地,将主要精力放在国际人才的引进方面不太现实,因此当前应将主要精力放在国内引才,在国际国内人才引才方面主要实施类似"凤还巢"计划,在更大范围内会聚曾在河北学习、工作和生活过的标志性人才,努力实现以人才竞争优势增强核心竞争力,推动人才引进工作,促进经济高质量发展与产业转型升级。

(二)实现用人体制机制突破,以用人体制机制改革吸引人才

引进人才的主要目的是用人,同时用人机制的灵活性也是吸引人才的"重酬"。借鉴上海在用人体制机制方面的优势,更大力度地为人才放权。打破引进人才政策只注重"给钱给物",要更加侧重于用人体制机制上的改革和制度创新,给人才赋权,给人才松绑,特别是在束缚人才创新中的财务报销方面要实现突破,同时制定配套的操作政策,使其能真正落地,避免缺乏操作政策而架空所谓"突破"政策。

(三)突出市场导向,充分发挥市场在引才中的决定性作用

深化改革创新,构建更具灵活性的人才遴选、评价体系。借鉴上海、北京在引进人才中的市场作用,让市场作为筛选人才的标准,突出人才的能力、业绩和贡献,不唯"人才帽子",不唯学历、不唯职称、不唯资历,以市场化社会化方式为主导认定河北"高精尖缺"人才,让市场成为吸引人才的"磁力棒"。

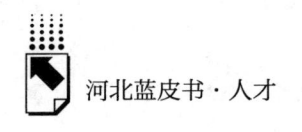

（四）注重博士（后）及人才团队的引进

发达省市都非常重视博士及博士后的引进。虽然不唯学历，但博士及博士后这一群体具有较高的素质，绝对不能忽视。河北目前只有对博士后工作站的支持政策，对于博士团队还不是十分重视，"英才入冀"工程的对象范围也不全是博士，上海、广东对于博士的引进都有十分优惠的政策，所以河北应该重视这一群体。

应更加重视加大人才团队引进力度。国内发达区域都比较重视人才团队的引进，对科研团队中的科研骨干、经营管理人才、核心人物等要注重引进；对有重大创新成果和能力，能为河北经济社会发展发挥关键作用的创新创业团队，要注重其主要创始人、核心合伙人及团队优秀核心成员的引进。

（五）持续加大河北省财政对人才政策的支持力度

加大对目前人才资助计划的统筹力度，大幅度提升引进使用高端人才的资金支持上限，缩小与北上广苏等地的差距。尽管河北引进人才的支持经费较以前有大幅上涨，但与广东、江苏人才支持达1亿元的经费相比差距较大，虽然北京和上海没有直接显示巨大的资金支持力度，但上海和北京的诸多优势如户籍制度让河北望尘莫及，所以仍然有必要加大资金支持力度，而不是只在科研经费方面上不限顶。

（六）人才引进程序要有章可循

北京人才引进有严格的程序，上海人才引进也有明确的办理场所，无锡的530人才大厦全国闻名。在引进人才方面，特别是在引进人才的程序方面，应该借鉴发达区域经验，将河北省人社厅的"河北省人才中心"作为引进人才的地标性建筑，大力宣传，并为来自国内外的各类人才提供引才政策咨询和服务，联系各人才服务机构，将其办成类似北京的"海外学人中心"，为引进人才做好前期服务工作。

（七）为引进人才提供优质服务保障

对引进人才，在其户籍迁入、子女入学、医疗服务、工商注册、个税优惠等方面给予相应的便利，精准系统地为引进人才的各项需求提供保障。将河北人才中心作为引进人才服务平台，为引进人才提供"一站式""一条龙"服务，让人才只去一个地方就能解决问题，包括办理出入境手续等，建立网络平台，提供线上服务，使线上线下保持畅通一致，满足引进人才各个时间段的服务需求，为人才提供最优质服务，以此吸引人才来河北落地生根。

B.13 新一轮国内人才争夺战背景下河北省人才发展机制创新研究

姜 兴*

摘 要： 2018年全国"人才争夺战"愈演愈烈，各地纷纷出台新政争揽人才，全国"人才争夺战"呈现参加范围不断扩大、引才政策不断升级、后续措施强有力推进的态势。面对人才大战危机，河北积极做出响应，以期在激烈的竞争中争得一席之地。本文通过对全国"人才争夺战"态势与特点及河北"参战"情况的分析，认为河北发布的人才新政具有人才引进力度大幅提高、针对人才层次仍然主要是高层次人才、组织推动不够深入的特点，并从转变人才竞争方式、补齐人才发展基础性工作"短板"、保障人才工作组织与宣传、创造优良人才生态环境四个方面，提出进一步推进河北省人才发展机制创新的路径。

关键词： 河北省 人才争夺战 人才新政 人才发展机制

"聚天下英才而用之"是习近平总书记就深化人才发展体制机制改革做出的重要指示。从2017年毕业季开始，为吸引更多人才，我国各地纷纷释放出一系列"引才大招"，广栽"梧桐"争引"凤凰"，一场以户口打前

---

* 姜兴，河北省社会科学院人力资源研究所副研究员，研究方向为区域人力资源开发。

锋、以住房为核心、以各项补贴等密集性优惠政策为武器的人才争夺战在我国打响。

一 全国"人才争夺战"爆发的原因与态势分析

（一）全国"人才争夺战"爆发原因分析

随着近年来劳动年龄人口结构老龄化、劳动参与率下降，劳动用工成本的持续攀升，我国人口数量红利不断消减，人口质量将成为影响一个地区未来竞争力的关键因素。新时代高质量发展的需要、发展模式迭代、产业结构的转型升级及"一带一路"建设、京津冀协同发展等地区发展战略的加持，都需要有数量足够、质量可靠、结构优化的人才资本作为支撑和实现基础，以增强创业创新的潜力，促使人才价值凸显，驱动城市发展。招揽人才就是投资未来，能够优化人力资源结构、增强经济活力的高素质年轻人才更是成为各地招揽、竞争的主要目标。一线城市房价的高昂并持续上涨，挤出效应继续加强，以及功能疏解、产业转移带来的人才结构调整，促进了一线城市的人才外流，成为其他地区和城市发展的一个难得机遇，其他地区和城市房价、户籍门槛等生活基础的低洼，以及基础设施、公共服务、产业发展的加强，对年轻人才具有较大的吸引力，成为各地争夺人才的资本和优势。于是从二线城市开始，三四线城市不断加入，全国各地开始了对人才的主动出击、积极竞争，爆发了全国性的"人才争夺战"。据教育部统计，2018届全国普通高校毕业生预计为820万人，再创历史新高。西安、南京、武汉等20多个城市却接连出台一系列人才引进政策，送房、送钱、送户口，政策力度之大前所未有，让昨天还发愁"毕业即失业"的高校毕业生们，一夜之间就变成了各个城市积极争夺的目标。

（二）"人才争夺战"态势分析

全国"人才争夺战"的爆发，体现了各地区、城市对人才和发展的渴望，必然带来人才流动方向的多元化，人才流动必将引领新一轮产业转移的步伐，谁能留住和招揽更多的高素质年轻人口，谁就能更好地抓住未来的机遇，在竞争中处于领先之地，这对地区、城市未来的发展至关重要。因此，这场"抢人大战"愈演愈烈，呈现越发胶着的态势。

1. 参加范围不断扩大

2017年6月，武汉市率先推出"百万大学生留汉"计划，打响"抢人大战"第一枪以来，据不完全统计，迄今共有25个一、二线城市出台人才新政。如果说2017年"人才争夺战"的"主战场"是二线城市，2018年战争范围已经全面铺开。直辖市中，北京市于2018年2月28日印发《北京市引进人才管理办法（试行）》，向高端人才抛出橄榄枝；上海市于2018年3月26日召开人才工作大会，正式对外公布人才高峰工程行动方案，提出要在"人才高地"基础上筑起"人才高峰"；天津市于2018年5月16日正式推出"海河英才"行动计划，全面放宽人才落户条件。省级层面，山东省于2018年4月27日出台"人才新政20条"，海南省于2018年5月13日推出《百万人才进海南行动计划（2018—2025年）》。市级层面，根据笔者不完全统计，截至2018年5月初，市级共有13城发布20次人才政策（二线城市15次、三线城市5次），除西安、南京、武汉等二线城市多次出台人才新政外，2018年中山、珠海、呼和浩特、潍坊、日照等三线甚至四线城市也相继出台含金量高、保障力足的人才政策。县区层面，2018年4月以后，成都高新区、无锡高新区、佛山南海区、石家庄鹿泉区、西安蓝田县、日照岚山区、河北辛集市等多个县区纷纷出台人才新政，标志着县区层面加入"抢人"大战，进入与一、二线城市直接博弈的前沿。"一二三四五"线城市、地区纷纷出手，甚至香港特别行政区也于2018年5月8日加入"战团"，推出"科技人才入境计划"，旨在为香港特别行政区引进海外和内地科技人才。不到5个月时间，2018年的"人才争夺战"已进入白热化阶段。

2. 引才政策不断升级

各地的人才新政主要吸引力集中在户籍政策和住房优惠两个方面。一方面，户籍制度多与城市的房价、教育、医疗、交通等制度相关联，所以成为人才选择城市的重要依据,也是城市吸引人才的"大招";另一方面,由于房价的高昂,能够享受购房补贴或优惠及租房的补贴对年轻人才的吸引力大大高于其他优惠条件。2017年武汉市人才新政的两项优惠政策——大学生零门槛落户和争取让大学生以低于市场价20%的价格购买住房,使大学毕业生趋之若鹜,取得了很好的引才效果。此后,各地效仿和突破,纷纷出台或升级人才政策。以政府官方出台人才政策文件次数进行不完全统计,2017年以来,杭州、东莞、福州等16个城市出台了1次人才落户新政,长沙、郑州等5个二线城市出台了2次,天津出台了3次,济南和西安出台了4次,南京出台了5次。出台一次,升级一次,政策"热浪"一浪高过一浪。

户籍门槛越降越低。随着政策的不断调整、升级,最吸引人才的"户籍牌"越打越响,不仅落户门槛越降越低,而且服务效率越来越高,落户流程越来越简化,西安市甚至推出了"全国在校大学生凭学生证和身份证即可在线落户"的落户政策,只要凭借身份证和学位证在手机App上办理,就能够在半个小时左右落户西安。而且学历要求降低,全日制普通高等院校、中等职业学校(含技校)毕业,或具备国民教育同等学力的人员及留学回国人员均可落户。2017年,"参战"城市中仅有济南提出"全面放开大中专毕业生落户限制",而2018年呼和浩特、沈阳、南昌及作为一线城市的天津市更是将落户门槛降至中专学历,天津甚至推出无须缴社保、不用居住证,创造了一天内30万人次申请落户的"奇迹"。

补贴扶持力度不断加码。以毕业生购房为例,2017上半年,南京、济南等城市分别给予相应人才千元左右的租赁补贴;2017年6月,长沙针对硕士和博士首次购房分别给予3万元和6万元补贴;2017年8月,沈阳购房补贴标准为博士6万元、硕士3万元、本科1万元;2018年4月石家庄首套购房补贴为博士15万元、硕士10万元、本科5万元,呼和浩特市则分别为10万元、5万元和3万元。除了"直接给钱",广东省珠海市还开创式地推出送50%住房产权政策,一、二、三类人才可与政府按各占50%的比例

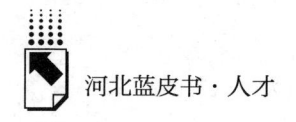

购买规定面积的共有产权。海南也对引进的大师级人才、杰出人才和领军人才，按层次和标准提供免租金、拎包入住的人才公寓，全职工作满一定年限分期赠予产权。河北省辛集市更是发布政策，入住人才公寓满5年，续聘可无偿获得人才公寓所有权。

3. 后续措施强有力推进

各地市在发布人才新政后，积极依靠后续配套补充措施，强有力地推进"人才新政"落地。西安以前所未有的力度、改革、创新与服务，让"西"引人才落在实处，首设"招才大使"，将在全国多个城市和"双一流"高校设立20个"引才工作站"，聘请100名"招才大使"和"校园引才特使"；组织西安地区重点单位赴全国30所重点院校开展70场高层次人才精准招聘活动；同时，积极落实"百万大学生留西安5年行动计划"、高技能人才与高层次人才"两轮驱动"等措施，仅2018年短短5个月，吸引40余万人才落户。南京在2018年1月推出"创新十策""十大工程"，提出实施"创新人才集聚工程"后，"科技人才服务行"系列活动如火如荼地展开，"创业南京"升级版、"345海外引才计划"等各类人才新政的流程图和服务清单，被点对点地送进高校、送进园区、送进企业，送到人才手中，落户新政自2017年3月1日实施以来，新政窗口日均受理人才落户超过900人。成都则通过与著名大学签署战略合作协议，积极组织企业赴外地宣讲、推介等措施宣传人才新政，广发"英雄帖"，2017年全年，成都外来常住人口就增长了12.7万人，展现出成都对人才越来越强的吸引力。

二 河北省各地市人才新政发布情况分析

面对"愈演愈烈"的人才争夺战，谁淡定、不积极必将与新一轮的发展机会失之交臂。战略叠加的机遇及人才争夺危机，促使河北在参与"人才争夺战"中反应迅速，多地积极做出了响应，共有7个地市出台了人才新政。

（一）各地市人才新政发布状况

沧州市于 2017 年 9 月 8 日出台《沧州市"狮城精英"高层次人才引进若干政策措施（试行）》，是河北省 11 个地市中"人才争夺战"开始以来最先出台引才新政的地市。张家口于 2017 年 10 月 30 日发布《中共张家口市委张家口市人民政府关于加快人才创新发展的实施意见》；秦皇岛市于 2017 年 12 月 9 日印发了《秦皇岛市人才安居工程实施办法（试行）》；保定市于 2018 年 3 月 23 日公布了《关于深化人才发展体制机制改革的实施意见》，随后出台了《关于引进高层次人才的若干优惠政策（试行）》；石家庄市于 2018 年 4 月 8 日出台了《关于实施现代产业人才集聚工程的若干措施》；唐山市于 2018 年 4 月 8 日出台了《关于实施"凤凰英才"计划 加快建设人才强市的意见（试行）》；承德市于 2017 年 11 月 30 日发布《承德市高层次创新创业人才奖补资金评审办法（试行）》和《承德市高层次创新创业人才（团队）项目扶持资金评审办法（试行）》，并编印了《承德市招才引智优惠政策 30 条》和《承德市紧缺人才需求名录》（见表 1 和表 2）。

表 1 河北七市人才新政发布时间与名称

地市	发布时间	人才新政名称
沧州市	2017 年 9 月 8 日	《沧州市"狮城精英"高层次人才引进若干政策措施(试行)》
张家口市	2017 年 10 月 30 日	《中共张家口市委张家口市人民政府关于加快人才创新发展的实施意见》
秦皇岛市	2017 年 12 月 9 日	《秦皇岛市人才安居工程实施办法(试行)》
保定市	2018 年 3 月 23 日	《关于深化人才发展体制机制改革的实施意见》 《关于引进高层次人才的若干优惠政策(试行)》
石家庄市	2018 年 4 月 8 日	《关于实施现代产业人才集聚工程的若干措施》
唐山市	2018 年 4 月 8 日	《关于实施"凤凰英才"计划 加快建设人才强市的意见(试行)》
承德市	2017 年 11 月 30 日	《承德市高层次创新创业人才奖补资金评审办法(试行)》 《承德市高层次创新创业人才(团队)项目扶持资金评审办法(试行)》 《承德市招才引智优惠政策 30 条》

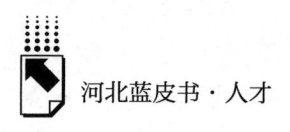

表2　河北七市人才新政优惠政策比较

地市	高层次领军人才(团队)	博士	硕士	本科	技能人才	户籍等其他优惠政策
沧州市	高层次人才分为四类,按照层次人才分类最高给予每人1000万元科研经费补贴和200万元安家费;对海内外高层次创新创业团队最高给予2000万元的支持资金					引进的高层次人才及其配偶、子女,均可参加本市基本养老、基本医疗、工伤保险等各项社会保险
张家口市	对于引进的高层次领军人才最高给予500万元科研经费补贴,高层次创新创业团队最高给予2000万元科研或项目支持资金,根据专家级别享受最低以成本价购买"人才家园"商品房的优惠购房政策	企事业单位引进博士都享有15万元住房补贴和每月500元学位补贴的待遇		对于高校毕业生,可申请不超过10万元的创业担保贷款,符合条件可纳入公租房保障范围	对于本市职业院校优秀毕业生符合规定可获得每人1000元资助	每年编制发布《全市急需紧缺人才需求目录》;创新事业单位招聘方式,部分岗位试行用"经历业绩评价"代替"笔试"的免笔试政策;建立服务人才发展绿卡制度,为持卡人提供落户等方面的快捷服务
秦皇岛市	最高可免费使用180平方米的人才公寓,或以保障房政策价格出资购买	租赁面积标准分别为100平方米,租金由个人承担30%~40%	租赁面积标准分别为100平方米,租金由个人承担30%~40%	租赁面积标准分别为100平方米,租金由个人承担30%~40%		将人才分为四个层次,以人才公寓作为实施人才安居工程的主要载体,按照人才层次类别享受相应的住房租售标准,租金标准按照公租房租金确定

续表

地市	高层次领军人才(团队)	博士	硕士	本科	技能人才	户籍等其他优惠政策
保定市	给予每人最高500万元科研经费支持,对于领军人才团队最高可获得300万元科研经费支持;高层次人才购买商品房,经评估认定后可享受不超过购房款25%的购房补贴,租赁住房5年内给予每月1000元至5000元租房补贴			对于大学生创业,可提供个人最高额度10万元的创业担保贷款和小微企业最高额度200万元的贴息贷款		高层次人才及其共同生活的配偶、子女、夫妻双方父母,均可在本市办理落户
石家庄市	对全职引进的产业顶尖人才最高每人1000万元科研经费补贴和200万元安家费补助,对领军人才或团队,采取"一事一议"方式,可给予1000万元至5000万元的项目支持资金	符合条件的博士5年内每月分别享受2000元的房租补助及首套自用商品住房15万元的一次性购房补贴	符合条件的硕士5年内每月分别享受1500元的房租补助及首套自用商品住房10万元的一次性购房补贴	符合条件的本科生5年内每月分别享受1000元的房租补助及首套自用商品住房5万元的一次性购房补贴;普通高校毕业生可申请最高额度80万元的创业贷款		简化人才落户,全日制大专及以上青年人才凭身份证、毕业证即可办理落户手续,公安部门即报即批、当日办结
唐山市	引进的高层次人才(团队),最高给予1000万元的科研经费补贴和200万元安家费,根据贡献情况最高给予1亿元综合资助	对急需引进的博士后、博士给予15万元安家费	硕士每年1万元租房补贴,为期3年		对于引进的获世界技能大赛金、银、铜奖的团队或个人给予30万元、20万元、10万元扶持	实行高校毕业生"零门槛"落户,推行"先落户后就业",全日制普通高校本科及以上毕业生凭户口迁移证、身份证、毕业证即可办理落户手续

续表

地市	高层次领军人才（团队）	博士	硕士	本科	技能人才	户籍等其他优惠政策
承德市	对引进的顶尖人才给予最高每人100万元的安家费	符合引进条件的博士后、全日制博士，一次性分别给予3万元和2万元特殊生活补贴	符合引进条件的硕士研究生一次性给予1万元特殊生活补贴	"985""211"院校的对口专业毕业生一次性给予5000元特殊生活补贴		列入"名校英才入冀"计划的名校毕业生，5年内每人每月发放租房补助1000元

廊坊、邯郸、衡水、邢台四市没有人才新政发布，区县一级仅有辛集市于2017年9月30日发布《辛集市人才公寓管理办法（试行）》。石家庄市鹿泉区于2018年4月9日紧随石家庄市出台了《鹿泉区高层次人才奖励暂行办法》。

（二）河北人才新政特点分析

1. 人才引进力度大幅提高

石家庄、唐山市人才新政含金量高、支持力度大，石家庄市从对引进产业顶尖人才的每人1000万元科研经费补贴和200万元安家费补助，对领军人才或团队最高可给予5000万元的项目支持资金到博士、硕士、本科毕业生的15万元、10万元、5万元的一次性购房补贴；唐山市从对引进的中国"两院"院士或发达国家院士及相当层次人才（团队）根据贡献情况最高给予1亿元综合资助，引才力度在全国也名列前茅。针对各类人才关注的住房问题，各地市都明确了各层次人才可享受的租房补助，购房补贴等优惠政策。

2. 针对人才层次仍然主要是高层次人才

与其他省市人才新政亮点在于本科生甚至大专生不同，河北的人才新政仍是以针对引进硕博及以上高层次人才为主，多数地市没有出台针对本科生的租房或购房优惠政策，对于硕士、博士也存在毕业院校、专业等要求，与其他省市零门槛相比限制条件较多。在落户政策上只有石家庄将人才落户层次降到了全日制大专，其他地市落户条件仍要求本科生以上。因此，河北人才新政对本科及以下基础性人才来说，并没有构成吸引力。

3. 组织推动不够深入

河北人才新政发布并没有以严谨的调查研究为基础，多"一发了事"，缺乏强有力的后续措施跟进，跟风因素居多，没有表现出河北对引才聚才的强烈危机感和紧迫感。人才政策宣传"地域化""短期化""随意性"。例如，简单搜索"人才争夺战"，天津呈压倒性态势出现，西安、南京、武汉数不胜数，济南、郑州、合肥等城市也被多次提起，而石家庄只是偶尔在报道或评论中出现，河北其他城市人才新政几乎不被提及，即使在本次国内"人才争夺战"中，石家庄人才新政的"含金量"丝毫不逊色于其他二三线城市，但由于重视不够、宣传不足，很快就淹没于其他城市人才政策宣传报道的"洪流"里；又如秦皇岛市人民政府于2017年12月9日印发了《秦皇岛市人才安居工程实施办法（试行）》，但是相应的新闻发布会于2018年5月30日才召开。人才新政组织推动不积极，必然造成人才争夺效果不尽如人意。

根据国家统计局发布数据，2017年河北常住人口7519.52万人，净增人口49.47万人，其中自然增长49.3万人，人口净流入0.17万人，说明河北在引进人才上收效甚微。2018年人才争夺战愈演愈烈，京津新政出台对河北人才的"虹吸"作用会进一步加大，这都意味着河北引才难度越来越大。习近平指出"创新之道，唯在得人；得人之道，必广其途以储之"。尽管河北省在参与"人才争夺战"中反应迅速，其人才政策力度较之以往大幅提高，但仅依此举仍然不足以使河北在激烈的人才竞争中争得一席之地，要实现"后来居上""弯道超车"，必须辅之以其他有效手段，修炼好人才发展的"内功"。

三　"人才争夺战"背景下河北人才发展机制创新的对策

河北省作为京津冀协同发展与雄安新区建设两大国家战略的承载者，人

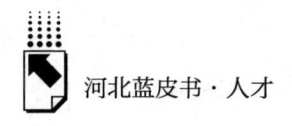

才队伍建设的地位和作用举足轻重，若要在人才争夺战中有所斩获，建议重点加强以下几方面的工作。

（一）引导人才政策由"粗放式"竞争向"精细化"人才发展转变

人才政策是推动人才发展的基础之一，人才竞争主要是人才政策的竞争。当前人才争夺呈现"一窝蜂"、人才人口满把抓的"粗放式"特点，抢而不能有效用，容易造成人才、资源的双重浪费，而河北省人才政策还存在"趋同化""碎片化""重引进轻自主培养化"等显著特征，在河北省经济转型阵痛中"爬坡过坎"的阶段，必须找准人才引进、培养、使用等方面存在问题的症结，研究制定积极、开放、有效的人才政策，以政策创新带动体制机制创新，促进河北省人才队伍建设适应环境的变化，更好地吸引和发挥人才价值，保护和激发各类人才的积极性创造性，努力实现人才、资源使用的"帕累托最优"，引导人才竞争由"粗放式"竞争向"精细化"人才引进与培养转变。

1. 加强人才政策省级统筹

各地区产业、经济、社会发展水平和定位不尽相同，都有自身需要的不同层次、类别的人才，因此除了已推出的举措，河北要加强人才政策制定的省级统筹与指导，立足"三区一基地"的战略定位，雄安新区建设和举办冬奥会的战略契机，以及各地市的发展规划与定位，指导各地市出台"动真格""含金量高""量体裁衣"的引才聚才政策，并配合发布引才目录，"定向"抛出人才橄榄枝，避免各地市人才政策的同质化。这样既减少了各地市之间的竞争，又杜绝了盲目跟风、盲目加大人才投入；既能够在集聚人才上做到有的放矢，又能够使人才有明确的目标可循。

2. 体现人才政策全面兼顾

由于河北省当前经济环境不具备优越条件，人才待遇与发展环境还不具备核心竞争力，属于人才的净流出省份，因此，对人才发展不仅要注重高端人才的引进，同时要特别注重青年人才的引进和本土人才的培养，实现人才引进与人才培养的统筹兼顾。投资青年人才就是投资未来，除了千方百计引进海内外高层次人才，还要积极引进海内外优秀硕博人才，积极集聚优秀应届大学毕业生，高度重视本土人才培养，让更多的本土人才脱颖而出，做大做强河北省人才队伍的"基本盘"。

3. 确保人才政策贯彻落实

完善配套政策和操作细则，举办人才政策解读会，落实责任单位、责任人，切实打通人才政策实施的"最后一公里"，确保政策执行有力、落地有声。构建智库参与人才政策评估的长效机制，制定标准化的评估步骤与评价指标体系，定期分析人才政策实施情况，对实施效能做出评价，以评促调整、优化和完善，提升人才发展决策水平与服务水平，推动河北省人才工作逐步走上科学化、规范化、制度化的轨道。

（二）补齐人才发展基础性工作的"短板"

摸清人才底数，掌握人才队伍基本情况，利用人才数据对人才发展战略问题进行综合性、长期性、前瞻性研究是人才工作的重要内容，也是为科学有效的人才队伍建设战略规划、政策研究和宏观指导提供高度支持的基础性工作。而当前河北省人才发展基础性工作滞后，还存在如人才指标体系不完整、人才数据严重缺失、人才统计年限不连续、人才数据不公布、人才发展研究不能满足决策需求等诸多薄弱环节，已成为河北省人才工作开展的突出瓶颈。因此，做好人才基础性工作，全面掌握河北省人才基本情况及其发展变化，已成为河北省提高人才工作科学化水平的当务之急。

1. 完善人才资源统计指标体系

人才资源统计指标体系是整个人才统计的基础，当前应用的人才统计指标体系实施于2004年，而新时代人才格局被不断打破，人才标准与分类也发生了质的变化，现行的统计分类、范围、对象和指标已不能适应新时代人才队伍建设和人才工作的需要，尤其是对非公有制领域各类人才的统计缺乏，技能人才和农村实用人才的统计标准也不尽合理。研究建立适应新时代人才发展需要的，全面反映河北省人才队伍的各类特征和动态变化的，系统、科学、规范的统计指标体系迫在眉睫。

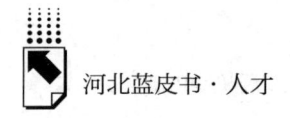

2. 建立人才统计和发布长效机制

人才规模、质量、结构、分布是一个动态的变化过程，没有持续不断的统计工作无法掌握人才队伍的真实状况，建立人才统计长效机制，引进大数据平台，摸清人才底数、掌握人才队伍基本情况，确保人才统计数据的全面性、准确性和连续性。统计的目的是应用，统计数据的发布作为统计工作的最终结果对市场配置人才资源影响巨大，应定期发布河北人才大数据报告，如发布年度《河北省人才发展白皮书》，引导用人机构有目的地参与人才市场竞争，缓解人才供需之间的矛盾，最终达到市场要求的"人尽其才"的目的，也为政府制定人才政策和进行宏观调控及开展人才研究提供数据支撑。

3. 成立人才发展战略研究机构

依托河北省社科院及知名高校，成立专业化人才发展新型智库，会聚一流研究力量，统筹引领河北省人才研究工作，利用人才大数据，对河北省人才发展战略问题进行系统性、长期性、前瞻性研究，通过组织开展重点课题研究、举办高层次学术论坛、发布研究成果等方式为各级党委和政府及有关部门提供决策咨询，为园区、企业、高校院所等用人单位提供智力服务。

（三）保障人才工作组织与宣传"持续发力"

人才工作的组织和宣传是人才发展的有力保障，河北在"人才争夺战"中的表现充分暴露当前河北省人才工作组织推动不积极，还存在领导重视"口头化""心动不行动"的情况，人才政策宣传"地域化""短期化"等阻碍人才工作顺利推进的不利因素。因此，加强人才工作组织与宣传势在必行。

1. 强化人才工作组织保障

切实加强对人才工作的组织领导，做到思想上高度重视，政策上重点倾斜，措施上强力推进，促进党委、政府、组织部门三个"一把手"带头抓"第一资源"。一些"一把手"对人才发展的重视不够，并没有从思想和行动上将人才上升到"第一资源"高度，甚至有领导发出过"加大人才投入就是滋生腐败"的论断,导致该地区人才工作停滞不前。只有做到"一把手"对人才工作思想上高度重视、政策上重点倾斜、措施上强力推进,才能有效加大开展人才工作的统筹协调力度,形成党政各部门各司其职、密切配合、协调一致的工作格局和上下联动、整体推进的人才工作机制。建立人才发展工作目标责任考核体系,将人才发展工作纳入各市县综合考核,考核结果作为评价领导班子和领导干部业绩的重要依据,以有力推动人才工作的深入开展。

2. 营造人才发展舆论氛围

加大频次,持续深入,做好河北发展与人才政策宣传工作,组织用人单位,高频率、大范围到发达省市及省内外知名高校进行宣讲招聘,扩大河北影响力。在媒体的选择上,不仅要有本地媒体、传统媒体进行宣传,更要从全国性权威媒体及社会乐于接受的新媒体视角进行宣传。报道内容上,要着重对河北发展机遇的多重叠加、河北发展前景及人才政策的亮点重点进行报道,要向全社会、国内外发出一个明确的信号,河北"比以往任何时候都更加渴求人才""河北比任何时候都更能与人才共同发展",只有这样,才能"海聚天下英才"为我所用。

(四)创造"留住""用好"人才的优良生态环境

给钱、给房、给户口很重要,但充其量只是表面,干事创业的平台和地方的综合发展环境,才是留住人才的根本,人才竞争,说到底是产业结构、基础设施、软性服务等人才生态环境的竞争。天津人才新政发布后,一天内30万人申请的纪录告诉我们,哪里拥有更好的资源和更好的整体公共服务,哪里就是人才向往的地方。河北当前人才生态环境建设既面临多重战略叠加的机遇,又面临来自其他省市人才服务不断升级加码的严峻挑战,人才要"抢",更要以良好的人才生态环境为基础"留住""用好"。

1. 加快人才承接平台建设

吸引聚集人才不管是靠政策,还是靠优惠条件,最关键的是经济产业的发展基础与前景、技术创新的平台与能力能够更好地承接人才。在"抢人才大战"之后，河北更应该思考的是，如何抓住京津产业转移的契机，找准定位，做大做强产业链，为人才提供足够的用武之地，并加大力度建设各级开发区、高新区、创业园、产业园及各类研发平台等人才载体的建设，并强化人才工作自觉，加快编制创新目录和引才目录，绘制特色产业地图和特色人才地图，让人才能找到自己的归属，为人才创造更多发展机遇。同时创造良好的教育、医疗、营商环境及城市环境、居住条件，着力打造人才生态优良省份，让人才能够扎根留用。

2. 坚持人才服务创新

进一步优化配套服务的举措，拓宽人才服务领域，丰富人才服务内涵，提升人才服务水平。创新通过多种渠道打造和完善人才"一站式"工作模式，真正实现"线上+线下"齐服务，"让数据多跑路、让人才少跑腿"，坚持服务人才无缺位的理念，营造拴心留人"软环境"。手续简化、时间缩短，主动为高层次人才开辟"绿色通道"，凸显政策掷地有声，深层次反映河北省对人才工作的高度重视和最大诚意，目的就是让高层次人才"引得进、留得住、过得好"。

参考文献

王红茹、新一轮：《"人才争夺战"，北京胜算几何？》，《中国经济周刊》2018年第14期。

韩维正、张一琪：《全国20多个城市加入"人才争夺战"》，《人才资源开发》2018年第5期。

《南京聚创新英才打造发展最强引擎》，《南京日报》2018年4月2日。

吴辉：《人才住房地图》，《理财》2018年第2期。

《20多个城市加入"人才争夺战"政策优惠前所未有》，凤凰网，2018年4月9日，http://news.ifeng.com/a/20180409/57406790_0.shtml。

B.14 河北省人才政策创新问题研究

赵砚文 李伦*

摘　要： 人才政策创新是河北省深化体制机制改革的一项重要内容。新形势下，河北省人才政策创新面临新的问题，包括政策实施过程中的协同保障问题、政策的价值导向与公平问题等，针对这些问题，河北省各级政府应借鉴外省市先进经验，积极探索新机制，增强人才创新创业政策的普惠性，加强政策实施过程中的协同保障，努力构建人才发展治理体系，在学习和实践的过程中，不断提高人才政策创新水平。

关键词： 河北省　人才政策　外省市人才经验

党的十九大报告明确提出要"实行更加积极、更加开放、更加有效的人才政策"。2018年全国两会期间，习近平总书记指出，强起来靠创新，创新靠人才。人才政策、创新机制都是下一步改革的重点。在政策创新方面，不仅要求决策者对现有政策精耕细作，而且要适时制定和实施人才新政，政策创新的关键是要"对症下药，标本兼治"。目前，河北省的人才政策在积极性、开放性、有效性上仍存有较大的提升空间，决策者应进一步转变观念，积极培育正向激励的"政策土壤"，结合本地实际精准发力，重点施策，让人才政策创新实绩更有"厚度"，人才发展环境更有"温度"。

---

* 赵砚文，河北省社会科学院人力资源研究所研究员，研究方向为人力资源管理与人才学；李伦，河北师范大学体育学院副教授，研究方向为教育学与人才学。

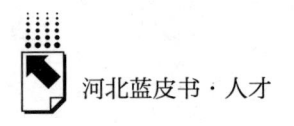

一 人才政策创新现状

人才政策创新是指各级政府为更好地引进和留住人才，进一步激发人才创新活力，对原有人才政策进行改革、完善及制定和实施新的人才政策的活动过程。党的十八大以来，河北省相继出台的宏观人才政策，既有落实"十二五"规划中人才发展战略的内容，也有对"十三五"人才工作总体谋划的考量，涵盖了人才引进、培养、激励和评价等各个环节，可以归纳为以下几个主要方面。

（一）鼓励人才创新创业，加大对各类人才的激励力度

党的十八大以来，习近平总书记多次强调实施创新驱动发展战略的重要性，并明确指出："创新驱动实质上是人才驱动。"2015年3月李克强总理在政府工作报告中提出，要通过推进"大众创业、万众创新"等措施推动我国经济提质增效升级。为落实国家发展战略，河北省相继出台多项鼓励、吸引和集聚各类人才的优惠政策，进一步加大对人才创新创业的扶持激励力度，如2015年10月和2016年7月分别发布的《关于大力推进大众创业万众创新若干政策措施的实施意见》和《关于加快科技创新建设创新型河北的决定》等。为更有效激励高层次人才创新创业，河北省科技厅、发改委、财政厅、人社厅等多部门重磅出台扶持高层次创新团队配套实施细则的"政策组合包"，包含16个含金量高、操作性强的政策文件，大幅增加了资助资金额度，而且在信贷、税收等方面也给予高层次人才创业极大的便利和优惠，石家庄、保定、廊坊等地纷纷通过多种方式鼓励各类科技人才创新创业，着力将创新创业活动落到实处。在国家支持大学生创新创业政策框架基础上，河北省积极出台了一系列扶持大学生创新创业的配套政策，客观上与中央一道"联动助力"双创，为大学生创新创业插上了腾飞的翅膀。

(二)深化人才发展体制机制改革,营造更好的创新氛围

中央发布的《关于深化人才发展体制机制改革的意见》,前所未有地从国家发展和党的建设制度改革的高度,在人才管理、引进、培养、激励、评价和创新创业等各个环节,以及建立人才优先发展保障机制、深化体制机制改革等方面提出了更高要求。根据中央改革精神要求,结合河北发展战略定位的实际需要,2016年7月,河北省委、省政府发布了《关于深化人才发展体制机制改革的实施意见》(以下简称《意见》)。《意见》作为河北省人才发展体制机制改革的综合指导性文件,首次从制度的层面探索如何为人才营造更好的创新发展环境。《意见》从人才管理体制和人才引进、培养、评价、流动、激励等方面提出了具体改革方案。同时,在加快建立京津冀人才一体化发展、充分发挥市场在人才资源配置中的决定性作用,以及构建符合创新驱动发展规律的创新创业机制等方面颁布了一系列创新举措,并围绕建设经济强省、美丽河北的目标,对深化人才发展体制机制改革,培育壮大符合创新发展要求的人才队伍制定了具体措施。两年来,全省11个地市和相关部门围绕落实《意见》精神,相继出台了多项改革政策和配套文件,涵盖了各个领域和各行业人才,优化了人才创新环境,以体制机制之"变"换来人才创新创业之"便"。

(三)进一步向用人主体放权,激发科技人才创新活力

按照习近平总书记提出的"人才政策,手脚还要放开一些"要求,河北省的人才政策在进一步开放方面进行了积极探索和大胆尝试。《关于深化人才发展体制机制改革的实施意见》在"支持机关事业单位人才离岗创业"方面的政策创新内容受到了社会各界的高度关注,引起了强烈反响。河北省鼓励高校、科研院所人员到企业兼职兼薪,并对高校、科研院所等事业单位科研人员离岗创业或开展科技成果转化期间的人事关系、社会保险和住房公积金、档案工资和专业技术职务晋升等管理制度进行了大胆改革,突破了原有管理体制的束缚,进一步向用人主体放权,为人才松绑,充分激发了人才

活力。目前，河北省事业单位专业技术人员有500余人离岗创业，其中自主创办或入股创办科技型企业的有448人，到企业从事科技成果转化的有45人。为完善科研人员收入分配机制，2017年9月，河北省委、省政府发布了《关于落实以增加知识价值为导向分配政策的实施意见》，通过收入分配政策的激励引导作用，让科技人才的智力劳动得到合理回报，真正实现"名利双收"。在人才评价方面，河北省科技厅在充分调研基础上，广泛征求专家学者意见，2018年6月发布了《关于加快推进科技人才评价机制改革的实施意见》，健全了河北省不同领域和岗位科技人才的评价标准，提出了在同行评价基础上，注重引入市场评价和社会评价，建立和完善以人才的成果质量、创新能力、个人贡献和绩效为导向的科技人才评价体系，让人才价值得到充分尊重和体现。

二 人才政策创新面临的挑战

2018年是贯彻党的十九大精神的开局之年，是实施"十三五"规划承上启下的关键一年。在这个关键节点上，人才政策创新必须要统筹考虑，政策创新方案的设计和调整需要考虑的因素包括财政投入的资金支持、部门间的协同以及配套制度的完善等。近年来，河北省在推进人才政策创新及深化体制机制改革层面，取得了显著成效，但是，河北省的人才政策在配套制度的完善和部门协同等方面还存在一些问题。

（一）政策实施过程中的协同保障问题

河北省的人才政策在实施过程中一般会涉及两个以上的部门，如省级和地方政府、不同的政府部门、企事业单位等用人主体，这些部门或组织都会介入人才工作的各种任务环境，使人才工作的政策整合问题更加突出。从横向看，人才政策一般会涉及人社、教育、财政、科技、公安和税务等多个政府部门，这些部门在制定和实施本部门人才政策的过程中会出现碎片化现象，有些政策会目标重叠，有些政策的衔接和流程会出现问题，各部门的人才政策互补性不强,甚至有些政策会发生"冲突"。比较典型的问题是"中梗阻",即领导有认识、政策有意图、人才有意愿,但中间环节难以打通。如引进的高层次人才其子女在入学时,由于户籍问题而受到教育部门限制;对科技人才的项目资金支持,由于一些不科学的财务管理制度,科研经费使用困难;引进的领军人才,其医疗、社会保障、经费管理、住房等是由不同部门分别管理,执行不同步,各部门政策也不协调,很多问题长期无法落实等。从纵向整合来看,由于政策实施过程中的沟通和激励机制不完善,政策落地难,人才政策难以取得预期的实施效果,同时会影响人们对政策目标的合理稳定预期。

(二)政策的价值导向与公平问题

改革开放以来,经济社会的快速发展,政策价值导向更多地体现为对发展速度和工作效率的关注。在这样的大背景下,人才政策也受到一定的影响。虽然河北省在《河北省中长期人才发展规划纲要(2010—2020年)》中明确指出:"以促进人的全面发展为根本方针,把充分发挥各类人才的作用作为人才工作的根本任务,为各类人才成长与发挥作用提供良好平台和环境。"但是,在实践中,有些用人单位为了发挥高层次人才或学术学科带头人的引领作用,人才政策的对象更多地集中在高端和紧缺等少数人才身上。如河北大学、河北师范大学和燕山大学等多所高校引进科研领军人才的年薪均在90万~160万元,安家费是180万~500万元,除此之外,还有科研启动费和科研平台建设费等,这与河北省高校青年教师年均5万元的工资收入形成鲜明对比。据2016年统计,河北大学具有专业技术职称的教师1881人,其中引进的高层次人才(年薪制和协议工资制)是31人,仅占1.5%。长此以往,人才政策实施过程就会面临公平和效率、特殊性和普惠性的关系矛盾。另外,在政策资金来源和使用程序方面,由于人才政策的经费多数来源于河北省财政经费,而河北省财政经费一般应该用于公共服务的提供与改善,如果用于个人或小群体创新创业活动的资助,则需要足够的证据证明其合乎全体纳税人福利水平的提高,否则就会带来政策资源使用方面的问题,而且政府资助的个人或企业一旦失败，就会造成政府公共经费的损失，使这一问题更加突出，因此，这一点必须引起政策制定部门的重视和反思。

（三）政策的政府主导模式与市场作用发挥问题

政府集中力量办大事的特征在人才政策的制定和执行过程中也有充分的体现。长期以来，在人才引进、评价、激励等关键环节，河北省政府都发挥着举足轻重的作用。政府行政主导的人才政策模式，一方面表现为政府行政力量对人才工作的强力推动，同时容易形成短期成效或"象征性执行"，如果省级层面在制定政策时没有充分考虑到各地市的实际差异，政策的弹性较小，地方政策可能会出现"向上对齐"的现象。另一方面则表现为市场机制作用不能充分发挥，势必会导致人才政策的效率递减。在当前实施创新驱动发展战略新形势下，这种人才政策模式会遇到政府资金不足、审核程序繁复及难以满足人才创新创业多样化服务需求等诸多具体问题。加上在人才政策创新中政府自下而上的政策扩散能力有限，虽然省直有关部门每年都会在调研中会发现一些亟待解决的突出问题，但是有些问题没有及时转化为人才政策，就是同一项人才政策在不同的地市实施过程中也会存在差异。有些地方的政府决策者善于总结经验和教训，能够利用各种形式加强学习，及时调整和细化政策内容，而有的地方政府行动迟缓，调整较慢，使政策实施难以适应不断变化的社会环境。另外，在数据库的建立与共享方面，也存在资源共享不畅、信息不系统等问题。全省各级政府部门应充分发挥市场在人才评价和激励等方面的作用，改变政府过多干预人才工作具体环节的旧模式，鼓励市场主体和社会资金对人才创新创业投资和服务的支持力度。政府要着重加强人才工作的监管，优化人才公共服务，保障用人主体和各级各类人才在市场上公平竞争，为人才的创新创业提供良好的发展环境。

三　先进省市的经验借鉴

人才政策创新的关键是根据本地实际不断调整和完善政策内容。有些省市政府能够进一步落实和细化政策内容，不断总结和学习，并根据环境变化积极探索新机制。浙江省、上海和北京市政府在深化人才发展体制机制改革方面力度更大一些，形成有利于人才创新创业的制度环境、政策环境，进一步增强了人才引领创新发展的内生动力。为深入了解外省市在人才政策创新方面的先进经验，笔者对浙江省、上海市、北京市三地人才政策创新进行了重点分析和调研。

（一）浙江省

浙江省在全国率先建立能够激发广大科技人才创造力、调动千百万人创新积极性的体制机制，他们的活力之源就在于不断深化改革。党的十八大以来，浙江省大力实施人才强省战略，随着民营企业的不断发展壮大，企业对高层次创新型人才有了更加强烈的需求。有了企业对人才的需求，政府就会下大力气制定和实施更好的人才政策，为企业发展创造了良好的创新环境。浙江省在2009年实施"千人计划"项目之后，随之进行了一系列人才政策创新。特别是近几年，为更好地吸引各级各类创新人才，尤其是高层次创新人才，提出"着力打造人才生态最优省份"的工作目标，促进浙江省各级政府加快人才政策创新的步伐，从"人才强省"战略到"打造人才生态最优"省份，折射出浙江省人才观的重大变化。由于浙江省民营经济较发达，有很多中小企业，所以除了省级层面的政策引导，许多地市都制定了更加灵活积极的人才政策，引进的多数人才都落户在民营企业，如舟山的"千岛群英"计划、杭州的全球引才521计划、温州的"580海外精英引进计划"、宁波的海外高层次人才引进"3315计划"、金华市领军人才引进"双龙计划"等。浙江省政府尽力为人才创新创业营造良好的环境，重点加强了对各方资源的整合，各级政府在人才政策创新中遵循市场规律，坚持市场导向，只要市场能发挥作用的，人才管理部门都会提供优质服务保障，进一步简政放权，为人才松绑。如在简政放权方面，浙江省政府2018年先后出台了"浙江红卡"、"人才+资本+民企"、下放职称评审权、改革科技成果处置收益权等政策，进一步释放了人才活力。同时,针对"审批繁""创业难"等人才反映强烈的问题,政府全面清理"审批死角",打造"办事最快"政府,减少了近1000项省级执行的行政许可事项,非行政许可审批事项全面取消,40多个部门全部实行一站式网上审批。

(二)上海市

上海市连续多年被评为"外籍人才眼中最具吸引力的中国城市"之一,在人才政策创新上一直走在全国前列。上海市在落实国家人才政策的同时,不断学习和借鉴其他地区经验,特别是北京、浙江、广东等地的实践经验,制定出符合自己战略和产业布局的人才政策,突出了其国际化、高端化、市场化、制度化、法治化等特点。进入21世纪,上海市出台的人才政策总计200余项,这些创新政策对吸引人才和激发人才创造力起到了积极作用。上海市在人才政策创新中持续整合各种资源,形成"充分运用市场机制、企业发挥主体作用、政府积极搭建平台"的人才管理机制。在资金投入方面,上海2014年的研发投入经费是831亿元,2015年研发经费投入达到925亿元,相当于上海市生产总值的3.7%。2014年上海市研发投入强度位居全国第二位,达到发达国家的水平。上海市政府加强了各部门间的协同保障工作,加快完善和落实相关配套政策。海外人才服务中心为专家设立了"千人计划"人才服务窗口,为人才提供了高效优质、快速便捷的服务。同时,规定在沪"千人计划"专家可以享受到12个方面特定的生活待遇。在制度保障方面,一是制定相应的配套政策以推进人才政策的有效实施;二是根据形势的变化对现有政策做出及时调整。如杨浦区"3310"人才计划提出后,紧接着出台推进人才安居工程、实施财政扶持补助、提供资金担保与贴息、建立风险补偿机制和设立项目风投基金等配套政策。

(三)北京市

作为首都,北京市有其他地区不可比拟的地位和作用,是国内外人才的聚集中心。北京市在各类区域人才竞争排名中一直名列前茅，其人才政策也在不断创新中产生了较好的效果。一是落实中央政府的规划和政策。二是及时适应经济社会发展战略的调整。三是新形势下原有的人才政策在实施过程中会出现一些矛盾和问题，不能适应各类人才的迫切需求，政府就要及时回应。如随着京津冀协同发展的不断深入，三地的人才政策还没有完全对接，有些政策落地难，有些政策相互排斥，如何解决这些阻碍人才流动和发展的关键问题，是北京市进行人才政策创新的重要课题。同时，随着土地等资源要素约束越来越大，企业不得不走创新转型之路。更加迫切的人才需求，倒逼政府提供相应的公共服务助推企业发展。2017年，北京市出台了《关于率先行动改革优化营商环境实施方案》，除了完善高端人才引进政策，还在人才培养和激励、公共服务、住房等方面做了相关制度保障。为加快建设具有全球影响力的科技创新中心，2018年北京市发布了20条人才新政，吸引创新创业人才汇聚，其中有多条政策为全国首创。在北京市人才工作领导小组的指导下，北京市不断加大财力和人力投入，积极发挥市场的作用，建立了多方联动的管理机制，不断丰富与完善各类人才政策及相关配套制度。

不断学习和改进是提升地方人才政策创新的重要保证。同其他领域的改革一样，人才政策的不断调整、细化和完善应始终贯穿政策创新的过程。浙江省、上海市和北京市为更好地制定和完善人才政策，经常开展多种形式的交流活动，人才工作的网站也在及时更新、不断改进，使人才政策创新更有实效性，最终形成良性循环。河北省人才政策的决策者和参与者，应从省内外实践中获得启示，不断汲取经验教训，在学习和实践的过程中，进一步提高人才政策创新水平。

四 人才政策创新的发展趋势与建议

河北省人才政策创新需要政府"理智、冷静"的规划，重点施策，根据本地实际"按需出牌"，人才不仅要引得准，还要用得好、留得住。

笔者认为，各级政府要重点围绕当前人才创新发展的重点问题，充分发挥行业部门职责优势，切实在人才的使用、评价和激励保障等方面及时调整方案，通过政策创新带动体制机制创新，营造良好的人才政策环境。

（一）增强政策普惠性，建设"双创"专业服务平台

创新驱动实质上是人才驱动，河北省在人才政策创新上，应增强创新创业相关政策的普惠性，以创新创业服务平台载体建设为抓手，多措并举，全面提升服务人才创新创业的能力和水平。"普惠"包括两层含义，一是在政策对象上体现全面覆盖性；二是人才能够真正享受到工作生活各方面的基础政策保障。随着"大众创业、万众创新"工作的深入开展，在涉及人才创新创业及工作生活的基础性问题上，应出台具有普遍性的支持政策。在创新创业人才政策扶持对象的门槛设定上，只要是符合创新创业工作要求的，都可以享受统一的政策支持，体现政策的公平性和普惠性。近年来，河北省人才政策重点关注高层次人才创新创业问题，相关鼓励政策的惠及对象也多是各领域的高层次人才。在鼓励"大众创业、万众创新"和实施创新驱动发展战略的新形势下，建议各级政府将享受创新创业政策利好的对象范围逐渐扩大，做好不同群体之间创新创业优惠和支持政策的有效衔接，完善政策导向的公平机制，这既是推进"双创"工作深入开展的重要举措，也是新时期人才创新创业政策的发展趋势。各级政府应尽快建立人才数据库，方便用人单位精准引进各类"对口、管用"的人才。同时，在人才政策制定过程中，要逐步把公众参与、风险评估、集体讨论、合法性审查、专家论证等民主决策机制引入政策制定过程，关注政策的普适性价值，真正营造一个良好的、宽松的政策环境。

着力建设创新创业专业服务平台。为更好地推进"大众创业、万众创新"，2015年1月，李克强总理召开国务院常务会议，研究制定发展众创空间服务创新创业的政策。2015年3月，国务院办公厅印发了《关于发展众创空间推进大众创新创业的指导意见》，提出了加快构建众创空间等具有较

强专业化服务能力的新型创业服务平台的发展任务。几年来，在中央的大力推动下，河北省政府及相关部门出台了一系列发展众创空间支持创新创业的政策，取得了显著成效。为推进这项工作持续开展，《关于印发河北省"双创"示范基地建设方案的通知》提出2018年河北将扎实抓好省级以上"双创"载体平台建设，全年推进建设24个省级以上"双创"示范基地。同时，推进开展市级"双创"示范基地建设工作，年内每个设区市建设市级以上"双创"示范基地2~3个，定州市、辛集市各建设市级以上"双创"示范基地1~2个。建议各级政府部门要以创新创业服务平台载体建设为抓手，制定具体实施措施，吸引集聚各类创新创业人才，把"双创"服务平台建设各项工作真正落地落实。

（二）发挥多元主体作用，构建人才发展治理体系

"构建科学规范、开放包容、运行高效的人才发展治理体系"是深化人才发展体制机制改革的重要目标。治理和管理的本质区别在于政府职能的转变，治理强调的是政府、市场、社会等各类主体共同参与其中，充分发挥多元主体的积极作用。构建人才发展治理体系，需要改革长期以来由政府主导的人才管理模式，发挥用人单位、社会组织及各类人才在人才发展治理中的应有作用。

为人才松绑。长期以来，河北省的人才政策在配套制度的完善和部门协同保障等方面仍存在很多问题，科技人才所受到的一些束缚依然没有完全消除。如科技人才反映强烈的科研经费管理办法不合理问题；科研院所等事业单位科研人员考核评价不科学、激励不充分问题等。这些不科学、不合理的政策规定，束缚了人才创新创业的积极性的更好发挥。为人才松绑要"放好、放活、放到位"，人才政策就需要调整再细化、事业平台需要全面优化，真正让政策从部门"兜里"落到人才"手里"。

向用人主体放权。在法律允许范围内，用人单位在人才引进、培养、激励和评价等方面的自主权应得到充分的尊重，政府不再干预人才管理过程中的具体事务，给用人主体足够的自主权。河北省近年来出台的人才政策在下

放用人单位自主权方面虽然解决了一些突出矛盾，但是缺乏配套的具体实施细则，可操作性不强。建议落实向用人主体放权和完善高校和科研机构内部治理同步推进，同时成立人才评估、认定的第三方组织和机构，打造更加专业化、社会化的人才评价体系。

发挥社会组织的积极作用。随着政府审批制度改革的深入推进，政府人才管理的职能转变也取得了明显成效。2015年河北省政府印发了《关于推进简政放权放管结合转变政府职能的工作方案》，对政府部门保留的多项非行政许可审批事项进行了清理。政府取消职业资格认定等人才管理事项，要求有相应的社会组织转接之前由政府部门主管的人才工作事务，这就需要大力扶持和规范各个专业学会和行业协会等社会组织，提升其在人才评价等方面的权威性，发挥社会组织的积极作用。如成立人才评估第三方组织或机构，打造更加专业化的人才评价体系，用人单位参照第三方机构提供的人才评估结果，确定人才的聘任和晋升等。河北省《关于改革社会组织管理制度促进社会组织健康有序发展的实施意见》中将"完善社会组织人才政策"作为优化社会组织发展环境的一个重要方面，建议各级政府尽快落实行业协会与行政机关脱钩的配套文件，完善财政税收支持政策，建立公开透明的行业协会各项管理制度。同时，加强社会组织专业化队伍建设和社会组织从业人员权益保障，在制定出台人才政策之前，采取调研、咨询、听证等形式征求相关社会组织的意见和建议。

充分发挥市场在人才资源配置中的决定性作用。随着人才发展体制机制改革的不断深化，市场机制在人才评价和人才创新创业支持等方面的作用日益受到重视。在这方面河北省应学习上海、北京等地做法，在深化人才发展体制机制改革政策中明确提出引进人才的业绩要经过市场检验，并且要求市场价值达到一定水平，通过人才流动和评价突出市场机制的作用，达到用人制度的市场化改革的目的。建议各级政府部门改变过去的一些做法，不要过多干预人才工作具体环节，充分发挥市场在人才流动和使用等方面的作用，鼓励市场主体和社会资金加大对人才创新创业投资和服务的支持力度。

提高政府的管理和服务水平。河北省在《关于进一步加强人才工作的若干意见》中明确提出，政府要按照管宏观、管政策、管协调、管服务的要求，搞好统筹规划，完善政策措施，整合工作力量，提供有效服务。在当前深化人才发展体制机制改革的新形势下，政府人才管理职能转变对更好地发挥人才管理和服务作用提出了更高的要求。一方面，政府要做好人才工作的规划和政策制定，总体谋划人才发展大局；另一方面，在人才政策实施过程中，还需要形成相关职能部门各司其职、密切配合、通力合作的政府人才工作总体格局。建议各级政府在出台政策后要狠抓政策落地，政策应与市场一起发挥作用，以吸引和留住人才。同时要避免"跟风"出台政策，从长远出发制定完整的、可持续的政策体系，形成人才发展长效机制，避免人才政策成为"中看不中用"的政绩秀。

（三）加强人才立法工作，为人才发展提供有力保障

通过人才立法保障和促进人才工作，是进入21世纪以来人才工作的重要原则。"立善法于天下，则天下治；立善法于一国，则一国治。"同样，立善法于人才，则人才治，法制是人才工作中最具执行力、最有效率、最强有力的支撑保障。在全国人才工作实践中，厦门和珠海等地通过人才立法推进人才工作，取得了明显成效，深圳、南京等地人才立法工作也走在了全国前列。《河北省中长期人才发展规划纲要（2010—2020年）》提出要"完善人才政策法规体系"，"研究制定人才促进条例及人才权益保护、人才市场管理、人才继续教育和职业资格管理、人才安全保障、事业单位人事管理等方面地方法规"，对河北省人才立法工作提出了明确要求。2018年8月石家庄市第十四届人民代表大会常务委员会第十三次会议通过了《石家庄市人才发展促进条例》，为全省人才立法工作开了个好头，其他地市也应在条件成熟时尽快制定人才工作条例，同时清理影响人才创新发展及不合时宜的政策和规定，把经过实践检验、效果较好的人才政策上升为法律法规，为人才工作科学化提供法律保障。

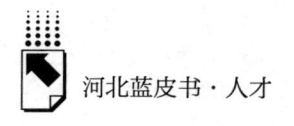

参考文献

《中共河北省委河北省人民政府关于加快科技创新建设创新型河北的决定》，河北省科学技术厅网站，2016 年 8 月 11 日，http：//kjt. hebei. gov. cn/www/tj7/128399/index. html。

《我省 15 部门出台政策为创新松绑助力》，河北省发改委网站，2016 年 7 月 14 日，http：//www. hbdrc. gov. cn/web/web/xwbd/4028818b555274660155e6df3fd1247f. htm。

《河北省委省政府〈关于深化人才发展体制机制改革的实施意见〉》，人才之家网，2018 年 3 月 27 日，http：www. chinesetalents. cn/homepage/showinfo/5ef7ca51 – f8c2 – 4e0a – b4aa – 8f0999616dea。

《中共河北省委办公厅河北省政府办公厅印发〈关于落实以增加知识价值为导向分配政策的实施意见〉的通知》，承德市科学技术局网站，2018 年 2 月 27 日，http：//www. cdskjj. gov. cn/news/html/? 2673. html。

《关于加快推进科技人才评价机制改革的实施意见》，河北省科技创新战略研究院网站，2018 年 6 月 1 日，http：//www. heinfo. gov. cn/kjzc/content. aspx? id = 17。

胡威：《我国地方政府人才政策创新动因研究》，《行政论坛》2018 年第 1 期。

宋典、孙菲、王玉玫：《高质量发展视阈下人才政策创新形式及路径分析》，《人才资源开发》2018 年第 9 期。

陈建新、陈杰、刘佐菁：《国内外创新人才最新政策分析及对广东的启示》，《科技管理研究》2018 年第 8 期。

B.15 河北省科技人才创新发展保障机制研究

赵砚文 李秀然*

摘 要： 近年来，河北省各级政府在深化人才发展体制机制改革方面取得了显著成效，但在科技人才引进、培养和激励等环节配套制度的完善和保障方面仍存在很多问题，特别是影响科技人才创新发展的一些体制机制障碍依然没有完全消除，需要各级政府进一步深化改革，将人才、科技、教育、金融等相关领域的改革统筹谋划，加强保障机制建设，形成推动科技人才创新发展的强大动力。

关键词： 河北省 科技人才 人才引进 人才保障机制

科技人才是河北省实施创新驱动发展战略，建设创新型河北的核心要素。近几年，河北省科技人才数量持续增长，但高层次科技人才依然稀缺，这就需要进一步深化人才体制机制改革，实施更加开放灵活的引才政策，努力营造适宜科技人才创新的工作生活环境，吸引和留住更多高层次科技人才，逐步完善创新型科技人才培养机制，大力培养科技后备人才，建立健全科技人才评价和激励机制，充分激发科技人才创新积极性。同时，需要高校和科研机构、科技企业、政府及全社会共同参与，将人才、科技、教育、金

---

* 赵砚文，河北省社会科学院人力资源研究所研究员，研究方向为人力资源管理与人才学；李秀然，河北轨道运输职业技术学院客运系讲师，研究方向为管理学与人才学。

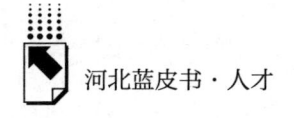

融等领域的体制机制改革统筹谋划、协同推进，为科技人才创新发展提供强有力的支持和保障。

一 政府在科技人才保障机制建设中的重要作用

（一）实施了有利于科技人才创新发展的宏观政策

宏观政策制定和实施是科技人才保障机制的一项重要内容。党的十八大以来，习近平总书记多次强调实施创新驱动发展战略的重要性，明确指出："创新驱动实质上是人才驱动。"为深入贯彻落实国家发展战略，吸引和集聚更多的科技人才来河北创新创业，2015～2016年，河北省委、省政府出台了《关于深化科技体制改革加快推进创新发展的实施意见》和《关于加快科技创新建设创新型河北的决定》等多项政策，这是河北省推进创新发展具有普惠性、引导性的文件，首次从体制机制改革和政策创新角度来阐释创新驱动发展战略，对营造创新创业良好生态，实现全省创新发展、协同发展、转型发展起到重要推动作用。同时，为激发科技人才创新创业的积极性，河北省多个部门相继出台了16个操作性强的政策文件，大幅增加了资助资金额度，而且在信贷、税收等方面也给予科技人才极大的便利和优惠。2016年7月河北省出台的《关于深化人才发展体制机制改革的实施意见》（以下简称《意见》）中"支持机关事业单位人才离岗创业"的相关政策创新引发了社会极大反响。《意见》鼓励高校和科研院所人员到企业兼职兼薪，对高等院校、科研院所等事业单位科研人员离岗创业或开展科技成果转化期间的人事关系、社会保险和住房公积金、档案工资和专业技术职务晋升等管理制度进行了大胆改革，突破了原有管理体制的束缚，向用人主体放权，为人才松绑，进一步激发了人才活力。河北省人才管理部门在认真落实《意见》相关政策的同时，坚持需求导向，深入企业了解人才需求，定期发布人才目录，为企业和人才搭建对接平台，促进人才与产业相融合。2017年4月，北京市、天津市、河北省人社部门首次面向全球联合发布了京津冀高层次人才和急需紧缺人才引进目录，三地 750 家重点用人单位共发布高层次和急需紧缺人才招聘岗位 3020 个，覆盖教育、科技、卫生、金融等 30 个行业领域，涉及重点基础研究、教学科研、企业管理，以及航空航天、新一代信息技术、生物技术与健康、新能源新材料、节能环保、高端装备制造等重点领域。这样的信息和导向，为科技人才提供了更大的发展空间，也为用人单位注入了多元的、新鲜的气息与活力。为完善科技人才收入分配机制，2017 年 9 月河北省发布了《关于落实以增加知识价值为导向分配政策的实施意见》，通过收入分配政策的激励引导作用，让科技人才的智力劳动得到合理回报，真正实现"名利双收"。近几年，河北省大力实施人才强冀战略，围绕经济社会发展需求，积极构建人才支撑体系，探索科技人才工作新机制。除相继出台的科技人才评价和奖励激励、服务科技人才创新创业、推进科技成果转移转化等多项政策外，在人才工程、项目等方面还实施了高端人才支持计划、"巨人计划"、海外高层次人才引进"百人计划"、青年拔尖人才支持计划等，通过实施人才专项工程，引进和培养了一批省内外高层次科技人才，并采取灵活多样的方式，营造吸引、培养和使用科技人才的良好氛围，从宏观政策层面保障了科技人才创新发展。

（二）健全了科技人才创新发展的内外部保障机制

科技人才作为科技创新主体，是推动科技进步与地区可持续发展的第一战略资源，而科学合理的保障机制则是科技人才创新发展的重要保证。就一个系统而言，系统内各要素之间的相互匹配能够提高系统的整体产出效率，而单个要素对系统效率的贡献度也得以增加，这就是协同保障效应。科技人才创新发展的协同保障机制是一个由各部门相互作用的系统工程，包括宏观政策保障、内外部环境保障等多方面内容，贯穿科技人才引进、培养和激励等各个环节，其参与主体包括政府、企业、高等院校、科研机构以及科技服务中介机构等。它们在科技人才政策的制定和落实等项工作中发挥着不同的作用，这些单位和部门只有不断加强协调与合作，才能很好地保障河北省科技人才创新发展。内部保障机制涉及企业、高校和科研机构等用人主体，河北省高校和科研机构是科技人才比较集中的单位，企业是科技人才实现科技创新成果的主要场所，对科技人才来讲，这就是他们实现人生理想的平台。如何在引进、培养和激励等各个环节，构建合理的组织内部保障机制，留住并用好优秀的科技人才，是高校、科研单位和企业提升创新能力，确立自身竞争优势的关键。近几年，河北省各级政府及相关部门不断出台各项政策鼓励科技人才创新创业，向用人主体放权，为人才松绑，进一步破除束缚科技人才发展的体制机制障碍，对科技人才求贤若渴。在宏观政策引领下，各用人主体狠抓政策落实，进一步细化和完善各项管理制度，包括科研项目、经费、评审和考核奖励管理办法等，确保在实施过程中可执行、易操作，及时兑现政策待遇，让科研人员有获得感，让人才政策发挥实效。外部保障机制主要涉及高校、科研机构、社会组织和政府部门等多类主体，河北省政府相关部门在制定和实施宏观人才政策的同时，坚持人才引领创新发展，人才工作成为重中之重，并且将人才发展列为经济社会发展综合评价指标。建立人才优先发展保障机制，促进人才发展与经济社会发展深度融合，进一步协调各方主体之间的关系，争取政府财政支持，设立科技人才发展专项资金，纳入年度财政预算，在教育和资金等方面，为科技人才创新发展提供了强有力的支持和保障。人才管理部门以服务人才为抓手，创新服务方式，优化服务内容，通过搭建环京津人才平台，增强人才互动，实现人才智力共享。建立了科技人才引进与发展平台，促进各类资源向科技人才引进、培养和使用聚合，营造了良好的体制机制和社会环境。

长期以来，在科技人才引进、培养和激励等关键环节，河北省政府始终发挥着主导作用。政府行政力量对科技人才创新发展的强力推动主要表现在两个方面，一是省、市各级政府牢固树立科学的人才观，积极推进体制机制改革和政策创新，充分激发科技人才的创造活力，为吸引和留住人才提供了良好的外部条件和社会氛围。二是各级政府结合产业需求，整合各级各类科技人才、项目和资金等生产力要素，制定法律与政策保障措施，以转变政府职能为目标，以创新驱动为导向，推进科技管理体制改革，形成科技人才创新发展的强大合力。近几年，河北省各级政府在制定和实施科技人才扶持政策和产业优惠政策的同时，加强教育、财政、科技等各方面统筹协调，逐步形成较为系统的政策体系。然而，在推进人才发展体制机制改革过程中，各部门不能"九龙治水、各管一段"，要协同发力、共同施策，打好"组合拳"。在出台政策、推进改革、部署工作时，需要组织部门发挥好牵头抓总作用，各部门齐抓共管，将人才、教育、科技、金融等相关领域的体制机制改革统筹谋划、协同推进，落实好科技人才在引进、培养、激励等环节上配套制度的完善。笔者认为，各级政府和用人主体应进一步深化改革，建立健全各类科技人才创新发展保障机制，加大不同层次不同类别科技人才支持政策的力度，在引进、培养和激励等环节做好配套制度的完善以及各部门的协同配合，形成推动科技人才创新发展的强大动力。

二 科技人才创新发展保障机制方面存在的问题

（一）人才引进的保障机制不完善、不系统

目前，河北省科技人才引进政策抓局部、重短期的相对较多，科技人才户籍管理制度、社会保障制度等体制性障碍较为突出，尚未完全形成整体联动、互为支撑的系统政策体系，高校和科研机构人才引进政策主要围绕提供优越的工作条件和丰厚的生活待遇、补助科研项目经费等内容，引进高层次科技人才的形式也较为单一。河北省一些高校引进高层次人才之后的跟踪服务不到位，承诺的待遇不能兑现，比如实验室建设、研究生招生名额、科研团队建设自主权等。另外，笔者在调研中了解到，省内多所高校虽然在引进高层次人才时都给予了优厚的年薪和科研启动费、安家费等，但是，人才发展配套和相关保障措施跟不上，人才引进后面临的社保、买房及子女入学等诸多问题迟迟得不到很好的解决，如河北大学从天津引进的高层次人才，因教育部门的一些政策规定，使其子女就近入学成为一种奢望，这让用人单位显得很无奈。在人才服务保障方面，现有的教育医疗条件、落户政策等不能满足人才需求，这些问题解决不了，对科技人才创新发展就难以提供强有力的保障。

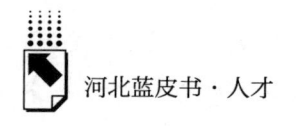

（二）人才培养力度与多元投入保障亟待加强

河北省政府、行业和企业等多元投入的保障机制尚未建立，投入增长远跟不上高等教育发展的需要。高等院校肩负着人才培养和科学研究的重要使命，长期以来，河北省属高校没有一所"985""211"高校，尽管在国务院印发《统筹推进世界一流大学和一流学科建设总体方案》后，河北省委、省政府高度重视，出台了加强高水平师资队伍建设和创新创业教育等相关保障措施，但是，2017年国家"双一流"建设名单公布，河北省属高校仍榜上无名，说明河北省高校从更新教育理念、营造优质环境、深化教学改革、推进国际化建设和加强质量保障等方面还有很长的路要走，科技人才培养力度亟待加强。研发投入也是衡量一个地区科研创新能力的重要指标，在鼓励企业和社会组织加大人才研发投入方面，河北省的政策措施落实还不到位，尚未形成政府、企业和社会组织投入的良性互动。国家统计局最新公布的一组数据显示，2017年，R&D经费投入超过千亿元的省（市）有6个，分别为广东省、江苏省、山东省、北京市、浙江省和上海市，这6个省（市）研发投入总额达到了10408亿元，河北省研发投入仅452亿元。调研中了解到，河北省高校科研人员的课题经费和资金保障严重不足，加上项目经费管理的不合理等问题，极大地挫伤了广大科研人员研究创新的积极性，一些基础研究领域特别是人文学科，这几年课题的申报数量和经费呈逐年下降趋势。河北经贸大学在2014年以前，每年科研经费能达到1000万元以上，而2015年和2016年的科研经费仅有几百万元，这些研究领域的优秀人才很多流向了南方沿海城市和京津地区。

（三）以收入分配为主的激励保障政策没有跟进到位

尽管河北省于2017年9月出台《关于落实以增加知识价值为导向分配政策的实施意见》，提出要优化以增加知识价值为导向的薪酬制度，逐步建立科研人员工资增长的长效激励机制，但是，河北省大部分高校和科研机构科研人员普遍存在收入少、待遇低的问题，严重影响了科技人才创新的积极性。一方面，现有的收入分配模式比较僵化，不能充分反映科技人才的能力贡献和工作业绩，难以保证科技人才合理的工资水平；另一方面，用人单位在完善考核制度、制定考核细则、科学合理确定基础性绩效工资和奖励性绩效工资比例等方面的保障工作还不到位。目前，河北省属高校和科研机构执行的是岗位绩效工资制度，即2006年6月国家第四次工资制度改革后的工资制度，工资由基本工资和绩效工资两部分构成，其中基本工资由人社部制定，全国统一标准；基础绩效工资由河北省人社厅制定，省直单位统一标准；奖励绩效工资按人员核定总额，自主分配发放。2012年起，河北省按事业编制人员人数和人均绩效工资水平核定部门的绩效工资总量，人均绩效工资包含基础绩效工资和奖励绩效工资，总的原则是，事业单位人均绩效水平不高于省直公务员津贴补贴水平的2倍。据河北大学人事部门提供的数据，2016年，扣除社保和住房公积金，教师的人均年收入是7.5万元，而与我们经济发展水平相当的其他省份的省属高校，如山西大学、内蒙古大学、广西大学和郑州大学，教师人均年收入都在10万元以上，河北省科研人员的收入与京津和经济发达省份相比较差距更大。科技部人才中心的一组数据表明，全国除个别省份外，科研人员平均收入多为当地人均GDP的2倍，河北省科研人员平均收入约为人均GDP的1.7倍。在鼓励高校和科研院所人员兼职、离岗创新创业方面，激励保障政策还没有完全跟进到位。科研人员有后顾之忧，一般不敢冒"创业失败"的风险，加上科研人员离岗创业期间，收入归个人所有，而单位还要为其支付养老和工伤保险等，同时，离岗创业的科研人员占着编制，不利于单位引进新的人才，因此，高校很难做到支持教师离岗创新创业。截至2018年，河北省事业单位专业技术人员只有500余人离岗创业，其中自主创办或入股创办科技型企业的有448人，到企业从事科技成果转化的仅有45人。

（四）未能充分发挥好人才评价"指挥棒"的作用

考核评价是激励和保障科技人才创新发展的一项重要内容。目前，科技人才评价激励机制的核心问题是政府干预过多，用人单位自主权不足。在科技人才职称评审方面，河北省高校和科研机构存在以下几个问题。一是评审标准和条件不够完善，各个系列评审标准虽然多次修订并逐步规范，但仍存在一些与科技人才创新发展不相适应的地方。二是评审工作监督指导不够全面。三是未形成多元化评审方式，评委"以材料定人"的现象难以避免，专家评审仍是主要方式。四是评委会打"人情分"的现象未能完全消除。评价标准不科学、体系不健全、导向不明确，就会严重束缚和影响科技人才创新发展。在考核评价方面，河北省多数高校和科研机构对科研人员的考核主要是以课题、获奖数量及层次、论文发表的数量与刊物级别等为标准，并且评价结果直接与待遇、职称等挂钩，如河北科技大学对教师的考核中规定岗位与津贴挂钩，每个级别的岗位都有对应的科研任务指标，所有在岗教师在完成好教学、实验、实习等多项教学工作的同时，还必须完成学校和学院规定的繁重科研任务。在这种评价体系下，科研论文和项目等定量化的指标很容易成为评价科技人才的主要标准，而与岗位职责相关的其他标准，如教育教学质量效果、对社会经济发展的贡献等，由于缺乏具体的衡量标准，在评审中难以把握，就很难被充分考虑，这也是近年来高校教学质量有所下降而科研论文数量却不断增长的重要原因。这并不是说论文标准不重要，问题在于，用同样的标准和权重要求所有教学和科研人员发表论文，显然是不合适的。一项科研成果是需要长期的积累和沉淀才能完成，有时也会出现付出了巨大艰辛，得不到相应回报的情况，这种考核机制就容易使科研人员产生浮躁情绪，工作处于被动状态，难以出创新成果。发挥人才评价"指挥棒"作用的关键是要科学制定评价标准，发挥用人单位、社会专业组织和政府等多元评价主体的作用，建立科学化、社会化、市场化的人才评价制度。

（五）科技人才潜心研究的工作生活环境有待改善

近几年，全省各地市认真落实河北省委、省政府人才政策文件精神，制定了多项措施，使科技人才创新发展的工作生活环境有了较大改善。但是，在促进科技成果向生产力转化、最大限度发挥科技人才潜能等方面工作还不到位,还未能真正树立起"领导就是服务"的意识。高校和科研机构等单位是科技创新的重要产出部门,对科技人才生活和工作上的关心和爱护,是科研管理部门"尊重劳动、尊重知识、尊重人才、尊重创造"的一个重要表现。在人才工作机制建设方面,一些部门更注重工作程序性内容,忽略了文化的软实力作用,更多地强调制度约束和规范作用,忽视了制度的导向、凝聚和激励功能,使得科技人才更加关注个人发展,强调个人贡献,而忽视了团队的作用,这些都不利于科技人才的发展和科技创新成果的产出。在科技人才的生活保障方面,一些单位虽然对引进的高层次人才给予了项目资金方面的极大优惠,但是医疗保险和子女入学等保障措施落实还不到位,不能确保人才"引得进、留得住、用得好"。

三 加强科技人才创新发展保障机制建设的对策建议

(一)进一步深化体制机制改革保障科技人才创新发展

河北省《关于深化人才发展体制机制改革的实施意见》提出要着力破除束缚人才发展的体制机制障碍,进一步向用人主体放权,为人才松绑,激发科技人才创新活力,形成具有竞争优势的人才制度优势,但是,科技人才政策在配套制度的完善以及发挥多元主体的积极作用,为科技人才提供优质服务和保障等方面还不到位。这就需要各级政府进一步改革长期以来由政府主导的人才管理模式,消除对用人主体的过度干预,发挥各类人才、用人单位和社会组织在科技人才创新发展中的积极作用。一是在为人才松绑上,要"放好、放活、放到位",不断调整和细化人才政策,全面优化事业平台,真正让政策从部门"兜里"落到人才"手里"。二是在向用人主体放权方面,政府应改变过多干预人才管理中具体事务的做法,充分尊重用人主体在人才引进、评价、使用、激励等方面的自主权,落实向用人主体放权与完善高校和科研机构内部治理同步推进。三是发挥社会组织的积极作用,大力规范行业协会、专业学会等社会组织,提升其在人才评价等方面的权威性，同时完善人才评估、认定的第三方组织和机构，打造更加专业化、社会化的人才评价体系。四是在提高政府的服务能力和水平上，一方面，政府要做好人才工作的规划和政策制定，总体谋划人才发展大局，另一方面，在人才政策实施过程中，还需要形成相关职能部门各司其职、密切配合、通力合作的政府人才工作总体格局，围绕"人才链"构建"服务链"，落实落地各项人才政策，对科技人才的子女入学、医疗保险和户籍签证等保障工作，实行"一站式"受理服务，真正解除他们的后顾之忧。

（二）健全科技人才引进协调与联动工作机制

一是创新科技人才引进与服务工作机制。明确引进科技人才的省级主管部门工作协调机制，学习北京、上海等地人才工作好的经验与做法，定期召开人才引进与服务工作会议，交流河北省各地人才工作的新情况、新进展和新问题。各地市要制定本地区人才工作3~5年行动方案，定期进行工作调度，解决工作中出现的具体问题，抓好科技人才引进与服务事项的落实。政府各个职能部门要按照自己的职责范围，落实人才相应的政策待遇。二是构建多元化的科技人才服务责任主体。在全省范围内探索构建一个政府、省直部门、企业、高校和科研机构等主体多元化，机制联动化、责任明晰化的人才引进与服务工作绩效考核机制。三是系统培育科技人才引进的承接载体。人才主管部门要指导整合企业研发中心、高校和科研机构的技术、项目、市场和资金等创新要素。整合各方面的优势资源，建设创新创业服务平台、创业孵化平台、产学研合作平台，营造适宜科技人才发展的软硬环境。四是规范出台科技人才引进的激励政策。将河北省的科技人才引进激励政策按照普适性、用人单位、省级重点三个层面统筹考虑，多学习和借鉴浙江、上海等地人才引进的理念与政策，结合本省的实际情况细化政策、规程、措施及操作办法。五是统一全省科技人才引进的信息管理与发布。统筹全省人才引进政策、人才需求、人才跟踪与信息管理工作，定期制定或更新全省引进高层次人才需求指导目录，各地市要出台个性化人才工作需求工作方案，建立省市及部门联动的信息发布机制。健全支持科技人才创新服务机制，为科技人才提供医疗、社保及子女入学等多方面保障，解除其后顾之忧，让他们把精力放在干事创业上。

（三）加大科技人才培养与研发多元投入保障力度

实施创新驱动发展战略，"造血"更胜于"输血"，在大力引进高层次科技人才的同时，也要切实加强对现有科技人才的培养，推进全省科技人才创新发展取得重大突破。党的十九大报告明确提出"深化科技体制改革，建立以企业为主体、市场为导向、产学研深度融合的技术创新体系，加强对中小企业创新的支持，促进科技成果转化"。河北省应依托"产、学、研"合作加大科技人才培养力度，发挥各自优势，鼓励企业牵头联合高校形成以企业为主体的产学研结合模式，以研究成果产业化反哺科学研究。在产学研结合中，高校是基础性和前沿性研究者，而企业则是产业化和市场运作者。协调整合资源，以产学研为契机，推动建立企业、高校和科研机构优势互补和利益共享机制。鼓励高校针对企业的技术需求招收研究生，攻关课题，培养高素质科技人才。根据合作项目实际需要，选派硕士和博士生到企业进行技术攻关，为企业提供切实有效的技术支持。鼓励企业与高校合作设立实验室或研发机构，发挥企业在产学研合作中的主体作用，推动产学研结合点前移，实现产学研深度合作。加大对科技人才培养和研发投入力度，河北省在财力有限的情况下，应树立三个观念：一是"舍得投入"，优先保证对科技人才发展的投入，确保人才教育、科技支出增长幅度高于财政收入增长幅度；二是"多元投入"，突出用人单位人才开发投入主体地位，鼓励、支持社会组织和企业建立人才发展基金，建立和完善多主体投入、多渠道筹资的人才投入新机制。创新人才投资模式，鼓励和吸引社会各界共同投资开发人才资源，实现人才投资主体多元化；三是"有效投入"，用人单位要建立绩效评估、人才识别、激励约束、协调服务、跟踪监控等管理机制，把"好钢用在刀刃上"，让有限的投入取得最好的效果，保证科技人才素质得到全面提高。

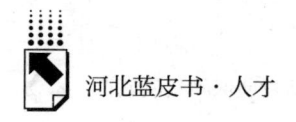

（四）完善长效激励保障机制释放科技创新活力

2016年河北省相继出台《关于深化薪酬分配制度改革鼓励科技创新创造实施细则》等16个文件，不惜重金引进各类人才，同时拉大了少数拔尖人才与众多科技人才之间的收入差距。2017年省两办发布的《关于落实以增加知识价值为导向分配政策的实施意见》，针对河北省科研人员的实际贡献与收入不完全匹配的问题，提出了明确的分配导向和实施细则，通过收入分配政策的激励引导作用，让科研机构和高校科研人员的智力劳动得到合理合法的回报。下一步河北省应重点优化以增加知识价值为导向的薪酬制度，逐步建立科研人员工资增长的长效激励机制，保证基础性工资增长的比例与GDP增速同步，同时，根据上一年度通货膨胀水平实行动态调整。此外，高校和科研机构应把工作重点放在对科技人才的长效激励上，同时，鼓励企事业单位建立股权、期权激励机制，完善知识、技术等生产要素参与分配的有效形式和办法，提高科技人才参与发明成果收益分配。科研成果转化的绩效应与发表论文、申报专利等一同纳入科技人才职称评审的考核体系中，建立在科学、合理、公正的学术考核评价机制基础上的长效激励，能更好地体现河北省以知识价值为导向的分配政策。要逐步完善高校和科研机构的内部治理，推进行政权与教育权、学术评审权的分离，重新合理分配资源，重塑和谐健康的机体。另外，用人主体在学科设置、课题分配、薪酬分配、出国考察学习等方面的决策过程中要加强信息公开，尤其是财务信息公开，这样在经费的使用方面可以得到更好的监督和有效的管理；人才管理部门不能用简单的行政工作经验来管理科技人才，要坚持从实际出发，深入细致了解科技人才自身特点，增强机制改革的针对性、精准性。在科技人才的培养支持、评价考核、保障激励等方面提出不同的政策和措施，充分体现出对科技人才发展规律和市场规律的深层次认识，努力构建充满活力、富有效率、有利于优秀科技人才脱颖而出的激励机制，进一步释放出科技人才的创新活力。

（五）建立有利于科技人才创新发展的评价机制

创新驱动的实质是人才驱动，评价标准是否科学至关重要。习近平总书记在两院院士大会上强调，要创新人才评价机制，建立健全以创新能力、质量、贡献为导向的科技人才评价体系，形成并实施有利于科技人才潜心研究和创新的评价制度。科技人才评价是识别、培养和激励科技人才的基础，建立科学合理的科技人才评价体系是各级政府落实人才政策、推动和保障科技人才创新发展的重要途径。2018年省两办发布的《关于加快推进科技人才评价机制改革的实施意见》，在充分调研基础上，健全了不同领域和岗位科技人才的评价标准。高校和科研机构的科研管理部门在评审和考核科技人才时，应针对基础研究、应用研究与技术开发、科技管理服务和实验技术、社会公益研究等不同类别人才做到以同行评价为基础，注重引入市场评价和社会评价，加快建立完善以创新能力、贡献、绩效、质量为导向的科技人才评价体系，让科技人才价值得到充分尊重和体现。破除唯学历、唯资历、唯论文、唯数量等观念，尊重用人单位评价的主导作用，即"谁用谁评"，坚持评用结合，根据用人单位实际建立人才分类评价指标体系，突出岗位履职评价。发挥市场、社会、政府等多元主体评价作用，拓宽企业和公众、科技社团参与评价的渠道。排除行政权力对评价活动的干扰，评价过程要坚持公平、公正、公开原则，使评价结果真实客观地反映科技人才工作绩效。用人主体要抓紧制定科技人才评价的各项具体措施，在配套制度的保障方面，相关部门要全力配合。政府要建立统一信息管理平台，推进京津冀专家库共建共享，建立评价专家责任和信誉制度，实行评估评审专家轮换、调整和回避制度，通过各方共同努力，不断完善人才评价机制，充分激发河北省科技人才的创新活力。

（六）营造适宜科技人才创新的工作生活环境

优化科技人才创新环境只有"进行时"，没有"完成时"，只有持续深化改革，清除阻碍科技人才发展的各种"绊脚石"，才能保障各类科技人才充分发挥作用。人才成长有其特殊规律，"顺天之木，以致其性"，要引导用人单位尊重科技人才的成长规律以及创新创业的普遍规律，创造有为有位的工作环境，营造鼓励创新、鼓励探索、互相信任、宽容互助的工作氛围，建立创新风险共担机制，为人才心无旁骛钻研业务创造良好的条件。优化人才服务，根据科技人才不同需求，采取不同方式，为其营造后顾无忧的生活环境。树立"重能力、看业绩、比贡献"的人才观念，新闻媒体要大力宣传敢为人先、不怕失败、锲而不舍的创新精神，大力宣传为人类进步和社会发展做出重要贡献的优秀科技人才，营造尊重人才、求贤若渴的社会环境。把法治化建设作为制度创新的突破口，积极探索人才立法，把人才优先发展确立为法定原则，把人才优惠政策整合上升为法律规定，使科技人才管理、引进、培养、激励、评价等一系列开发活动有法可依，形成良好的法治环境。

参考文献

《省委省政府出台〈关于深化人才发展体制机制改革的实施意见〉》，河北省人民政府网站，2016年7月13日，http://www.hebei.gov.cn/hebei/11937442/10761139/13483363/index.html。

《中共河北省委办公厅河北省人民政府办公厅印发〈关于落实以增加知识价值为导向分配政策的实施意见〉的通知》，承德市科学技术局网站，2018年2月27日，http://www.cdskjj.gov.cn/news/html/?2673.html。

《关于加快推进科技人才评价机制改革的实施意见》，河北省科技创新战略研究院网站，2018年6月1日，http://www.heinfo.gov.cn/kjzc/content.aspx?id=17。

科技部：《中国科技人才发展报告（2016）》，科学技术文献出版社，2017。

张冬梅：《科技创新人才成长与环境支持》，中国社会科学出版社，2015。

王熙、李明彧、刘佳英：《京津冀创新型科技人才协同培养的意义与路径》，《经济与社会发展》2015年第12期。

陈建武、张向前：《我国"十三五"期间科技人才创新驱动保障机制研究》，《科技进步与对策》2015年第4期。

陈建武、张向前：《适应创新驱动的中美科技人才发展协同机制研究》，《科技进步与对策》2015年第9期。

权威报告·一手数据·特色资源

皮书数据库
ANNUAL REPORT(YEARBOOK) DATABASE

当代中国经济与社会发展高端智库平台

所获荣誉

- 2016年，入选"'十三五'国家重点电子出版物出版规划骨干工程"
- 2015年，荣获"搜索中国正能量 点赞2015""创新中国科技创新奖"
- 2013年，荣获"中国出版政府奖·网络出版物奖"提名奖
- 连续多年荣获中国数字出版博览会"数字出版·优秀品牌"奖

成为会员

通过网址www.pishu.com.cn访问皮书数据库网站或下载皮书数据库APP，进行手机号码验证或邮箱验证即可成为皮书数据库会员。

会员福利

- 已注册用户购书后可免费获赠100元皮书数据库充值卡。刮开充值卡涂层获取充值密码，登录并进入"会员中心"—"在线充值"—"充值卡充值"，充值成功即可购买和查看数据库内容。
- 会员福利最终解释权归社会科学文献出版社所有。

数据库服务热线：400-008-6695
数据库服务QQ：2475522410
数据库服务邮箱：database@ssap.cn
图书销售热线：010-59367070/7028
图书服务QQ：1265056568
图书服务邮箱：duzhe@ssap.cn

卡号：538661237877
密码：

S 基本子库
SUB DATABASE

中国社会发展数据库（下设12个子库）

全面整合国内外中国社会发展研究成果，汇聚独家统计数据、深度分析报告，涉及社会、人口、政治、教育、法律等12个领域，为了解中国社会发展动态、跟踪社会核心热点、分析社会发展趋势提供一站式资源搜索和数据分析与挖掘服务。

中国经济发展数据库（下设12个子库）

基于"皮书系列"中涉及中国经济发展的研究资料构建，内容涵盖宏观经济、农业经济、工业经济、产业经济等12个重点经济领域，为实时掌控经济运行态势、把握经济发展规律、洞察经济形势、进行经济决策提供参考和依据。

中国行业发展数据库（下设17个子库）

以中国国民经济行业分类为依据，覆盖金融业、旅游、医疗卫生、交通运输、能源矿产等100多个行业，跟踪分析国民经济相关行业市场运行状况和政策导向，汇集行业发展前沿资讯，为投资、从业及各种经济决策提供理论基础和实践指导。

中国区域发展数据库（下设6个子库）

对中国特定区域内的经济、社会、文化等领域现状与发展情况进行深度分析和预测，研究层级至县及县以下行政区，涉及地区、区域经济体、城市、农村等不同维度。为地方经济社会宏观态势研究、发展经验研究、案例分析提供数据服务。

中国文化传媒数据库（下设18个子库）

汇聚文化传媒领域专家观点、热点资讯，梳理国内外中国文化发展相关学术研究成果、一手统计数据，涵盖文化产业、新闻传播、电影娱乐、文学艺术、群众文化等18个重点研究领域。为文化传媒研究提供相关数据、研究报告和综合分析服务。

世界经济与国际关系数据库（下设6个子库）

立足"皮书系列"世界经济、国际关系相关学术资源，整合世界经济、国际政治、世界文化与科技、全球性问题、国际组织与国际法、区域研究6大领域研究成果，为世界经济与国际关系研究提供全方位数据分析，为决策和形势研判提供参考。

法律声明

"皮书系列"(含蓝皮书、绿皮书、黄皮书)之品牌由社会科学文献出版社最早使用并持续至今,现已被中国图书市场所熟知。"皮书系列"的相关商标已在中华人民共和国国家工商行政管理总局商标局注册,如LOGO( )、皮书、Pishu、经济蓝皮书、社会蓝皮书等。"皮书系列"图书的注册商标专用权及封面设计、版式设计的著作权均为社会科学文献出版社所有。未经社会科学文献出版社书面授权许可,任何使用与"皮书系列"图书注册商标、封面设计、版式设计相同或者近似的文字、图形或其组合的行为均系侵权行为。

经作者授权,本书的专有出版权及信息网络传播权等为社会科学文献出版社享有。未经社会科学文献出版社书面授权许可,任何就本书内容的复制、发行或以数字形式进行网络传播的行为均系侵权行为。

社会科学文献出版社将通过法律途径追究上述侵权行为的法律责任,维护自身合法权益。

欢迎社会各界人士对侵犯社会科学文献出版社上述权利的侵权行为进行举报。电话:010-59367121,电子邮箱:fawubu@ssap.cn。

社会科学文献出版社